SV
international
SCHWEIZER
VERLAGSHAUS

I

Das System der Selbstbestrafung

Vor einigen Jahren erzählte mir eine Patientin in ihrer ersten analytischen Sitzung ein Märchen, das sie seit ihrer Kindheit mit sich herumtrug und das besondere Bedeutung für sie zu haben schien. Es handelte sich um ein bekanntes Andersen-Märchen:

Es war einmal ein schöner Prinz, dessen Schiff im Sturm zerschellte. Alle Mitreisenden kamen ums Leben außer dem Prinzen, der von einer kleinen Seejungfrau gerettet und auf eine Insel in Sicherheit gebracht wurde. Als ein zweites Schiff erschien und den Prinzen in seine Heimat brachte, schwor sich die Seejungfrau, die sich unsterblich in ihn verliebt hatte, ihm zu folgen und ihn für sich zu fordern. Auf der Suche nach Rat, wie sie dies zuwege bringen sollte, durchquerte sie tückische Meere, bis sie in die Höhle der Seehexe gelangte. »Du wirst Schaden nehmen, wenn du das versuchst«, warnte sie die Hexe, aber da sie sah, daß sich die Seejungfrau nicht abschrekken ließ, erklärte sie sich bereit, ihr ihren Wunsch zu erfüllen. Sie gab der Seejungfrau einen Zaubertrank zu trinken, der bewirkte, daß ihr Schuppenschwanz abfiel und sie statt dessen Beine bekam. Die Nixe war jetzt so schön wie die schönste Menschenfrau, aber jeder Schritt, den sie machte, verursachte ihr entsetzliche Schmerzen. Die Nixe nahm dieses Leiden jedoch gern auf sich und machte sich auf in das Land ihres Prinzen. Als sie eintraf, feierte der Prinz jedoch bereits Hochzeit mit einer anderen. Als die kleine Nixe das sah, fiel sie tot um. Nach ihrem Tod klagten die anderen Meerjungfrauen, daß sie nicht einmal eine unsterbliche Seele erlangt habe. Diese wäre ihr nur zuteil geworden, wenn sie die Liebe eines Menschen errungen hätte.

Diese Geschichte ist eine nahezu vollkommene Parabel des Masochismus, denn sie enthält die Selbstbestrafung, die Unterwerfung unter andere und das Leiden als Lebensprinzip – Verhaltensweisen, die den Inbegriff des masochistischen Verhaltens bilden. Die junge Frau identifizierte sich aus Gründen, die bald offenkundig wurden, stark mit der kleinen Seejungfrau. Ihre Mutter war zur Ehe mit einem Mann gezwungen worden, den sie nicht liebte; die Tochter wurde in einer Hochzeitsnacht gezeugt, die ihre Mutter als Alptraum empfand. Die Beziehung zwischen Mutter und Kind entwickelte sich zu einer schwierigen: Sie war nicht durch physische Grausamkeit gekennzeichnet, aber das Kind empfand starke Furcht vor der Macht, die die Mutter über sie hatte. Sie erzählte mir, daß sie einmal zur Strafe unter den Küchentisch verbannt wurde – ihre Mutter befahl ihr, dort zu bleiben, bis sie zurückkehre. Die Mutter ging dann weg und kam erst drei Stunden später zurück. Als sie schließlich reumütig und bekümmert über ihre Vergeßlichkeit die Küche betrat, kauerte das Kind immer noch unter dem Tisch. Sie sei nicht auf die Idee gekommen, erzählte mir die junge Frau, im Laufe der Stunden unter dem Tisch hervorzukommen. Ihre totale Unterwerfung zeigte mir, wie sehr sie sich vor ihrer Mutter fürchtete.

Dieselbe Mutter wollte zu früh aus ihrer Tochter eine Ballettänzerin machen. Die weichen Knochen des kleinen Mädchens waren der Belastung nicht gewachsen, und ihr blieb ein schweres Fußleiden zurück. Diese deutliche Parallele zur kleinen Seejungfrau war sicher ein Grund, warum sich die junge Frau von dem Märchen so angezogen fühlte. Aber sie sprach auch auf einer metaphorischen Ebene darauf an. Vor allem aufgrund der belastenden Beziehung zu ihrer Mutter war jeder psychologische Schritt, den sie machte, schwierig für sie.

Indem sie mir diese Geschichte erzählte, präsentierte mir die Patientin ihr eigenes Problem in einer phantasievollen und prägnanten Form. Aber sie hätte auch für zahllose andere Frauen sprechen können, Frauen, die ebenso wie die Seejungfrau glauben, daß Leben und Liebe mit Leiden verbunden seien. Descartes' Feststellung »Ich denke, also bin ich« erhob den Akt des Denkens zum definitiven Charakteristikum menschlicher Existenz. Die Masochistin, die von sich sagen könnte: »Ich leide, also bin ich«, räumt dem Schmerz diese zentrale Rolle ein. Und die Masochistin selbst ist es, die dieses Muster des Leidens in ihrem Leben verewigt, vor allem durch Kommunikationsprozesse, die andere Menschen auf ihre Unterwürfigkeit und ihre Furcht vor ihrer Macht über sie aufmerksam machen.

Dies beobachtend, gelangten von jeher viele Menschen (einschließlich Freud) zu dem irrigen Schluß, daß Masochistinnen ihr Leiden genießen. Aber dem ist nicht so. Sie kennen einfach keine andere Lebensweise. Es ist nicht so, daß sie alternative Bewältigungsmethoden in Betracht gezogen und dann abgelehnt hätten. Sie erkennen in der Regel nicht einmal, daß es Alternativen *gibt*. Sie haben einen alles einschließenden Abwehrstil entwickelt, der auf Leiden basiert, und dieser ist zur einzigen Art und Weise geworden, wie sie die Welt zu erleben vermögen. Sie sind wie die Prinzessin in einem anderen Märchen, die durch zwanzig Matratzen hindurch eine Erbse verspürte: äußerst sensibel, sind sie leicht verwundet. Und da sie immer und immer wieder nach denselben destruktiven Mustern verfahren, machen wir den Fehler zu glauben, daß sie aus ihrem Schmerz einen Lustgewinn ziehen.

Obwohl das Masochismus-Syndrom auch bei Männern vorkommt, ist es aus Gründen, auf die ich im dritten Kapitel noch ausführlicher eingehen werde, unter Frauen viel verbreiteter. Masochismus ist kurz gesagt deshalb ein besonderes Problem für Frauen, weil sie nicht nur über geringere Körperkräfte verfügen und durch ihre Fortpflanzungsfunktionen benachteiligt sind, sondern auch, weil sie in unserer Gesellschaft mit Handicaps wie einem niedrigeren sozialen und wirtschaftlichen Status belastet sind. In meiner fast 40jährigen Praxis als Psychiaterin und Psychoanalytikerin bin ich allzu häufig Masochismus bei Frauen, aber nur gelegentlich bei Männern begegnet. Sowohl Frauen als auch Männer können frühe Erlebnisse haben, die sie zu masochistischem Verhalten disponieren, aber die kulturellen Elemente, die masochistisches Verhalten bei Frauen ständig verstärken, fehlen für Männer weitgehend. Frauen sind in dieser Hinsicht einem echten doppelten Hammer ausgesetzt. Viele gehen aus ihrer Kindheit mit einem beschädigten Selbstwertgefühl hervor. Dann bekräftigt die Gesellschaft, in der sie leben, dieses deformierte Selbstbild, statt ihnen zu helfen, den Schaden zu beheben. Und die Chancen im Kampf gegen den Masochismus sind für Frauen ungünstiger. Um etwas so Hartnäckiges, Zwanghaftes und Zerstörerisches wie den Masochismus zu besiegen, brauchen Menschen jede nur denkbare Hilfe. Unsere Gesellschaft mit ihren Haltungen und Urteilen läßt Frauen aber nur sehr wenig Hilfe zukommen.

Man könnte glauben, daß dies im Kielwasser der Frauenbewegung und der damit verbundenen gesellschaftlichen Veränderungen heute nicht mehr so sei. Sicher haben Frauen eine größere Entscheidungsfreiheit über ihre Fortpflanzung und größere Chancen für ein erfülltes Leben erlangt. Fortschritte *sind* erzielt worden. Doch in meiner Praxis und auch in meiner Alltagswelt habe ich keinen korrespondierenden Rückgang der Zahl masochistischer Personen festgestellt. In der heutigen Atmosphäre größerer Verheißungen und Erwartungen könnte der Masochismus sogar ein destruktiveres Problem als je zuvor sein. Denn jetzt, da sich für viele Frauen Türen öffnen, merken sie auch, daß ihnen ihr eigener Masochismus den Teppich unter den Füßen wegzieht und ihre neuen Chancen zunichte macht. Und das kann tatsächlich eine bittere Erfahrung sein.

Der große Wert, der heute auf Selbstsicherheitstraining gelegt wird, stimmt mich nachdenklich. Warum muß all diesen emanzipierten Frauen erst beigebracht werden, sich selbst zu behaupten? Selbstsicherheit, die Fähigkeit, ehrliche Gefühle mühelos äußern zu können, die Fähigkeit, direkt und frisch von der Leber weg zu sprechen, die Fähigkeit, persönliche Rechte auszuüben, ohne die Rechte anderer zu beschneiden und ohne unangebrachte Angst und Schuld zu empfinden, sollte sich ganz von selbst einstellen. Warum müssen Frauen diese einfachen menschlichen Prärogative *vermittelt* werden?

Der Grund ist, daß der Masochismus Frauen schwächt, indem er ihre Fähigkeit beeinträchtigt, für sich selbst einzustehen. Aber die Selbstsicherheits-Trainer setzen sich nicht damit auseinander, ja sind sich vielleicht gar nicht bewußt, daß sie es mit Masochismus zu tun haben. Sie sind an der Oberfläche geblieben und haben Frauen Strategien beigebracht, die in erster Linie auf das Berufsleben Bezug nehmen. Sie sind nicht auf das eigentliche Problem eingegangen, das durch keine taktischen Finessen aus der Welt geschafft werden kann (obwohl Taktiken sehr hilfreich sind, sobald das eigentliche Problem erkannt ist). Masochistische Frauen leiden unter Ängsten, die es schwierig, wenn nicht unmöglich für sie machen, Selbstbehauptungsstrategien in ihrem Privatleben in wirksames Verhalten umzusetzen.

Selbstsicherheit und Autonomie gehen Hand in Hand. Aber eine Frau, die in einem Kurs Selbstsicherheit gelernt hat, ist nicht notwendigerweise autonom. Sie macht sich in ihren Handlungen immer noch vom Verhalten anderer abhängig. Vielleicht ist sie sich über die psychologischen Gründe ihres Verhaltens nicht völlig im klaren. Nur eine Frau, die sich mit ihrem zentralen Problem auseinandersetzt und ihre masochistischen Tendenzen überwunden hat, kann echte Autonomie erreichen – mit eigenem Dampf fahren, ihre eigenen Entscheidungen treffen und Vertrauen zu ihren eigenen Handlungen empfinden, während sie ohne Furcht vor Kritik oder Angriffen durchs Leben geht. Da sie fähig ist, selbst angemessen für sich einzutreten, empfindet sie keinen Haß und keine Verachtung mehr für sich.

Mein Masochismus-Konzept hat zwei Aspekte: zum einen die Gefühle der Masochistin; zum anderen ihre Art und Weise, anderen diese Gefühle mitzuteilen, ihr masochistischer Verhaltensstil, wenn man so will, ein Stil, der das Leben ewig schwierig für sie macht. Die Gefühle der Masochistin wurzeln ebenso wie ihre übrige emotionale Grundstruktur in der frühen Kindheit. Im dritten Kapitel erörtere ich dies eingehend, aber es ist mir wichtig, schon hier auf den gemeinsamen Nenner dieser Erfahrungen hinzuweisen: Bei allen handelte es sich um Fälle von Machtmißbrauch im Verhältnis zwischen Eltern und Kind, ein Mißbrauch, der zur Folge hatte, daß sich die Masochistin vor anderen fürchtet, daß sie von Selbstzweifeln erfüllt ist und daß es ihr äußerst schwerfällt, sich zu wehren, jemanden abzuweisen oder zu verletzen und Grenzen zu ziehen. Die Schuldgefühle der Masochistin erstrecken sich auf alles und jedes, sie bringt ständig Entschuldigungen vor, und ihre Tendenz zur Selbstbestrafung und Selbstverleugnung scheint grenzenlos. Sie wagt es nicht, Dinge in Frage zu stellen, sie nimmt zu rasch alles für bare Münze und akzeptiert zu bereitwillig die Prämissen anderer. Sie ist abhängig von den Wünschen, Launen und Urteilen irgendeiner Autoritätsfigur. Wenn man eine Masochistin auffordern würde, ihre eigenen Interessen zu definieren, wüßte sie nicht, wo sie anfangen sollte.

Lucille, eine meiner Patientinnen, arbeitet in einer Public-Relations-Firma, wo sie einem Team zugeteilt wurde, das eine Werbekampagne für einen wichtigen neuen Klienten entwikkeln sollte. Ihre Vorschläge zeichneten sich durch die Brillanz aus, die für ihre Arbeit charakteristisch ist, und wurden zur Grundlage der Werbestrategie. In einer Besprechung zwischen dem Team und dem Klienten hatte Lucille die Aufgabe, die von ihrer Firma empfohlene Strategie vorzustellen, und sie tat dies kompetent und sachkundig, bis der Klient plötzlich eine eher unwichtige Frage über irgendwelche Radiospots stellte, die geplant waren.

»Ich weiß es nicht«, erinnert sich Lucille gesagt zu haben.»Es tut mir leid, aber ich bin einfach nicht auf die Idee gekommen, daß das wichtig sein könnte. Ich bin wohl nicht so gründlich gewesen, wie ich hätte sein sollen. Entschuldigen Sie ...«

Ein anderes Teammitglied sprang ein und half ihr aus der

Patsche, und der kritische Moment ging vorüber. Aber einige Wochen später, als ein Leiter für dieses Projekt ernannt wurde, überging man Lucille und ernannte eine andere Mitarbeiterin, die viel weniger dazu beigetragen hatte. Mir gegenüber gestand Lucille, daß sie zwar einerseits traurig, andererseits aber auch erleichtert sei. »Ich glaube, ich habe weder den Drive noch die Persönlichkeit für eine Führungsposition«, meinte sie.

Anne ist mit einem bekannten Schriftsteller verheiratet und hat zwei halbwüchsige Kinder. Sie war Lektorin in einem großen Verlag, ein Job, den sie bei ihrer Heirat aufgab. Die Ehe war von Anfang an durch kurzlebige Affären ihres Mannes mit anderen Frauen belastet. Nach jeder Affäre kehrte er reumütig und zärtlich zu Anne zurück und versprach ihr hoch und heilig, sich zu bessern. Bei verschiedenen anderen Anlässen schlug er Anne jedoch und versetzte ihr einmal einen so brutalen Fausthieb, daß sie sich von einem Zahnarzt ihre beschädigten Zähne reparieren lassen mußte.

Zu Beginn ihrer Ehe hatte sich Anne an ihre Mutter gewandt und sich über die Treulosigkeit ihres Gatten beklagt. Ihre Mutter hatte ihr Mitgefühl bekundet, aber Anne auch an ihren Ehevertrag erinnert – »in guten wie in schlechten Tagen« – und sie vor einer Trennung gewarnt, da sich Anne dadurch in eine Lage begeben würde, in der sie wenig angesehen wäre und es ihr schwerfallen würde, sich selbst zu erhalten. Heute sagt Anne selbst: »Als die Kinder klein waren, erschien es mir nicht fair ihnen gegenüber, wegzugehen und sie allein aufzuziehen. Jetzt, nachdem soviel Zeit vergangen ist, glaube ich, daß ich keine gute Chance hätte, mir meinen Unterhalt zu verdienen und mein eigenes Leben aufzubauen. Als Frau von George komme ich mit vielen interessanten Menschen in Kontakt, und ich muß die Tatsache akzeptieren, daß ein kreativer Mensch wie er unter ungeheurem Druck steht. Er muß seine Frustration irgendwo abreagieren. Ein Teil meiner Aufgabe besteht darin, ihn in schwierigen Zeiten zu unterstützen.«

Daniel, ein großer, starker junger Mann, der sich im College als Sportler ausgezeichnet hatte, erzählte mir, daß er sich endlich eine eigene Wohnung genommen habe. Er kaufte sich ein altes Klavier und wollte es in seine Wohnung im dritten Stock schaffen lassen. Das Klavier erwies sich als zu groß für den Aufzug und mußte die Treppe hochgetragen werden, die weiter oben eine enge Windung aufwies. Die Möbelpacker, zwei kräftige Männer, wurden für ihre Arbeit gut bezahlt. Aber als sie sich die Treppe hochkämpften, begannen sie zu fluchen – auf das Klavier, auf die Treppe und auch auf Daniel, weil er im dritten Stock wohnte – und machten aus ihren Erwartungen auf ein gutes Trinkgeld nach getaner Arbeit kein Hehl. Daniel, der ihr Gespräch hörte, wurde nervös und bekam Schuldgefühle. Als sie schwitzend und immer noch fluchend schließlich mit dem Klavier in der Wohnung anlangten, bot er ihnen Bier an und gab ihnen, weil sie wütend waren und ihn einschüchterten, ein doppelt so hohes Trinkgeld, wie er geplant hatte.

Alice' Mann wollte sich nach zweijähriger Ehe mit der Begründung scheiden lassen, daß er das Leben mit ihr erstickend finde. Alice, die ihre Ehe für einigermaßen glücklich gehalten hatte, protestierte, aber ihr Mann ließ sich nicht von der Scheidung abbringen. Obwohl Alice das Gefühl hatte, als geschiedene Frau von ihren Bekannten gemieden zu werden, zwang sie sich, jeden Anlaß zur Geselligkeit zu nutzen. Sie erzählte mir von einer großen Cocktailparty, auf der sie lange Zeit allein dagestanden und es nicht fertiggebracht hatte, mit irgend jemandem ins Gespräch zu kommen. Schließlich hatte sich ihr ein junger Mann genähert, offenbar überlegend, wie er ihre Aufmerksamkeit auf sich lenken könnte. Alice wandte sich ihm zu und sagte: »Es ist schwierig, wenn man auf einer solchen Party niemanden kennt. Ich weiß gar nicht, warum ich überhaupt gekommen bin.« Der Mann, dessen ursprüngliches Interesse durch ihre mißmutige Bemerkung verflogen war, runzelte die Stirn und ließ sie stehen.

Myra ist eine von ihrem Mann getrennt lebende Frau mittleren Alters. Eines Abends nahm sie das Angebot eines Kollegen an, sie nach einem gemeinsam besuchten Abendkurs an einem örtlichen College nach Hause zu bringen. Als sie bei ihrem Wohnhaus vorfuhren, sagte Myra: »Ich würde dich auf einen Kaffee hereinbitten, aber ich bin müde und muß morgen früh zur Arbeit.« Ihr Kollege sagte, er würde gerne mit hochkommen und nicht lange bleiben, aber Myra erhob Einwände. Er fragte sie dann, ob er bloß die Toilette benutzen dürfe, bevor er nach Hause fahre. Myra zögerte, fand aber schließlich, sie müsse ihm wenigstens diesen Gefallen erweisen. Nachdem er die Toilette benutzt hatte, forderte er einen Kuß von ihr, und als sie sich weigerte, warf er sie zu Boden und vergewaltigte sie. Sie rief mich mitten in der Nacht hysterisch weinend an, und obwohl sie ganz außer sich war, lehnte sie es ab, die Polizei zu rufen oder sich in ein Krankenhaus zu begeben, wie ich ihr nahelegte. Tatsächlich hatte sie sich bereits geduscht und die Spuren des Überfalls beseitigt. Der Mann habe zu ihr gesagt, berichtete sie, daß die Polizei ihr niemals glauben werde, da sie von ihrem Mann getrennt lebe – und daß er abstreiten werde, daß es eine Vergewaltigung gewesen sei.

Wie diese Beispiele zeigen, kann Masochismus sowohl einen geringfügigen Fauxpas als auch eine lebensbedrohliche Situation zur Folge haben. Er kann in jedem Rahmen ausbrechen, sooft Angst die masochistische Person veranlaßt, auf eine eingebildete oder innere Bedrohung zu reagieren, die keine Basis in der äußeren Realität hat.

Angst beruht auf Erfahrungen in der Kindheit mit Bezugspersonen, Figuren, die inzwischen zu Phantomen wurden, welche sich mit Menschen vermischen, denen wir in unserem Erwachsenenleben begegnen. Masochisten reagieren ständig auf die Gegenwart, als ob es sich um die Vergangenheit handle, sie partizipieren an einer Art von Schattenspiel, bei dem die Menschen nicht sind, wer sie zu sein scheinen. Was eine angemessene Reaktion eines Kindes gegenüber einer bedrohlichen Elternfigur war, ist unangebracht, wenn es sich z.B. zwischen Angestelltem und Chef, Arzt und Patient oder Mann und Frau abspielt. Was für ein Kind notwendiges und nützliches Anpassungsverhalten gewesen sein mag, kann zu einem furchtbaren Handicap werden, wenn es der Erwachsene beibehält.

Die Masochistin ist schnell bereit, sich zu entschuldigen, da sie annimmt, immer im Unrecht zu sein. Eine Patientin von mir formulierte es so: »Ich weiß, daß ich nichts Schlechtes getan habe, aber ich erwarte ständig eine Beschuldigung.« Eine andere sagte: »Wenn irgend etwas schiefgeht, denke ich automatisch, daß es etwas mit mir zu tun hat.« Die Masochistin wählt die Selbstbestrafung in dem Glauben, damit ein noch schlimmeres Schicksal abzuwenden. Sie ist unfähig, nein zu sagen, weil sie die Billigung anderer Menschen wünscht, ja dringend braucht, und nicht riskieren kann, sie zu kränken. Sie fürchtet sich vor Autorität, eine Eigenschaft, mit der sie nahezu jedermann auszustatten bereit ist: einen Kellner in einem Restaurant ebenso wie eine Verkäuferin in einem Geschäft. Sie hat kein Bewußtsein ihrer eigenen Rechte oder ihres eigenen Werts und schafft es nicht, einen eigenen Standpunkt einznehmen. In all dem ist sie von anderen Menschen abhängig. Und in ihrer Hinnahme des Leidens, das durch diese Defizite entsteht, ist sie völlig passiv. Sie akzeptiert das Leiden als etwas ihr Zustehendes.

Der Kommunikationsprozeß, die Benutzung selbstschädigender Worte, ist der Schlüssel zu diesem System der Selbstbestrafung, der Mechanismus, durch den die Masochistin anderen Menschen ihre Gefühle signalisiert und dadurch eine Art von kybernetischem Feedback in Gang setzt, das garantiert, daß ihr Leiden kein Ende nehmen wird. Auf der simpelsten Ebene besteht die masochistische Kommunikation oder Botschaft sehr oft einfach darin, das Falsche zu sagen: »Es ist schwierig, wenn man auf einer solchen Party niemanden kennt. Ich weiß gar nicht, warum ich überhaupt gekommen bin.«

Als ich vor einigen Jahren im Sommer an einer Konferenz der World Federation for Mental Health in Salzburg teilnahm, ermöglichten uns die Veranstalter, ein Mozartkonzert im Neuen Festspielhaus zu besuchen. In der Pause, als ich im Wandelgang umherspazierte und die Architektur bewunderte, geriet ich an eine junge Frau, die allein war.

»Ich stütze die Mauern«, sagte sie und schaute mich an.

»Wie bitte?« fragte ich, nicht sicher, ob ich sie richtig verstanden hatte. »Ich stütze die Mauern«, wiederholte sie.

»Ach?« Ihr Benehmen schien mir ebenso verklemmt, wie ihre Bemerkung absonderlich war. Ich entschuldigte mich und ging weiter.

Dies war der Inbegriff einer masochistischen Botschaft. Sie enthielt eine offene Deklaration der Verletzbarkeit und Hilflosigkeit und einen Appell um Mitgefühl: Ich stütze die Mauern ... ich bin ein Mauerblümchen ... die Situation ist mir peinlich ... ich bin allein ... wer wird schon mit mir reden? Sie zeugte von der pervertierten Egozentrizität dieser jungen Frau. Sie fühlte sich als Zentrum negativer Aufmerksamkeit; sie glaubte, alle Augen seien auf sie gerichtet und vermerkten kritisch ihre demütigende Einsamkeit. Sie war total in der Defensive: Sie wies mich auf ihre Schwäche hin und suchte mein Mitleid zu wecken, um die Kritik und Verachtung abzuwenden, die sie erwartete. Und das war unproduktiv; ihre Bemerkung löste bei mir keine Zuwendung aus; sie veranlaßte mich, wegzugehen und sie erneut allein zu lassen. Ich wollte mich nicht auch in meiner freien Zeit therapeutisch engagieren, und nach ihren Worten war ich sicher, daß es mir keinen Spaß machen würde, mich mit ihr zu unterhalten.

Diese Frau war von ihren inneren Abwehrmechanismen so in Anspruch genommen, daß sie kein klares Bewußtsein der äußeren Realität hatte. Wäre es anders gewesen, hätte sie mit mir über die Musik, den Konzertsaal, die Konferenz, Salzburg als solches oder von mir aus auch über Wiener Mehlspeisen sprechen können – unzählige Dinge, die mich zu einem Gespräch mit ihr verlockt hätten. Statt dessen war sie dazu verdammt, eine sich selbst erfüllende Prophezeiung auszuagieren. Sie war allein und fühlte sich deshalb schuldig, da sie ihr Alleinsein als Folge ihrer Minderwertigkeit ansah. Sie glaubte, daß dies auch andere Menschen so sehen würden. Aus dieser Überzeugung heraus und weil sie Kritik erwartete, verteidigte sie sich ohne Not, indem sie ihr Alleinsein thematisierte – »ich stütze die Mauern« –, womit sie die Aufmerksamkeit nur noch stärker darauf lenkte. Ihre Verteidigungsstrategie ließ, da sie so unangebracht war, genau das eintreten, was sie befürchtete. Und was wäre gewesen, wenn ich ein böser Mann mit einer Antenne für masochistische Frauen gewesen wäre? Ich hätte vielleicht ihr Mißbehagen über ihr Alleinsein verspürt und sie nach dem Konzert aus nicht eben selbstlosen Motiven eingeladen. Der potentielle Schaden für sie hätte viel schlimmer sein können, als erneut allein und ein Mauerblümchen zu sein.

Wenn Wölfe miteinander kämpfen und einer erkennt, daß er in Gefahr ist, überwältigt zu werden, dann signalisiert er dem Gegner seine Unterwerfung, indem er ihm seine Kehle ungeschützt darbietet. Häufig ist diese Geste der Kapitulation Triumph genug für den Sieger, und er gestattet dem Verlierer, sich zu verdrücken. Im menschlichen Zusammenleben kommt man oft nicht so leicht davon. Masochisten glauben, durch eine Deklaration der Schwäche Angriffe abwenden zu können, aber in Wirklichkeit hat dies gewöhnlich die entgegengesetzte Wirkung. Die Deklaration fordert eher zu Aggressionen heraus, als daß sie sie verhindert. Je deutlicher jemand den Eindruck von Furcht, Schuldgefühlen, Schwäche und Hilflosigkeit vermittelt, desto schlimmer wird seine Situation.

Auf diese Weise verewigt die Masochistin ihr Leiden, und das ist der Grund, warum ich den Kommunikationsprozeß als einen so entscheidenden Aspekt des Masochismus ansehe. Er ist das Öl, das in das Feuer des Verhaltens gegossen wird. Im Umgang mit anderen Menschen drückt die Masochistin nicht eigene Meinungen, Gedanken, Gefühle aus; sie versucht vielmehr vorwegzunehmen, was den anderen gefallen oder sie besänftigen könnte. Sie fragt sich nie: Was möchte ich sagen? Sie fragt sich immer: Was wollen die anderen hören? Sie fragt nie jemanden: Was stellst du dir vor? Statt dessen beantwortet sie diese Frage im voraus selbst, da sie sich davor fürchtet, was der andere sagen könnte. Sie artikuliert bereitwillig ihre ohnmächtige Lage: Ich bin schwach ... ich tauge nicht viel ... bitte tu mir nicht weh. Aber diese Mitteilung, das Herzstück ihres antizipierenden Abwehrsystems, beschützt sie nicht. Sie beschert ihr

2

Sind Sie masochistisch?

Vielen von uns fällt es nicht schwer, das Verhalten anderer Menschen zu analysieren. Selbstschädigende Tendenzen anderer sind leicht zu erkennen. Bei der Lektüre des ersten Kapitels werden Sie vielleicht Freundinnen oder Bekannte identifiziert haben, die in das masochistische Schema zu passen scheinen. Aber wenn es darum geht, uns selbst zu prüfen, sehen wir oft weniger klar. Wie ich jedoch gesagt habe, entgeht keine Frau in unserer Gesellschaft dem Masochismus ganz und gar; gesellschaftliche Haltungen garantieren dies. Intelligenz, Bildung, berufliche Karriere, gesellschaftliche Stellung – nichts davon kann uns immunisieren. Und es ist unerläßlich für uns, unsere Bewußtheit für den eigenen Masochismus zu schärfen, denn Bewußtheit ist sicher der erste Schritt zur Befreiung von diesem drückenden Handicap.

Der folgende Fragebogen ist kein Test, den man besteht oder nicht. Er soll eine Hilfe zur Bewußtheitsbildung sein, ein Mittel, das Ihnen neue Wahrnehmungen und Erkenntnisse in bezug auf sich selbst ermöglicht. Ihre Antworten können Ihnen Hinweise auf Ängste und Abhängigkeiten liefern, die Sie zuvor nicht erkannt hatten. Es ist niemals produktiv, seine Augen vor Fakten zu verschließen. Freud wies darauf hin, daß Menschen an Verdrängung leiden, daß sie die Gefühle, Gedanken und Erinnerungen, die schmerzhaft oder unangenehm für sie sind, aus ihrem Bewußtsein verbannen. Das Ziel der Psychoanalyse ist bekanntlich, diese Verdrängung rückgängig zu machen, die Inhalte des Unbewußten bewußtzumachen. »Erkenne dich selbst« ist ein Prinzip, das die Grundlage jeder Art von Wachstum und Aufklärung bildet.

Fragebogen

1. Merken Sie, daß Sie sich entschuldigen, wenn Sie auf der Straße von jemandem angerempelt werden?
2. Passiert es Ihnen, daß Sie »Verzeihung« sagen, wenn Sie etwas fallenlassen, obwohl niemand Sie hören kann?
3. Fällt Ihnen auf, daß Sie häufig und manchmal ohne Grund »danke« sagen?
4. Geben Sie ausführliche Erklärungen ab, wenn Sie auch bloß fünf Minuten zu spät kommen?
5. Entschuldigen Sie sich beim Tennis nach jedem verpatzten Ball?
6. Geben Sie in einer wichtigen Diskussion oder einem Streit sehr rasch nach?
7. Neigen Sie dazu, Bitten um Gefälligkeiten, die Ihnen wichtig sind, so lange aufzuschieben, bis es zu spät ist?
8. Lassen Sie in der Schule oder im Beruf die anderen gewöhnlich zuerst durch die Tür gehen?
9. Wagen Sie es in einem Restaurant nicht, um ein Glas Wasser zu bitten, weil es den Kellner verärgern oder ihm Mühe machen könnte?
10. Wählen Sie in der Regel das billigste Gericht auf der Speisekarte statt desjenigen, das Sie haben möchten, obwohl Sie sich das letztere leisten könnten?
11. Wagen Sie es nicht, ein Gericht zurückzuschicken, das nicht in Ordnung oder kalt ist?

12. Geben Sie zu große Trinkgelder, nicht, um andere zu beeindrucken, sondern aus Furcht, den Kellner zu beleidigen?

13. Versäumen Sie es nie, zu Geburtstagen Glückwunschkarten und Geschenke zu verschicken?

14. Wenden Sie übermäßig viel Zeit für den Kauf von Geschenken für andere auf, und machen Sie sich Sorgen, daß diese nicht »richtig« oder gut genug sein könnten?

15. Leihen Sie ständig anderen Geld?

16. Gehen Sie über Komplimente hinweg, statt sie liebenswürdig zur Kenntnis zu nehmen?

17. Neigen Sie bei Gruppenprojekten beruflicher oder gesellschaftlicher Art dazu, anderen die Führung zu überlassen?

18. Bemühen Sie sich auf großen Gesellschaften, nicht aufzufallen?

19. Werden Sie häufig ignoriert, wenn Sie sprechen?

20. Zögern Sie bei einer Verabredung, eigene Wünsche in bezug auf die Gestaltung des Abends oder die Wahl eines Restaurants zu äußern, obwohl Sie für sich selbst bezahlen?

21. Fürchten Sie, wenn Sie Ihren Chef um eine Gehaltserhöhung bitten, daß Sie nicht den richtigen Ton finden werden oder daß Sie im entscheidenden Moment nicht wissen werden, was Sie sagen sollen?

22. Zögern Sie, bei der Arbeit eine Idee zu äußern, weil Sie befürchten, daß man sie als lächerlich abtun könnte?

23. Fürchten Sie sich davor, jemanden anzurufen, den Sie nicht kennen – beispielsweise in geschäftlichen Dingen oder um sich um eine Stelle zu bewerben?

24. Fürchten Sie sich, nein zu sagen, wenn man Sie ersucht,

eine unangenehme Aufgabe zu übernehmen, zu der Sie nicht verpflichtet sind?

25. Fällt es Ihnen schwer, mit Ihrem Vermieter zu sprechen oder darauf zu bestehen, daß Ihnen der Arzt erklärt, was Ihnen fehlt, und zwar so, daß Sie es verstehen können, oder der Polizei einen Unfall zu melden?

26. Ziehen Sie es nach einem Streit mit Ihrem Freund oder Ehemann vor, die Sache auf sich beruhen zu lassen, statt später über die Ursachen zu sprechen und sich zu bemühen, ein Einverständnis herbeizuführen?

27. Ziehen Sie es vor, nachzugeben und kein »Theater zu machen«, wenn Ihr Mann oder Liebhaber Sex möchte und Sie nicht?

28. Wagen Sie es nicht, gegenüber Ihrem Mann oder Liebhaber die sexuelle Initiative zu ergreifen?

29. Stellen Sie sich vor, gefesselt, vergewaltigt oder sonstwie überwältigt zu werden, um sexuell erlebnisfähiger zu sein?

30. Haben Sie sich beim Liebesakt je stärker erregt gefühlt, wenn Ihnen unabsichtlich Schmerz bereitet wurde, oder haben Sie es je selbst inszeniert, daß Ihnen in irgendeiner, wenn auch geringfügigen Weise Schmerz bereitet wurde?

31. Wagen Sie es nicht, eine unglückliche, destruktive Beziehung zu beenden, weil Sie es nicht ertragen können, allein zu sein, oder weil Sie fürchten, niemals jemand anderen zu finden?

32. Sagen Sie zu Ihren Kindern, wenn diese ungezogen waren: »Warte, bis der Vater nach Hause kommt«, statt sie selbst zu bestrafen oder zu disziplinieren?

33. Haben Sie den Eindruck, daß Ihre Kinder Sie nicht respektieren?

34. Sind Sie sehr schmerzempfindlich?

35. Hatten Sie außergewöhnlich viele Unfälle oder Knochenbrüche für Ihr Alter?

36. Nehmen Sie in Ihrer Phantasie Situationen vorweg, in denen Sie sich emotional oder physisch verletzt fühlen werden?

37. Stellen Sie sich Situationen vor, bzw. geben Sie sich Tagträumen hin, in denen Sie einen Vorteil daraus ziehen, verletzt zu werden?

38. Neigen Sie zu »Unfällen«, wenn Sie erregt oder ärgerlich sind – zerbrechen Sie Geschirr, oder lassen Sie Dinge fallen, stolpern oder stürzen Sie?

39. Genießen Sie es, sich in sentimentalen Filmen »richtig schön auszuweinen«?

40. Halten Sie sich für einen »Pechvogel«, dem alles schiefgeht?

41. Würden Sie sich auf einer dunklen, verlassenen Straße verpflichtet fühlen, einem Mann zu antworten, der Sie a) um eine Auskunft, b) um Feuer, c) um 50 Pfennig bittet?

42. Träumen Sie häufig, a) in ein schwarzes Loch zu fallen, b) gelähmt zu sein und nicht gehen zu können, c) nicht um Hilfe rufen zu können, d) von Polizisten oder Räubern verfolgt zu werden, e) nackt zu sein?

43. Fürchteten Sie sich als Kind sehr vor Ihrem Vater/Ihrer Mutter oder beiden?

44. Haben Sie das Gefühl, sich zu oft zu entschuldigen?

Wenn Sie fünfzehn der obigen Fragen mit Ja beantworteten, dann ist es wahrscheinlich, daß Sie etwas masochistisch sind. Falls Sie erheblich mehr als fünfzehn Fragen bejahten, dann ist anzunehmen, daß Sie stark masochistisch sind. An späterer Stelle werde ich auf die therapeutischen Hilfen eingehen, um die Sie sich bemühen könnten.

Der Fragebogen lenkt die Aufmerksamkeit auf die primären Symptome masochistischen Verhaltens: Wunsch nach Zustimmung, Furcht zu beleidigen, Selbstzweifel, Furcht vor Autorität, Furcht vor Verlassenwerden, Gefühle der Demütigung und Schuld, Selbstbestrafung, Alpträume der Hilflosigkeit und Flucht und das Gefühl, der Mittelpunkt kritischer Aufmerksamkeit zu sein. Dies sind die Kräfte, die sich in der masochistischen Frau manifestieren und die Art und Weise, wie sie mit ihrer Hilfe kommuniziert, prägen.

Der Fragebogen veranlaßt, wie ich glaube, Frauen auch, über eine Reihe weiterer Fragen nachzudenken: Warum entschuldige ich mich immer? Warum neige ich dazu, Dinge zu tun, die mir schaden? Warum fühle ich mich wegen Nichtigkeiten schuldig? Warum hat der Chef für mich immer recht, insbesondere, wenn der Chef ein Mann ist? Warum ordne ich mich so oft meinem Mann oder Liebhaber unter? Warum muß ich auch wegen Kleinigkeiten lange Erklärungen abgeben? Warum befolge ich Befehle sklavisch? Warum kann ich nicht nein sagen?

Antworten auf diese Frage finden wir nur, indem wir die Wurzeln des Masochismus aufdecken – in unserer Psyche, in der Geschichte und in unserer heutigen Gesellschaft.

3

Die Ursachen des Masochismus

Masochismus wurde früher als ein rein sexuelles Phänomen betrachtet. Richard von Krafft-Ebing prägte das Wort als Bezeichnung eines Syndroms, das er im Werk von Leopold von Sacher-Masoch feststellte, einem österreichischen Schriftsteller des 19. Jahrhunderts, in dessen aus seinem eigenen Leben schöpfenden Geschichten immer wieder Männer vorkamen, die nach sexuell erregender Bestrafung dürsteten. Der Masochismus, schrieb Krafft-Ebing, sei ein Zustand, in dem »der Sexualtrieb auf Phantasien der Unterwerfung und des Mißbrauchs durch das andere Geschlecht gerichtet« sei. Heute betrachtet man den Masochismus als eine viel komplexere Konstellation von Tendenzen, als diese enge Definition impliziert. An dieser Stelle könnte es hilfreich sein, einen Überblick über die psychiatrischen Auffassungen von diesem Komplex, beginnend mit Freud, darzulegen.

Manche der grundlegenden Feststellungen Freuds über den Masochismus waren richtig. Er erkannte, daß es sich nicht um eine rein sexuelle Störung handelt, und sprach von »moralischem Masochismus«, da Probleme des Über-Ichs und Schuldgefühle eine Rolle spielen. Er kam auch zu dem richtigen Schluß, daß die Aufrechterhaltung des Leidens von entscheidender Bedeutung sei. »Der wahre Masochist«, schrieb er, »hält seine Wange hin, wo immer er eine Gelegenheit wittert, eine Ohrfeige zu erhalten.« Aber im übrigen ist Freuds Deutung beeinträchtigt durch seine Theorien über das Triebverhalten und das Lustprinzip, durch die Gesellschaft, in der er lebte, und durch seine Ideen über die Psychologie der Frauen.

Freud glaubte, da eine Frau ohne Penis zur Welt komme, sei sie mit einem Defekt geboren, und sobald sie diesen Mangel bemerke, betrachte sie sich als verwundet. Dieses Gefühl der Kastration beziehe sich nicht nur auf das Körperliche, sondern auch auf das Seelische. Frauen seien passiv und narzißtisch veranlagt, neigten stärker zur Eifersucht als Männer und hätten ein schwächeres Gewissen. Zur Beschwichtigung des »Penisneids« der Frauen und um sie für diese extrem negative Auffassung von ihrem Geschlecht zu entschädigen, setzte Freud die Hervorbringung eines Kindes mit dem Erwerb eines Penis gleich. Mit anderen Worten, eine Frau könne ihr psychisches Gleichgewicht durch Mutterschaft wiedergewinnen, insbesondere, wenn sie Knaben zur Welt bringt. Die weibliche Entwicklung war nach Freuds Auffassung eine klägliche Geschichte. Und da die gesamte psychoanalytische Theorie auf einem Reifungsprozeß basierte, in dessen Verlauf verschiedene triebbedingte Stadien durchgemacht werden, berücksichtigte er niemals die gesellschaftlichen Einflüsse, die sich im patriarchalisch-prüden kaiserlich-königlichen Wien gravierend auf die Frauen auswirkten.

»Anatomie ist Schicksal«, sagte Freud, und nach seiner Ansicht war der Masochismus ein Schlüsselelement des weiblichen Schicksals. Die Frau leidet zuerst unter dem Gefühl ihrer Mangelhaftigkeit. Dann leidet sie an Schuldgefühlen wegen ihrer ödipalen Wünsche in bezug auf ihren Vater. Schließlich muß sie bei der Erfüllung ihrer Fortpflanzungsaufgaben Schmerzen ertragen. Freud räumte ein, daß es auch männliche Masochisten geben könne, aber er wies darauf hin, daß sie sich in ihren Phantasien stets in typisch weibliche Situationen versetzen. Das Lustprinzip – Freuds Überzeugung, daß die Vermeidung von Schmerz das dominierende Ziel des menschlichen Verhaltens sei – verleitete ihn zu dem Schluß, daß die Masochistin das Leiden genießen müsse, das ihr Los sei.

und ist voll Scham über seine Niederlage, nachdem es so verzweifelt gekämpft hat. Es gibt den Kampf auf und überläßt sich der Verzweiflung. Schließlich folgt *das Ende:* Die Verzweiflung wird durch sekundäre Gewinne gemildert; Klagen über Verfolgung und Leiden gegenüber Hütern der Moral nähren die unrealistische Hoffnung; Verleugnung der Realität und Wiederbelebung unrealistischer Hoffnung ermöglichen die Wiederaufnahme des Kampfes. Eisenbuds Erkenntnisse verlieren keinesfalls an Wert durch den Humor, mit denen sie sie präsentiert, denn sie beschreibt die schwächende Wirkung des sich selbst verewigenden Masochismus nur zu treffend.

Die psychologischen Ursachen des Masochismus, darüber besteht weitgehend Einigkeit, gehen auf die ersten Lebenstage zurück, und diese frühen Wurzeln reichen sehr tief. Am Ende des ersten Lebensjahres eines Kindes ist das Fundament der Persönlichkeit bereits gelegt. Natürlich leisten auch andere Lebensphasen Beiträge zur Entwicklung der Persönlichkeit, aber die ersten Erfahrungen des Kleinkindes sind von besonderer Bedeutung. Die Ungleichheit der Macht erlebt ein Kind zum ersten Mal in seiner Beziehung zu seiner Mutter oder der Person, die die Mutterrolle spielt. Ein Kind ist klein und hilflos, die Mutter groß und mächtig. Wie eine Mutter durch die Pflege des Kindes ihre Macht ausübt, bedingt weitgehend die psychologische Gesundheit ihres Kindes oder deren Fehlen. Wenn die Mutter oder Bezugsperson ihre Macht zum Wohle des Kindes nutzt, dessen Bedürfnisse vorhersieht und ihre eigenen hintanstellt, dann wird das Kind aus den ersten sechs bis acht Monaten seines Lebens mit dem hervorgehen, was Erik Erikson als »Urvertrauen« bezeichnet, d.h. es wird die Welt und seine Bewohner als wohlwollend und nicht bedrohlich empfinden. Ist die Mutterfigur hingegen unaufmerksam, übermäßig behütend oder in irgendeiner Weise grausam, dann kann das Kind eine Persönlichkeitsstörung davontragen bzw. sich nicht seinen Anlagen entsprechend entwickeln. Masochismus ist eine Form von Persönlichkeitsstörung.

Die Bedeutung frühkindlicher Erfahrungen ist von verschiedenen Fachleuten hervorgehoben worden. Der große amerikanische Psychiater Harry Stack Sullivan konstatierte eine Art von Empathie zwischen Mutter und Kind, eine Art von emotionaler Ansteckung, die vorwiegend durch den Stillvorgang, ob dieser nun durch die Brust oder die Flasche erfolgt, vermittelt wird. Ob sich eine Mutter glücklich und zufrieden oder gereizt und nervös fühlt, ob sie unzufrieden oder ärgerlich ist, diese Zustände übertragen sich auf den Säugling, erklärte Sullivan. Eine zufriedene, fürsorgliche Mutter wird ein Kind haben, das voll Vertrauen zu anderen Menschen und ohne übermäßige Furcht vor der Macht anderer aufwächst.

Das Werk von Harry Harlow, das vielleicht vielen Leserinnen bekannt ist, leistete wichtige Beiträge zu unseren Vorstellungen von der frühen Kindheit. Harlow erforschte das Verhalten von Affenjungen, indem er ihnen drei verschiedene Puppen als Muttererersatz vorsetzte: ein Drahtgestell, das eine Flasche hielt, eine weichgepolsterte Puppe ohne Flasche und eine Puppe, die sich sowohl weich anfühlte als auch Nahrung bot. Er stellte fest, daß das Drahtgestell die Affenjungen beunruhigte; obwohl eine Flasche da war, nahmen sie sie nicht gerne an. Die Äffchen, die man auf die gepolsterte Puppe setzte, schienen sich wohler zu fühlen, obwohl keine Nahrung vorhanden war. Die Jungen, denen man eine gepolsterte Puppe mit Flasche gab, entwickelten sich am besten. Dieses Experiment zeigte, daß der Kontakt mit einem weichen, mütterlichen Körper für den Säugling ebenso wichtig ist wie die Nahrungsaufnahme.

Harlows Befunde wurden durch die Untersuchungen bestätigt, die René Spitz an Heimkindern durchführte. Spitz stellte fest, daß diese Kinder, die zwar ernährt wurden, aber keinen menschlichen Kontakt hatten, nicht nur ein Defizit an emotionalen Reaktionen aufwiesen, sondern daß sie tatsächlich in ihrem Wachstum beeinträchtigt, stark untergewichtig und viel krankheitsanfälliger als in normaler Umgebung heranwachsende Kinder waren und daß manche sogar aufgrund dieser Vernachlässigung starben.

Der Engländer John Bowlby studierte an Tuberkulose erkrankte Kinder, die man nach Entdeckung ihrer Krankheit aus ihrer häuslichen Umgebung in ein Krankenhaus gebracht hatte. Er konstatierte, daß sie durch das Abreißen ihrer Bindungen an ihre gewohnten Bezugspersonen in schwere Depressionen verfielen.

All diese Untersuchungen und Experimente liefern uns wertvolle Informationen über die Entstehung seelischer Probleme. Wenn die Fähigkeit zu vertrauen beschädigt wird, verschärft sich das Gefühl der Machtlosigkeit und Verletzbarkeit, und damit sind einige der Keime des Masochismus gelegt.

Ein weiterer Versuch von Harlow ist von spezieller Relevanz für das Erlebnis mütterlicher Fürsorge in unserer heutigen Gesellschaft. Wenn er weibliche Affen isoliert von den anderen aufzog, dann verweigerten sie die Paarung mit den Männchen. Wenn sie gegen ihren Willen gedeckt und trächtig wurden und schließlich Junge zur Welt brachten, mißhandelten sie diese. Harlow hielt ihre Reaktionen auf Film fest; ich empfand diese Filme als äußerst beklemmend. Die Affenmütter ignorieren ihre Jungen, weigern sich, sie herumzutragen oder zu füttern, und werfen ihre bedauernswerten kleinen Sprößlinge durch den Käfig, schleudern sie gegen die Wände und töten sie in manchen Fällen sogar. Harlow mußte einschreiten und die Jungen retten, oder sie wären alle umgekommen. Die Ergebnisse dieses Experiments scheinen mir eine Warnung zu enthalten: Je technischer unsere Gesellschaft wird, je unnatürlicher wir als Mütter werden, desto größer ist der potentielle Schaden, den unsere Kinder davontragen werden.

Unsere Gesellschaft, die der Leistung der Mütter einen so geringen Wert beimißt, hat wenig getan, um Frauen in dem Konflikt zwischen Mutterschaft und Arbeit zu helfen. Idealerweise sollte eine Frau imstande sein, während des ersten Lebensjahres ihres Kindes zu Hause zu bleiben. Für das Wohlergehen ihres Kindes zu sorgen sollte ihre erste Priorität sein. Nach Ablauf dieser Zeit, nachdem sie ihrem Kind eine solide Grundlage der Liebe und Zuwendung gegeben hat, sollte es ihr möglich sein, an ihren Arbeitsplatz zurückzukehren, auf den sie einen garantierten Anspruch hat. Aber ein solches Arrangement ist selten. Häufig vertrauen Mütter heute ihre Kinder schon zu einem früheren Zeitpunkt irgendwelchen Pflegepersonen an. Es ist nicht so, daß diese Mütter ihre Kinder nicht lieben; sie empfinden nur zu Recht, daß sie auch Anspruch auf andere Formen der Erfüllung haben.

Den Frauen in unserer Gesellschaft wird vorgespiegelt, daß die Mutterschaft ein natürlicher, selbstverständlicher und befriedigender Prozeß sei. In der Natur ist das so, aber in der zivilisierten Gesellschaft ist diese Erfahrung komplexer. Eine Frau ist sich nicht immer bewußt, daß zwischen ihren Bedürfnissen und jenen des Kindes ein Konflikt besteht. Sie realisiert oft nicht, daß es sie jedesmal irritieren kann, sooft diese unterschiedlichen Bedürfnisse miteinander in Konflikt geraten. Und sie erkennt vielleicht nicht, daß sie, weil sie sich über die Ansprüche des Kindes ärgert, das Kind in der einen oder anderen Weise zu bestrafen beginnt. Diese Bestrafung kann viele Formen annehmen. Sie kann das Kind schreien lassen und seine Bedürfnisse somit ihren eigenen unterordnen; sie kann zornig werden; sie kann das Kind anschreien oder gar schlagen. Alle diese Strafen, von der mildesten bis zur härtesten, legen, weil es wiederholte, fortlaufende Handlungen sind, das Fundament für den Masochismus.

Am Ende des ersten Lebensjahres beginnt das Kind, das jetzt Persönlichkeit entwickelt, seinen eigenen Willen zu äußern. Diese Fähigkeit stellt das Kind vor eine Wahl: Soll es sich selbst zufriedenstellen oder seine Mutter? Soll es beispielsweise bei der Reinlichkeitserziehung warten, bis es auf den Topf gesetzt wird, oder soll es seinem Bedürfnis nachgeben und in die Hose machen? Zusammenstöße zwischen Mutter und Kind häufen sich jetzt, da das Kind zunehmend eigensinnig oder fügsam wird, was weitgehend davon abhängt, wie die Mutter *ihren* Willen durchsetzt, dem sie durch Disziplinierung Geltung verschafft.

Sobald ein Kind Sprache erwirbt, können zwei andere Entwicklungen, die mit Machtmißbrauch zu tun haben, eintreten – und beide fördern den Masochismus. Die erste ist eine Kommunikationsform zwischen Eltern und Kind, die man als *double-bind*, wörtlich Doppelbindung oder Beziehungsfalle, bezeichnet. In dieser Situation fühlt sich das Kind als der schwächere Partner genötigt, auf die Botschaften der Eltern zu hören und sie zu begreifen. Die Eltern senden jedoch (gewöhnlich, ohne sich dessen bewußt zu sein) Botschaften aus, die unmöglich klar zu verstehen sind, weil sie zwei widersprüchliche Teile enthalten: der manifeste Inhalt und der latente oder verborgene Inhalt. Das Kind weiß, daß es, wenn es versucht, die Botschaft zu hinterfragen, in Schwierigkeiten kommen kann.

»Komm her, Schatz«, sagt eine Mutter in aggressivem Ton zu ihrem Kind. Die Bezeichnung »Schatz« soll dartun, daß sie eine liebevolle Mutter ist, die ihrem Kind etwas Gutes tun will. Dies ist der explizite Inhalt der Botschaft. Der verdeckte Inhalt wird dagegen durch den Tonfall – und vielleicht auch durch zusammengebissene Zähne – vermittelt, der erkennen läßt, daß sich die Mutter im Augenblick nicht liebevoll fühlt; sie ist ärgerlich. Wenn das Kind nicht sofort kommt, sondern fragt: »Warum bist du böse, Mami?« dann kann sich der Schaden noch vergrößern durch eine Antwort wie: »Du bildest dir Sachen ein. Ich bin nicht böse. Du weißt, wie sehr ich dich liebe.« Durch einen Wortwechsel dieser Art werden im Kind Verwirrung, Kränkung und Selbstzweifel ausgelöst. Das Schwinden der Fähigkeit eines Kindes, seinen eigenen Wahrnehmungen zu trauen, ist ein weiterer Faktor, der unmittelbar zu Masochismus führt.

Der zweite schädliche Mechanismus, der in Gang kommt, sobald ein Kind Sprache verstehen lernt, ist eine Form der hypnotischen Suggestion, die wiederholte Beschimpfung des Kindes als böse oder schlecht: »Du bist schlimm«, »Du bist ungezogen«, »Du bist dumm«, »Warum bist du so lästig?«, »Kannst du nicht brav sein?« Diese suggestiven Fragen und Behauptungen werden, wenn das Kind sie oft genug hört, mit derselben Sicherheit, als wären sie hypnotisch eingepflanzt worden, zu einem Bestandteil des Bildes, das das Kind von sich selbst hat. Dieses Kind wird mit dem Glauben an seine eigene Schlechtigkeit und Untauglichkeit aufwachsen und sich immer wegen irgend etwas schuldig fühlen, obwohl es gar keinen realistischen Grund dafür gibt.

Dieser hypnotische Prozeß trägt aber nicht nur zu dem Bild bei, das das Kind von sich selbst hat, sondern intensiviert beim Kind auch das Verhaltensmuster der Unterwerfung unter einen fremden Willen. So wie der Wolf dem Tod zu entrinnen versucht, indem er seinem übermächtigen Feind die ungeschützte Kehle darbietet, so offeriert die Masochistin eine Geste der Unterwerfung, indem sie vorwegzunehmen sucht, was eine Autoritätsfigur will, und sich beeilt, dem zu genügen. Aber in der Welt erwachsener Menschen ist dies nicht effektiv, da die Masochistin aufgrund ihrer Lernerfahrungen in der Kindheit zu erraten versucht, wie sich Autoritätsfiguren verhalten werden. Was als Reaktion eines Kindes angemessen war, ist für eine im Leben stehende Erwachsene unangemessen.

Ein weiterer psychologischer Faktor, der für die Entwicklung von Masochismus wichtig ist, ist eine ungelöste symbiotische Bindung an die Mutter. Es ist notwendig, daß in den ersten Lebensjahren eine Art von Symbiose zwischen Mutter und Kind existiert. Die beiden sind emotional nicht völlig voneinander getrennt, und dies fördert die Zuwendung zum Kind. Aber wenn diese Bindung zu lange anhält, hat sie eine extreme Abhängigkeit des Kindes zur Folge. Eine überbehütende Mutter bindet ein Kind an sich, indem sie ihm verbietet, sich von ihr zu entfernen. Außerstande, die Eigenständigkeit ihrer Tochter anzuerkennen, und außerstande, die Grenzen zwischen ihnen zu bejahen, weigert sich eine solche Mutter, das Kind eigene Gedanken und Wahrnehmungen entwickeln zu lassen. Diese symbiotische Beziehung führt beim Kind zu Passivität und zu einem Gefühl der Unzulänglichkeit, zwei Schlüsselelementen für die Entstehung von Masochismus.

Sobald das Kind kompetenter mit Sprache umgeht, beginnen die Eltern, ihm kulturelle Einstellungen zu vermitteln; sie machen das Kind mit Geschlechtsrollen und Geschlechtsrollenstereotypen bekannt. Die Geschlechtsrollen umfassen bekanntlich die hergebrachten Funktionen, deren Ausübung vom jeweiligen Geschlecht erwartet wird, und die zugehörigen Stereotypen oder Klischees bestehen aus den engsten, rigidesten Interpretationen dieser Rollen, d.h. alles, was als »passendes« Verhalten für einen Mann oder eine Frau angesehen wird. Diese Klischees tragen viel dazu bei, daß sich Frauen minderwertig, hilflos und ständig schuldbewußt fühlen.

Eine Mutter ermutigt vielleicht ihren Sohn, hinauszugehen und zu spielen, während sie ein Mädchen zu Hause an ihrer Seite hält. Sie gibt ihrem Sohn Spielsachen, durch die er mit Hammer und Nägeln umgehen lernt, ihrer Tochter dagegen eine Puppe. Aber warum sollte es einem Mädchen keinen Spaß machen, Nägel einzuschlagen? Warum sollte sich ein Junge nicht vorstellen, ein Vater mit einer Puppe zu sein? Mütter heben oft hervor, wie ihr kleines Mädchen *aussieht* und was ihr kleiner Junge *schon alles kann*. Väter tun dies noch häufiger. Und so beginnen die Geschlechtsunterschiede Gestalt anzunehmen. Sobald das Mädchen heranwächst und in Kontakt mit seiner Umwelt kommt, begegnet es natürlich immer wieder zunehmendem Beharren auf Geschlechtsunterschieden. Aber die erste Bekanntschaft damit macht es durch seine Mutter und deren Gefühle in bezug auf ihre eigene weibliche Identität.

Es gibt allerdings subtile psychologische Unterschiede zwischen Männern und Frauen, die zu leugnen töricht wäre. Frauen haben eine Eigenschaft, die ich als Empfänglichkeit bezeichnen würde und die nicht mit Passivität verwechselt werden sollte. Passivität impliziert Untätigkeit, die durch ein Gefühl der Hilflosigkeit bedingt ist. Empfänglichkeit signalisiert Handlungsbereitschaft. Sie hängt mit der Fortpflanzung zusammen, und in rein biologischen Kategorien zeigt sie sich in der Aufgeschlossenheit einer Frau für einen Mann und in ihrer Bereitschaft, beim Geschlechtsakt den Penis in sich aufzunehmen. Sie äußert sich auch in der Aufnahme des befruchteten Eis durch den Uterus, durch die den Fetus umgebende Gebärmutter und in der Pflege und Ernährung des Kindes. Im übertragenen Sinn äußert sich die Empfänglichkeit der Frauen durch eine Art von Aufgeschlossenheit in geistiger und beruflicher Hinsicht. Männer neigen dagegen zum Vordringen und Eindringen. Das nächstliegende Beispiel dafür ist der Geschlechtsakt; auf einer anderen Ebene zeigt sich dies vielleicht auch bei der Erforschung der Erde und des Weltraums. Aber diese Unterschiede betreffen nur eine Facette der Persönlichkeit und hindern Männer ebensowenig daran, aufgeschlossen und empfänglich zu sein, wie Frauen kühn und expansiv. Diese Feststellung ist weit von den starren Vorstellungen geschlechtsspezifischen Verhaltens entfernt, die durch die Geschlechtsrollen-Stereotypisierung verewigt wird.

Ein letzter Faktor ist hervorzuheben, wenn man sich mit den frühesten Wurzeln des Masochismus befaßt: die Bevorzugung von Jungen, die in Familien immer noch existiert. Diese Voreingenommenheit gibt den Mädchen ständig zu verstehen, daß sie zweitklassig sind, daß sie nicht ganz so viel wert sind wie ihre Brüder. Ein drastischer Ausdruck dessen begegnete mir vor einigen Jahren, als ich ein Haus suchte und mir unter anderem das Haus eines Ehepaares anschaute, das ein Kind erwartete. Die werdende Mutter hatte sich schon auf die Entbindungsklinik vorbereitet, ihr Koffer war gepackt und stand in der Nähe der Haustür. Auch der künftige Vater hatte seine Vorbereitungen getroffen: Auf einer Bank im Flur lagen ein winziger Baseball-Handschuh, ein kleiner Schläger und ein winziger Football. Die Ausrüstung, die dieser Mann zusammengetragen hatte, besagte nur eines: es *mußte* ein Junge werden!

Dr. Shirley Press, eine Kinderärztin, die an der Universität von Miami arbeitet, berichtete in einem Artikel im *Journal of the American Medical Association*, daß die Gesichtszüge der Väter und sogar der Mütter Enttäuschung verraten, wenn sie erfahren, daß sie eine Tochter und nicht einen Sohn bekommen haben. Und einmal traf Dr. Press auf eine Patientin, die ihr erklärte, sie und ihr Mann wünschten sich einen Jungen, und sie glaube, ein Mädchen nicht lieben zu können. Als Dr. Press antwortete, wenn das ihre Einstellung sei, dann werde *sie* das Kind adoptieren und lieben, machte die Patientin einen Rückzieher, vermutlich eher aus einem Gefühl der Scham, als weil sie ihre Meinung änderte. Die Leute behaupten oft, sie wünschten sich nichts anderes als ein gesundes Kind, aber Dr. Press hat festgestellt, was sie sich in Wirklichkeit erhoffen: es sei ein gesunder *Junge*.

Auch über Freud selbst gibt es eine Geschichte, die von der bevorzugten Behandlung zeugt, die ihm als Junge zuteil wurde. Freuds Schwester liebte Musik und begann Klavier zu spielen und sehr eifrig zu üben. Zu ihrem Pech war der kleine Sigi kein Musikliebhaber und schätzte das Klavierspiel seiner Schwester nicht. Eines Tages kam seine Schwester nach Hause und mußte feststellen, daß das Klavier in ihrer Abwesenheit verschwunden war. Mama Freud hatte es den Wünschen ihres Sohnes entsprechend wegschaffen lassen.

Bei meiner Behandlung der historischen Zusammenhänge des Masochismus muß ich zwangsläufig ziemlich vereinfachen. Aber der erste Umstand, auf den ich hinweisen möchte, ist, daß der weibliche Masochismus seine historischen Wurzeln in zwei biologischen Tatsachen hat: Frauen tragen Kinder aus, und sie sind körperlich schwächer als Männer. Die Folge war und ist, daß Frauen verletzbar und Männer dominant sind. Die Fortpflanzungsfunktionen diktierten von Beginn der Zivilisation an, daß Frauen an das Haus gebunden waren und Männer als die Ernährer dienten. Und bis in die jüngste Vergangenheit, als Frauen die Kontrolle über ihre reproduktive Funktion erhielten, war dies ein großes Handicap für sie und hielt sie in einer Position der Abhängigkeit fest, die ihre Machtlosigkeit verewigte. Dies muß für ein weibliches Mitglied eines Nomadenstammes, deren Gatte Nahrung suchte und jagte, in gleichem Maße gegolten haben wie für eine Frau von heute ohne eigenes Einkommen, die von ihrem Mann ein bestimmtes Haushaltsgeld zugeteilt erhält.

Während des größten Teils der Geschichte haben Frauen das Leben einer unterprivilegierten Minderheit geführt. Eine der Kräfte, die diese Abwertung institutionalisiert hat, ist bedauerlicherweise die Religion. Ich habe nicht den Wunsch, irgendeine Konfession anzugreifen oder jemandem zu empfehlen, sich davon abzuwenden. Die Religion kann ein großer Trost sein, und wenn sie jemandem hilft, die schwierige Reise durchs Leben besser zu bestehen, finde ich das gut. Es ist jedoch nötig zu erkennen, daß die Weltreligionen von Männern dominiert waren und die Auffassung vertreten haben, daß Frauen entschieden minderwertiger seien als Männer. Auch die Bibel selbst, ob man sie nun als göttliches Gesetz oder als eine bedeutende Sammlung von Mythen über die Menschheit betrachtet, wurde im wesentlichen von Männern geschrieben und zeugt von einer sexistischen Auffassung der Frau. In der Bibel treten Frauen ausschließlich in drei Rollen auf: als Ehefrau zur Bedürfnisbefriedigung ihres Mannes, als Leidende oder als Prostituierte. Das ist ein dürftiges Angebot an Optionen. Die Heilige Schrift definiert Gott als »Er«, und allein dieses einzige Pronomen verstärkt und bekräftigt ständig die Vorstellung männlicher Dominanz. Die Bezeichnung Gottvater verleiht der männlichen Vaterrolle Bedeutung, während die weibliche Rolle der Mutter keine deistische Signifikanz hat. Man könnte fragen, warum Gott überhaupt geschlechtliche Attribute zugeschrieben werden, da Er die eine Macht über allen Geschöpfen ist.

Im dritten Abschnitt des ersten Petrusbriefs werden die jeweiligen Pflichten von Gatte und Gattin dargelegt und die absolut diskriminierende Auffassung von den Geschlechtern umrissen, die in der ganzen Bibel vorherrscht: »... die Ehefrau sei ihrem Manne untertan; ... der Ehemann wohne ihr nach seiner Erkenntnis bei und behandle seine Frau als das schwächere Gefäß mit Ehrfurcht.« Das Wort »Erkenntnis«, so wie es hier gebraucht wird, hat eine sexuelle Bedeutung. Den Frauen wird also befohlen, ihren Männern zu gehorchen, während die Männer angewiesen werden, ihre Frauen nach Lust und Laune sexuell zu benutzen und sie gleichzeitig wegen ihrer Fügsamkeit und Schwäche zu ehren. Welch ein Brosamen, den man dem gefangenen Vogel hinwirft!

Dann ist da der verdeckte Inhalt vieler biblischer Geschichten, ein Inhalt, der dem expliziten Text der Geschichte häufig widerspricht. Die Geschichte von Adam und Eva ist ein ausgezeichnetes Beispiel dafür. Wir kennen sie alle: Eva verführt Adam, indem sie ihn dazu verleitet, den Apfel vom Baum der Erkenntnis zu kosten, mit der Folge, daß beide aus dem Garten Eden, dem Paradies der Unschuld, verbannt werden. Schaut man jedoch unter die Oberfläche dieser Geschichte – so wie man die latente Bedeutung eines Traums entziffern würde –, ist es interessant festzustellen, daß im Baum der Erkenntnis, dem Symbol des sexuellen Wissens, die Schlange lauert, die zuerst Eva mit dem Apfel in Versuchung führt, bevor diese erliegt und Adam verführt. Könnte es ein vollkommeneres phallisches Symbol geben als die Schlange? Die sexuelle Erregung des Mannes ist nicht zu verbergen, und ein erigierter Penis ist ein mächtiger sexueller Stimulus für die Frau. Könnte es somit sein, daß die wahre Geschichte der *Versuchung* die Verführung Evas durch Adam ist, obwohl Eva bis in alle Ewigkeit für diese angebliche Sünde bestraft wird?

Thomas von Aquin fixierte die Frauen nachhaltig in ihrer minderen Position. Eine Frau, schreibt er, sei ein mißratener Mann und müsse aufgrund ihrer Sünde der Macht eines Mannes unterworfen sein. Ihre Unterjochung sei auch durch das Faktum bedingt, daß die Vernunft ein Vorrecht der Männer sei. Die Frau sei nur deshalb geschaffen worden, weil der Mann eine sexuelle Hilfskraft brauchte, um die Aufgabe der Fortpflanzung zu bewältigen. Andere Arbeiten könne der Mann durchaus allein erledigen, meinte Thomas. Dann schlägt er den letzten Nagel in den Sarg der Frau, indem er erklärt, daß das Ebenbild Gottes in jedem Mann vorhanden sei, aber in keiner Frau, da die Frau nach dem Ebenbild des Mannes, aber nicht Gottes erschaffen worden sei.

In seinem Buch *Eve's New Rib* liefert Robert Francœur einen wunderbar ironischen Kommentar über das Frauenbild, das sich aus der christlichen Lehre entwickelt hat. Die erste Menschenmutter sei Adam gewesen, behauptet er, »denn aus Adams Rippe ging das erste Baby hervor, Eva ... die Evastöchter werden von den Männern im Zustand sozialer Säuglinge gehalten, auch nachdem sie ihr Vaterhaus verlassen haben ... Die kindliche Braut blieb die emotionale, halb menschliche, unvollkommen gestaltete männliche Mißgeburt, deren Welt sich um die Männer drehte, denen zu dienen sie bestimmt war.«

Das Christentum ist aber bekanntlich nicht die einzige Religion, die den Frauen so übel mitspielt. Das Morgengebet des orthodoxen Judentums beginnt mit dem Gebet eines Mannes, der Gott dafür dankt, keine Frau zu sein. Ein *minyan*, zehn jüdische Männer, müssen anwesend sein, damit ein Gottesdienst richtig zelebriert werden kann. Orthodoxe Frauen müssen sich im Mikwe, einem besonderen Becken, baden, um sich nach der Periode, vor der Hochzeitszeremonie und nach der Geburt eines Kindes zu reinigen. Sicher empfinden viele orthodoxe Jüdinnen diese Regel als demütigende Strafe, die ihre Wertlosigkeit dokumentiert – und für die sich eine Frau kaum durch ihre Rolle, am Sabbat die Kerzen anzuzünden, entschädigt fühlen kann.

Eine meiner Patientinnen schilderte vor einigen Jahren den Streit, der in ihrer orthodox jüdischen Familie über die Frage ausbrach, ob man ihr, die eben ihre erste Menstruation hatte, gestatten solle, am Begräbnis ihres geliebten Großvaters teilzunehmen. Nach orthodoxem Gesetz ist es einer menstruierenden Frau nicht erlaubt, ihren Fuß auf geheiligten Boden, in diesem Fall den Friedhof, zu setzen. Schließlich erlaubte man ihr teilzunehmen, nachdem ihre Großmutter interveniert und geraten hatte, die Vorschriften großzügig auszulegen – sie glaubte, es werde dem heiligen Boden nicht schaden, da keine Gefahr bestand, daß ihn das Blut berühren werde.

Der islamische Glauben weist den Frauen einen noch geringeren Platz zu. Sie sind nicht nur, wie im Katholizismus und im orthodoxen Judentum, von religiösen Ämtern ausgeschlossen, auch ihre juristischen und bürgerlichen Rechte sind drastisch eingeschränkt. Ihr Körper muß mit dem alles verhüllenden Tschador bekleidet sein; ein Schleier läßt nur die Augen frei. Auf diese Weise werden die Männer vor ihrer sexuellen Anziehung bewahrt. Ein Moslem darf so viele Frauen heiraten, wie er will, solange er sie erhalten kann – und das Ausmaß des Unterhalts ist nirgends festgelegt. Außerdem kann er sich von einer Frau scheiden lassen, einfach, indem er die Formel ausspricht: »Ich verstoße dich.«

Auch weltliche Gesellschaften behandelten die Frauen nicht viel besser. Das Römische Recht befahl den Frauen, »sich den Launen ihrer Ehemänner willig zu fügen«, den Männern, »über ihre Frauen als notwendige und unabtrennbare Besitztümer zu herrschen«. Um ihr »Eigentum« zu wahren, erhielten römische Männer das Recht, ihre Frauen zu schlagen und sie wegen Trinkens oder Ehebruchs zu bestrafen. Das Beharren auf vorehelicher Jungfräulichkeit – das einzige Mittel, um sich der Vaterschaft sicher zu sein – war eine weitere Maßnahme, durch die Männer ihr Eigentum zu schützen suchten, indem sie für die richtige Abstammung der männlichen Erben sorgten.

Im antiken Griechenland hatte Sophokles versichert, die Glorie einer Frau besteht darin, »nicht von ihrer weiblichen Natur abzuweichen, die darin besteht, in der Welt der Männer keinen Ruhm zu genießen, weder in Form des Lobes noch des Tadels«. Zur gleichen Zeit trat Sokrates dafür ein, den Frauen gleiche Rechte in geistigen, politischen und sexuellen Belangen einzuräumen. Ist es überraschend, daß Sophokles ein hohes Alter erreichte und für seine Weisheit verehrt wurde, während Sokrates den Schierlingsbecher leeren mußte, nachdem man ihn wegen seines verderblichen Einflusses zum Tode verurteilt hatte?

Sitte und Gesetz stärkten auch in den folgenden Jahrhunderten die Tradition weiblicher Unterjochung. Die französischen Männer waren es gewohnt, ihre Frauen zu schlagen, wenn sie ihnen widersprachen oder »zumutbare« Befehle verweigerten. Und ich bin sicher, daß Männer darüber befanden, was zumutbar war und was nicht. Gesetze, die die Züchtigung von Gattinnen und sonstigen Frauen regelten, wurden im Mittelalter kodifiziert. Wie es der englische Jurist Sir William Blackstone im 18. Jahrhundert rückblickend formulierte: »Nach altem Recht durfte der Mann seine Frau auch maßvoll züchtigen. Denn so, wie er für seine Missetaten einstehen muß, hielt es das Gesetz für richtig, ihn mit der Befugnis auszustatten, sie durch häusliche Disziplinierung in Zaum zu halten.« Ein anderer Engländer, William Winter, bestrebt, seine Landsleute im günstigsten Licht erscheinen zu lassen, erklärte es folgendermaßen: »Es ist nicht so, daß die englischen Gentlemen tyrannisch und grausam in ihrer Behandlung von Frauen sind; aber die Vorherrschaft von John Bull in jeder Auseinandersetzung zwischen ihm und Mrs. Bull ist eine Kardinallehre des britischen Rechts.«

Das Auspeitschen weiblicher Landstreicher war in England bis 1791 gestattet. Tauchkäfige, die dazu dienten, eine »zänkische Frau« wiederholt in einen Teich oder Fluß zu tunken, wurden bis 1809 benutzt. Der *brank* – eine besonders grausame Form von Knebel – war zur gleichen Zeit zur Bestrafung »einer bestimmten Sorte Frauen« gang und gäbe. Erst Mitte des 19. Jahrhunderts begannen die Engländer, die traditionell dafür bekannt sind, Tiere vor Grausamkeit zu schützen, eine Kampagne gegen das Verprügeln von Ehefrauen. Bis dahin war es ein anerkanntes Prinzip des (ungeschriebenen) englischen Gewohnheitsrechts, daß ein Mann seine Frau schlagen durfte, solange der Stock, den er benutzte, nicht dicker als sein Daumen war.

Niemand erkannte die Ungerechtigkeiten in der Behandlung von Frauen klarer oder schrieb überzeugender darüber als *der* englische Philosoph des 19. Jahrhunderts, John Stuart Mill. In *On the Subjection of Women* schrieb er: »Gegenwärtig ist in den fortgeschritteneren Ländern die Geschäfts- und Rechtsunfähigkeit der Frauen mit einer Ausnahme der einzige Fall, in dem Gesetze und Institutionen über Personen bei ihrer Geburt verfügen, daß sie ihr ganzes Leben lang niemals das Recht haben werden, sich um bestimmte Dinge zu bewerben.« Dies gelte als Bestandteil der natürlichen Ordnung, schrieb Mill, denn nachdem »die Unterordnung der Frauen unter die Männer eine universelle Sitte sei, erscheint einem jede Abweichung davon klarerweise als unnatürlich.« Mills Beschreibung des Verhältnisses zwischen den Geschlechtern liest sich wie ein Rezept für die Erzeugung von Masochismus. »Die Position des Aufschauens zu einem anderen«, meinte er, »ist ungünstig für die Aufrichtigkeit und Offenheit ihm gegenüber. Die Furcht, in seiner Meinung oder seinen Gefühlen an Wert zu verlieren, ist so stark, daß selbst ein aufrechter Charakter eine unbewußte Tendenz hat, sich nur von der besten Seite zu zeigen. Um wieviel mehr gilt dies erst, wenn man nicht nur der Autorität des anderen untersteht, sondern einem ständig als Pflicht eingeimpft wird, daß alles andere hinter seiner Bequemlichkeit und seinem Vergnügen zurückzustehen habe und daß er von ihr nichts zu sehen oder zu spüren bekommen dürfe, als was ihm angenehm ist.«

Auf die Frage der Ehe eingehend, schrieb Mill, daß der Mann buchstäblich als Herrscher über seine Frau angesehen werde und die Frau genauso eine Leibeigene ihres Mannes sei wie eine gewöhnliche Sklavin. »Sie gelobt ihm am Altar lebenslangen Gehorsam und ist bis an ihr Ende gesetzlich dazu verpflichtet. Ohne seine Erlaubnis darf sie nicht das Geringste tun.« Mill bemerkte dazu: »Eine Sklavin hat in den christlichen Ländern ein ausgesprochenes Recht, ja die moralische Pflicht, ihrem Herrn die letzte Intimität zu verweigern. Dies gilt nicht für die Ehefrau. Auch wenn sie an einen noch so brutalen Tyrannen gekettet ist, auch wenn sie weiß, daß er sie haßt, auch wenn es sein tägliches Vergnügen ist, sie zu quälen, und auch wenn es ihr unmöglich ist, ihn nicht zu verabscheuen, so kann er doch die tiefste Erniedrigung des Menschen von ihr fordern und erzwingen, nämlich gegen ihre Neigung zum Werkzeug einer tierischen Funktion gemacht zu werden. Während sie in bezug auf ihre eigene Person in dieser schlimmsten Form von Sklaverei gehalten wird, welches ist nun ihre Stellung gegenüber den Kindern, an denen sie und ihr Herr ein gemeinsames Interesse haben? Es sind von Gesetzes wegen seine Kinder. Er allein hat das Verfügungsrecht über sie.«

Dieses auf uns lastende Erbe der Brutalität gegenüber Frauen und Gattinnen hatte eine prägende Wirkung auf die Gestaltung unserer modernen Gesellschaft. Und die Frauen haben ihre Unterjochung traditionell hingenommen und versucht, sich der erwarteten passiven Rolle anzupassen, um Schwierigkeiten zu vermeiden. Sie haben ihre Wut gegen sich selbst gekehrt und einen »leidenden Stil« angenommen – die Essenz des Masochismus.

Ursprünglich durch die Biologie benachteiligt, waren die Frauen in einem historischen Teufelskreis gefangen, der äußerst schwierig zu durchbrechen war. In einer industrialisierten Welt waren Sach- und Fachkunde, Geschicklichkeit und Intelligenz die Eigenschaften, welche für die Produktion und Verteilung von Gütern benötigt wurden. Frauen, die diese Qualitäten in gleichem Maß besaßen wie Männer, erhielten jedoch nicht die gleichen Chancen, ökonomische oder berufliche Macht zu erlangen, wozu ihre Fortpflanzungsfunktion als Vorwand diente. Bis zum heutigen Tag hören wir, daß Frauen wegen der angeblichen Labilität, die durch den Menstruationszyklus bedingt sei, für bestimmte Arbeitsplätze als ungeeignet erklärt werden. Als Frauen anfingen, in der Arbeitswelt Fuß zu fassen, wurde die Möglichkeit einer Schwangerschaft herangezogen, um ihre geringe Bezahlung zu rechtfertigen und ihnen Beförderungen zu verweigern. Es wurde nicht für notwendig gehalten, daß Frauen ebenso gebildet seien wie Männer, da man sie für die anspruchsvolleren Berufe ohnehin als ungeeignet erachtete. Und wegen ihrer unzulänglichen Bildung bewertete man sie wiederum als weniger qualifiziert als Männer, bestimmte Positionen einzunehmen. So drehte sich die erbarmungslose Spirale der Abwertung ewig weiter, die Frauen erlangten niemals die Gleichstellung und blieben abhängig.

In Margaret Rossiters Buch *Women Scientists in America: Struggles and Strategies Up to 1940* stieß ich kürzlich auf ein ausgezeichnetes Beispiel dafür, wie solche falschen Schlüsse zustande kamen. Rossiter bemerkt in einer Stellungnahme zu einem 1910 von James McKean Cattell veröffentlichten Buch über Männer der Wissenschaft, Cattell sei über das schlechte Abschneiden der Frauen in den Naturwissenschaften erstaunt gewesen; er zitierte eine Statistik, wonach nur 1,8 Prozent der Naturwissenschaftler, die zu den führenden tausend gezählt wurden, Frauen waren. Rossiter weist darauf hin, daß Cattell, statt zu dem Schluß zu kommen, daß gesellschaftliche Faktoren den Ausschluß von Frauen aus den Naturwissenschaften begünstigen müssen, die Auffassung vertreten habe, die schlechten Resultate der Frauen seien ein Zeichen ihrer genetischen Minderwertigkeit. »Es scheint keine gesellschaftlichen Vorurteile gegen die Betätigung von Frauen in der Wissenschaft zu geben«, schrieb Cattell, »und es ist daher schwierig, die Schlußfolgerung zu vermeiden, daß eine angeborene geschlechtliche Disqualifikation vorliegt.«

Nichts hat die Emanzipation der Frauen in unserer Zeit stärker vorangebracht als die Entwicklung empfängnisverhütender Mittel, die sie von allzu vielen und ungewollten Schwangerschaften befreiten. Heute ist die Anatomie *nicht mehr* Schicksal. Aber jahrhundertealte Einstellungen verschwinden nicht in ein oder zwei Generationen einfach von selbst. Die Geschichte lehrt, daß die Mächtigen ihre Macht nicht kampflos aufgeben, und es ist unwahrscheinlich, daß die Männer auf die Macht, die sie so lange genossen haben, freiwillig verzichten oder sie mit uns teilen werden. Die Frauen müssen sie ihnen abringen, und da die Frauen nicht gewohnt sind, mit Macht umgehen, fürchten sie sich davor. In unserer gegenwärtigen Gesellschaft wird männliche Dominanz und weibliche Unterordnung immer noch in verschiedener Weise aufrechterhalten, und all dies fördert den Masochismus.

Ich habe bereits erwähnt, daß die sexistische Diskriminierung, wie man die Beschränkungen nennen könnte, die den Frauen und ihren Möglichkeiten, Macht auszuüben, weiterhin auferlegt werden, oft zu Hause beginnen, wenn die Mutter und etwas später der Vater anfangen, den Kindern gesellschaftliche Einstellungen und Erwartungen zu vermitteln. Dies ist der Ausgangspunkt der Geschlechterrollenstereotypisierung, die später in der Gesellschaft allgemein noch unmittelbarer erfahren wird. Die Erziehung eines kleinen Mädchens konzentriert sich in der Regel immer noch darauf, es hübsch und lieb zu machen, statt Wert darauf zu legen, daß es Erfolg haben und etwas leisten möchte, wie es von den Jungen erwartet wird. In dieser konkurrenzbesessenen Gesellschaft wird den Mädchen nach wie vor beigebracht, sanft, fügsam und bescheiden zu sein, Eigenschaften, die in jeder Art von Wettbewerb untaugliche Waffen sind. Lehrer beiderlei Geschlechts erzählen den Mädchen immer noch, daß sie Krankenschwestern werden können, nicht Ärztinnen. Jungen werden ermuntert, hinauszugehen und zu spielen; Mädchen lernen, daß es gefährlich für sie ist, sich weit hinauszuwagen. Manches Mädchen bekommt weniger Taschengeld als ihr Bruder, was besagen soll, daß es für ihn wichtiger ist, mit größeren Summen umgehen zu lernen, daß sein Bedürfnis nach eigenem Geld größer ist.

Und Mädchen brauchen sich nur umzusehen – das Fernsehen, der Film und wahrscheinlich auch die Beziehung zwischen ihren eigenen Eltern zeigen ihnen, wer in unserer Gesellschaft die Macht hat. Es ist nicht zu übersehen, daß die Männer das wichtige Geschlecht sind, daß sie die Führung innehaben, ob es sich nun um das Land, die Rundfunkstation oder das eigene Heim handelt. Natürlich hat es in den letzten Jahren Veränderungen gegeben, aber wenn man sich in den Parlamenten, den Gerichten, den Unternehmensvorständen und den Börsensälen umschaut, erblickt man ein Heer von Männerköpfen. Das Geschlechtsrollenklischee, das aus dieser Art von Konditionierung hervorgeht, lautet: Ein nettes Mädchen tut, was ihre Eltern sagen, fügt sich den Bedürfnissen und Wünschen der Männer ihrer Umgebung und konkurriert nicht mit Männern, sondern versucht, sie für sich zu gewinnen.

Frauen, die sich weigern, diesem Klischee zu entsprechen, sind bestimmten, fast institutionalisierten Angriffen ausgesetzt.

Eine Frau, die sich mit ganzer Kraft ihrer Karriere widmet, wird als »aggressiv« bezeichnet. Ein Mann, der dasselbe Maß an Energie aufwendet, wird dagegen für seinen Ehrgeiz gepriesen. Eine Frau, die sich Männern nicht unterordnet, wird als »Schreckschraube« oder »kastrierendes Biest« bezeichnet. Ein Mann, der dasselbe Verhalten an den Tag legt, wird wegen seiner Stärke bewundert. Eine Frau mit hohen Leistungsansprüchen wird als »pingelig« abqualifiziert, während ihr männliches Gegenstück als gewissenhaft gepriesen wird.

Wenn es Frauen trotz aller Handicaps und trotz des Widerstands, auf den sie auf Schritt und Tritt stoßen, gelingt, sich in einem traditionell von Männern dominierten Bereich durchzusetzen, dann wird das Lob, das man ihnen spendet, wahrscheinlich in männliche Kategorien gefaßt sein. Wie oft haben wir von einer erfolgreichen Frau schon gehört, daß sie »denkt wie ein Mann«. Ich erinnere mich an die Bemerkung, die eine meiner Freundinnen einen Israeli machen hörte, der sich über die damalige israelische Ministerpräsidentin Golda Meir lobend äußerte. »Die ist in Ordnung«, sagte der Mann. »Die steht ihren Mann!« Impliziert wird, daß nur jemand, der über männliche Merkmale verfügt, einen solchen Erfolg erringen könne.

Vielleicht trägt nichts mehr dazu bei, Frauen in ihrer traditionellen Rolle festzuhalten, dieser zweitklassigen Sphäre geringerer Erwartungen und niedrigeren Selbstwertgefühls, als ihr Image in der Werbung, der wir ständig ausgesetzt sind. Darüber ist viel geschrieben und gesagt worden, insbesondere über die Anzeigen, in denen Frauen als wirklich sehr marginale Figuren gezeigt werden, deren größte Herausforderung im Leben darin zu bestehen scheint, den Schmutzrand aus dem Kragen und das Haar aus dem Abflußrohr zu entfernen oder in BHs und Bikinis dort aufzutauchen, wo die Männer sind. Ärzteblätter, deren Medikamentenwerbung sich hauptsächlich an männliche Ärzte richtet und höchst verzerrte und irreführende Bilder von Frauen enthält, machen sich ebenfalls schuldig. Aber am schlimmsten sind meines Erachtens, angesichts der Frauenbewegung und ihres Kampfes gegen die alten Klischees von Weiblichkeit, die Modeinserate und Fernsehspots, die schamlos die weibliche Sexualität ausbeuten.

Die Kleidung hat viele Funktionen, unter anderem die, zu imponieren und den Eindruck von Macht zu vermitteln. Wenn ein Teil des Körpers enthüllt wird, der normalerweise unter Kleidung verborgen ist, wirkt der oder die Betreffende weniger imponierend. Dies kam mir eines Abends bei der Oper *Alceste* deutlich zu Bewußtsein, als ich merkte, daß der König, obwohl er prächtig kostümiert war, etwas weniger imposant wirkte, weil seine Beine nackt waren. Werbung, in der Frauen teilweise nackt gezeigt werden, läßt diese weniger bedeutend erscheinen. Man scheint heute fast keine Modereklame mehr zu finden, in der die Frau nicht mit gespreizten Beinen gezeigt wird. Diese Botschaft richtet sich mit Sicherheit an die Männer. Ein weiterer schädlicher Aspekt dieser Formen von Werbung ist, daß sie Frauen in eine Konkurrenz gegeneinander versetzt, indem sie sich auf die sexuelle Anziehung als Hauptmerkmal ihres Geschlechts konzentriert. Dies wird als wichtigstes Rüstzeug der Frauen dargestellt, während Intelligenz, Ehrgeiz, Talente und Können niemals eine Rolle spielen. Solange der erotische Aspekt betont wird, hat es der intellektuelle Aspekt schwer, in den Vordergrund zu treten und Aufmerksamkeit auf sich zu ziehen. Die Chancen der Frauen, in der Arbeits- und Berufswelt Erfolg zu haben, werden drastisch unterminiert, wenn sie im Status des Sexualobjekts verharren.

Und dann gibt es die Art von Werbung, für die die Devise von Saks Fifth Avenue kennzeichnend ist: »*We are all the things you are.*« (»Wir sind alles, was sie sind.«) Damit wird impliziert, daß eine Frau nichts anderes ist als eine Anhäufung von Dingen, von Bestandteilen ihrer Garderobe. Und die weitere Implikation ist, daß sie, wenn sie diese Dinge nicht hätte, nichts wäre.

In einer Anzeige der Anlagenberatungsfirma Lebenthal steht Myrna Loy im Mittelpunkt. Mit einem Pelz bekleidet und so attraktiv wie eh und je sagt sie: »Auf diesem Gebiet bin ich unerfahren. Bitte haben Sie Geduld mit mir.« Die sexuelle Anspielung in diesen Worten ist unverkennbar. Dann fragt sie: »Darf ich eine dumme Frage stellen?« Durch diese Anzeige wird die Vorstellung erweckt, daß Frauen hilflos, leidend und dumm sein dürfen, solange sie hübsch aussehen.

Ein weiteres gesellschaftliches Phänomen, das Frauen abwertet, indem es sie zu Sexualobjekten degradiert, ist die Pornographie. Sie ist heute im Ansteigen begriffen und häufig durch extreme Gewalttätigkeit gekennzeichnet. Frauen, die als mechanistische Größen betrachtet werden, deren Hauptzweck es ist, der sexuellen Befriedigung des Mannes zu dienen, können keine wertvollen Geschöpfe sein. Die Toleranz, die heute pornographischen Filmen, Publikationen und Buchläden entgegengebracht wird, unterstreicht diesen Eindruck der Wertlosigkeit.

Das primäre Faktum der ökonomischen Existenz der Frau – daß Frauen für ihre Arbeit weniger bezahlt bekommen – ruft ein tödliches Gefühl der Unwichtigkeit hervor. Die Botschaft kann nicht deutlicher sein: Du bist nicht so viel wert wie ein Mann.

Das Abschmettern des Verfassungszusatzes über die Gleichberechtigung in den USA hat dem Image der Frauen in unserer Gesellschaft großen Schaden zugefügt. Die Ablehnung dieses Zusatzes, der nicht mehr und nicht weniger ist als eine Garantie der Chancengleichheit, signalisiert, daß Frauen *nicht* gleichgestellt sind und daß sie keinen Anspruch auf Gleichbehandlung haben. Diese Niederlage läßt auch erkennen, daß Frauen nicht über die Macht verfügen, derer sie bedürften, um diesen Gesetzesentwurf durchzubringen. Sie sind weder geschickt noch einflußreich genug. Und ein Grund, warum die Macht der Frauen faktisch so schwach ist, liegt darin, daß sie untereinander uneins sind. Frauen sind immer gegeneinander ausgespielt und dadurch besiegt worden, und die Erfahrung mit dem Verfassungszusatz war ein anschauliches Beispiel dafür. Frauen, die zu verlieren fürchteten, was sie hatten, Frauen, die vom Status quo zu profitieren hofften, kämpften gegen den

Verfassungszusatz. Wenn die Frauen zusammengehalten und mit einer Stimme gesprochen hätten, dann wäre das Gleichstellungsgesetz niemals abgeschmettert worden. Es ist eine Tatsache, daß die Niederlage nicht nur dem Image seiner Anhänger schadete, sondern auch dem Image derjenigen, die sich dagegen aussprachen.

Weniger greifbare Einflüsse, von denen ich den Eindruck habe, daß sie unsere Gesellschaft in eine masochistische Richtung drängen, sind das Phänomen des »Mauerns«, das Richard Nixon in seinen letzten Jahren als Präsident zu einer Kunst entwickelte, und die Betonung des Teamspiels. Früher konnte man seitens des Staates und seiner Diener ein gewisses Minimum an Anständigkeit und Gewissen voraussetzen. Man erwartete ein angemessenes Verhalten, und wenn diese Erwartung nicht erfüllt wurde, dann konnte man mit dem Eingeständnis eines Fehlverhaltens rechnen, das im allgemeinen auch erfolgte. Heute scheint eine wachsende Tendenz zu bestehen, jede Schuld zu leugnen – zu mauern. Wir haben dies bei Skandalen, in die Regierungsvertreter verwickelt waren, wiederholt erlebt: Obwohl sie mit Beweisen von Verfehlungen, Vergehen und sogar Verbrechen konfrontiert werden, weigern sich die Beschuldigten einfach, einzugestehen, daß ihre Handlungsweisen nicht in Ordnung waren. Ich beobachte dies mit zunehmender Häufigkeit auch bei flüchtigen Begegnungen, beispielsweise mit Verkäufern in Geschäften oder Bankangestellten. Das Motto scheint heute zu sein: »Der Kunde hat immer unrecht.« Die Masochistin, die sowieso immer glaubt, im Unrecht zu sein, hat es in einer solchen Atmosphäre noch schwerer.

Die Leute reden heute nicht mehr so offen wie früher, und ich fürchte, daß sich die Zeit des Individuums, des Einzelgängers rasch ihrem Ende nähert. Heute scheint es beinahe gefährlich, nicht dem einen oder anderen Team anzugehören. Abweichung von einer Gruppe wird mit Ächtung bestraft, was seinerseits wieder den Masochismus fördert. Die Masochistin fürchtet sich immer, den Mund aufzumachen, und bemüht sich ständig, die Machthaber nicht gegen sich aufzubringen. In einer Gesellschaft, die Anpassen, Mitmachen und Teamgeist hervorhebt, fällt es der Masochistin besonders schwer, ihr von Furcht geprägtes Verhalten zu überwinden.

Die Wurzeln des Masochismus reichen offenbar tief. Die letzten Jahrzehnte haben einige Veränderungen mit sich gebracht, und fraglos fühlen sich die Frauen heute freier, ihre Rechte zu fordern. Aber während sich die Gesetze, Einstellungen und Verhaltensweisen durch politische Aktionen allmählich zu ändern beginnen, scheint der Masochismus nachgerade unausrottbar. Frauen, die im Kampf um die Gleichberechtigung auf die Barrikaden gehen, verhalten sich in Auseinandersetzungen mit ihrem Vermieter, ihrem Chef oder ihrem Ehemann oft selbstzerstörerisch. So sehr sich die Gesellschaft auch dem Wandel widersetzt, so erweist sie sich doch als flexibler als die individuelle Persönlichkeit. In ihrer eigenen Seele müssen die Frauen gegen ihr masochistisches Erbe ankämpfen. Dazu ist es unerläßlich, die Kommunikationsprozesse zu durchschauen, die den Kern des Problems bilden; es ist lebenswichtig, erkennen zu lernen, was ich als die Botschaften des Masochismus bezeichne.

4

Signale, die wir aussenden

»Ich liege da wahrscheinlich völlig daneben.«
»Wie dumm von mir!«
»Es macht nichts, wenn es kalt ist. Ich esse es trotzdem.«
»Entschuldigen Sie. Das ist sicher meine Schuld.«
»Ich hoffe, Sie sind mir nicht böse.«
»Ich habe es einfach nie geschafft, da durchzublicken.«
»Da ist nichts dabei. Ich hatte bloß Glück.«
»Wie du meinst.«
»Warte bloß, bis dein Vater nach Hause kommt.«

Die masochistische Kommunikation hat einen ganz bestimmten Stil; ihre Botschaften sind die Mittel, mit denen die Masochistin auf ihr Leiden hinweist und für seine Fortsetzung sorgt. Das Ziel der Masochistin ist es, den anderen, von dem sie glaubt, daß er Macht über sie hat, günstig zu stimmen, seine Absichten zu erraten und ihm zuvorzukommen. Da die Masochistin fast jeden Menschen für mächtiger als sie selbst hält, färbt diese Strategie fast ihre gesamte Rede. Die Botschaften, die die Masochistin, sei es durch Worte oder Handlungen, aussendet, sind Versuche, den Schaden abzuwenden, den sie fürchtet und erwartet. Bedauerlicherweise sind ihre Beschwichtigungsversuche selten erfolgreich. De facto bewirken ihre Bemühungen, zu besänftigen, zu entwaffnen und Frieden zu erkaufen, weitere Selbstschädigung. Echte Kommunikation zwischen Menschen besteht aus Geben und Nehmen, einem echten Austausch. Die Masochistin, voll Furcht, wie sie ist gegenüber der Macht anderer, konzentriert sich ausschließlich darauf, Schaden abzuwenden. Ihr Modus operandi basiert auf einem System vorbeugender Verteidigung.

Masochistische Kommunikation ist in vieler Hinsicht wie ein Tennismatch zwischen einem versierten Spieler und einem Stümper. Der versierte Spieler serviert, angenommen, einen harten Ball in das Feld des Stümpers. Der Stümper, der dem kräftigen Aufschlag nicht gewachsen ist und sich davor fürchtet, wird entweder von dem Ball getroffen, erreicht ihn überhaupt nicht oder befördert ihn ins Netz. Ein verlorener Punkt! So ist auch die Masochistin, wenn ihr eine Bemerkung hingeknallt wird, die sie als bedrohlich empfindet, starr vor Schreck und außerstande, die richtige Position einzunehmen. Sie steht entweder nur hilflos da und schaut dem Ball (der Bemerkung) nach, der an ihr vorüberfliegt. Sie läßt sich vielleicht voll davon treffen oder verwunden. Oder sie unternimmt den lahmen Versuch einer Erwiderung, die im Netz hängenbleibt. Was sie nicht zu tun *wagt*, ist, den Ball kräftig zu schlagen und ihn ebenso hart zu retournieren. Sie scheint nicht zu wissen, wie man das macht. Die Masochistin ist für eine Strategie dieser Art von zu großer Furcht besessen. Sie fühlt sich immer hilflos und klein; ihr Gegenüber erscheint ihr stets groß und mächtig. Wenn sie einen Ball verhaut, kann sie bloß »Verzeihung« murmeln.

Ich werde mich hier in erster Linie auf verbale und nicht auf verhaltensbezogene Botschaften des Masochismus konzentrieren, da sie leichter zu vermitteln sind. Aber Handlungen können Botschaften genauso deutlich und unmißverständlich übermitteln wie Worte. Es sei nochmals hervorgehoben, daß *alle* masochistischen Botschaften verbaler oder verhaltensbezogener Art durch eine Unfähigkeit gekennzeichnet sind, wahre Gefühle auszudrücken, und durch die Unterwerfung unter die Macht eines anderen. Und alle sind durch den Wunsch zu beschwichtigen bestimmt. Aber über diese allgemeinen Kennzeichen hinaus gibt es noch spezifische Mechanismen, die man untersuchen muß, um das Wesen masochistischer Botschaften gründlich zu erfassen.

Der Gebrauch und die Macht von Entschuldigungen

Die Masochistin ist eine eingefleischte Entschuldigerin. »Verzeihung!« ist ein Wort, das ihr allzu leicht über die Lippen geht und von ihrer geringen Selbstachtung und dem Gefühl zeugt, immer im Unrecht zu sein. Sie ist die Frau, die, wenn sie auf der Straße angerempelt wird, automatisch eine Entschuldigung murmelt.

Diese reumütige Botschaft verrät auch den außergewöhnlichen Glauben der Masochistin an die Macht der Entschuldigung. Sie benutzt sie wie einen Talisman, der erwarteten Schaden abwenden kann. Wenn sie rasch genug »Verzeihung!« flüstert, dann kann der Schaden und Nachteil, den sie befürchtet, vielleicht gebannt werden. Die meisten kleinen Kinder glauben an die Magie der Worte. Ihre ersten Erfahrungen mit der Sprache haben sie schließlich gelehrt, daß alles mögliche passiert, wenn man einen Laut ausstößt. Für die Masochistin behalten die Worte »Entschuldigung!« und »Verzeihung!« eine Art von magischer Aura bei. Oftmals wurde sie in ihrer Kindheit als unartig bezeichnet, für ihre Missetaten bestraft und gezwungen, sich zu entschuldigen, bevor man sie laufen ließ. Diese Entschuldigungen halfen ihr nie zu verstehen, warum ihre Handlungen unrecht waren. Aber sie waren das Ritual, das die Macht besaß, einen peinlichen Vorfall zu beenden. Sie glaubt, »Verzeihung!« sei die Zauberformel, die alles in Ordnung bringt, so wie man sich durch die Beichte von seinen Sünden reinigt. Entschuldigungen haben für Masochisten eine große Macht, und sie äußern sie oft, fast ohne nachzudenken.

Ich fuhr mit einer Frau im Lift hoch, und da ich gerade meine Post geholt hatte, las ich eine Postkarte. Sie fiel mir aus der Hand, und ich bückte mich, um sie aufzuheben.

»Entschuldigen Sie«, sagte die Frau. »Ich hätte das für sie aufheben sollen.«

»*Sie* hatten keine Ursache, das aufzuheben«, antwortete ich, »und außerdem tut es mir gut, mich zu bücken.«

»Entschuldigen Sie«, wiederholte sie.

Ihr Beharren, im Unrecht zu sein, ihr Bedürfnis, sich zu entschuldigen, war ein defensives Ritual: Es gab keinen realistischen Grund für ihr Bemühen, mich zu beschwichtigen. Sie konnte einfach nicht anders. Und das Ergebnis? Ich war ärgerlich über sie, eine verbreitete Reaktion auf diese Art von Selbsterniedrigung. Die Leute bekommen es satt, die Entschuldigungen der Masochistin zu hören; sie reagieren ablehnend auf die Eilfertigkeit, mit der sie Schuld und Fehler auf sich nimmt.

Der Mann einer meiner Patientinnen ist äußerst kritisch und anspruchsvoll. Unter anderem besteht er darauf, daß seine Hemden jeden Montag in die chinesische Wäscherei gebracht werden. Gewöhnlich schafft es seine Frau, dieser Forderung nachzukommen; manchmal aber nicht. Ihr Mann fragt sie oft am Montag abend, ob sie die Hemden in die Wäscherei gebracht habe. Wenn das nicht der Fall ist, beginnt sie sich sofort zu entschuldigen: »Es tut mir leid. Ich mache es gleich morgen früh. Entschuldige bitte, daß ich es heute nicht geschafft habe.« Mit ihren Entschuldigungen hofft sie, ihren Mann zu besänftigen, der, wie sie weiß, ärgerlich werden wird. Tatsache ist, daß sie ihn nur noch mehr verärgert und er sie um so heftiger kritisiert. Was wäre, wenn sie statt dessen zu ihm sagte: »Hör zu, ihr führe einen großen Haushalt und habe eine Menge zu tun, und ich bin nicht vollkommen, deshalb landen die Hemden nicht jeden Montag in der Wäscherei.» Ihr Mann mag davon nicht begeistert sein, aber eine Bemerkung dieser Art würde ihn nicht zu weiteren Schmähungen herausfordern, wie ihre Entschuldigungen das tun.

Die Prämisse des anderen akzeptieren

Ist die Masochistin mit einem mächtigen Gegenüber konfrontiert, dann gerät sie oft in einen Zustand, den ich als Hypno-Suggestibilität bezeichne. Hypno-Suggestibilität wirkt ähnlich wie Hypnose, beschränkt sich aber auf die momentane Situation. Sie veranlaßt die Masochistin, die Aussage ihres Gegenübers mit derselben Sicherheit als richtig hinzunehmen, als ob sie hypnotisiert worden wäre, daran zu glauben. Völlig überwältigt von der Macht und der Vorstellung des anderen, verliert sie jedwede Fähigkeit, selbständig zu denken, und läßt sich den Standpunkt des anderen sofort und total aufzwingen. Nachdem sie die Prämisse des anderen akzeptiert hat, rationalisiert die Masochistin dann, warum dies richtig ist, um ihre Nachgiebigkeit zu rechtfertigen.

Hypno-Suggestibilität beginnt, wie ich in einem vorangegangenen Kapitel bemerkte, in der Kindheit gegenüber wichtigen Bezugspersonen; die Masochistin akzeptiert die Prämisse des anderen ursprünglich als Abwehrmanöver. Eric hatte beispielsweise eine Mutter, die ihm häufig Essen aufzwang. Ein Gericht, das sie ihm immer wieder aufdrängte, war ihre Hühnersuppe, die er wegen der darauf schwimmenden Fettschicht verabscheute. »Ich esse die Suppe«, pflegte er zu sagen, »aber könntest du nicht das Fett abschöpfen?« »Da ist kein Fett auf der Suppe«, beharrte seine Mutter. »Aber als der Topf im Eisschrank stand, habe ich die harte Fettschicht darauf gesehen«, protestierte er. »Die habe ich entfernt«, behauptete seine Mutter, obwohl sich Eric mit einem Blick in den Topf überzeugen konnte, daß das Fett jetzt in flüssiger Form auf der Suppe schwamm. Dann zwang sie Eric, die Suppe zu essen. Im Laufe der Zeit, berichtete er mir Jahre danach, sei er zu der Überzeugung gekommen, daß er sich trotz des Augenscheins irren müsse und daß kein Fett auf der Suppe sei. Und er meinte auch, daß er etwas verschroben sein müsse, wenn er Fett zu sehen glaube, während seine Mutter keines sah. Ihr ständiges konsequentes Leugnen hatte schließlich die Folge, daß er seinen Augen nicht mehr traute und den Beweis verwarf, den er besaß. Sie impfte ihm die Hypno-Suggestion ein, daß das Fett nicht existiere, und er gab nach und akzeptierte schließlich ihre Prämisse.

Eine junge Frau, die in einem Industriebetrieb beschäftigt

war, bestellte ein Abonnement einer Fachzeitschrift zum Preis von 12 Dollar. Als ihr Chef davon hörte, war er sehr ärgerlich. Obwohl die Firma ohne langes Überlegen oder genaue Überprüfung ständig hohe Spesen hatte, machte der Chef ein großes Aufheben wegen des Betrages, der für die Zeitschrift aufgewendet worden war. Von ihm zur Rede gestellt, übernahm die junge Frau sofort seinen Standpunkt, daß das Abonnement eine Verschwendung gewesen sei. Durch seine Empörung eingeschüchtert, entschuldigte sie sich. Als sie später mit mir darüber sprach, meinte sie: »Wissen Sie, diese Zeitschrift ist sehr nützlich. Man braucht sie, um Bescheid zu wissen, was in der Branche los ist. Es ist in Wirklichkeit keine Verschwendung.« Als ich bemerkte, daß das genau die richtige Antwort für ihren Chef gewesen wäre, sagte sie, sie habe sich durch ihn viel zu stark bedroht gefühlt, um sich eine solche Erwiderung zu erlauben; das habe sie sich nur mir gegenüber zu sagen getraut, weil sie sich da sicher fühle.

Die Masochistin fühlt sich immer im Unrecht. Wenn ein Mächtiger daherkommt und ihr erklärt, ihr Standpunkt sei falsch und der seine richtig, dann hat sie keine Argumente, um seine Behauptung anzufechten. Sie unterwirft sich sofort, als hätte sie einen hypnotischen Befehl erhalten.

Ich fordere meine Patienten auf, neben ihrem Bett Papier und Bleistift zurechtzulegen, um ihre Träume aufzuschreiben, sobald sie aufwachen und die Träume noch frisch in Erinnerung haben. Ein Patient tut dies auch schon seit einiger Zeit. Als er einmal nachts aufstand und einen Traum notierte, sagte seine Frau zu ihm: »Hör mal, du bist 51 Jahre alt. Du solltest nicht immer noch deine Träume aufschreiben.« In der nächsten Sitzung berichtete er mir darüber und offenbarte mir, daß er die Prämisse seiner Frau akzeptiert hatte. »Sie haben mich aufgefordert, meine Träume aufzuschreiben«, sagte er, »aber meine Frau findet, daß ich das nicht tun sollte. Warum soll ich das weiterhin machen?«

Die Bemerkung seiner Frau verrät vielerlei: ihren Groll darüber, daß er seine Behandlung immer noch fortsetzt, ihre

Einmischung, ihre Verachtung für ihn. Aber worauf es hier ankommt, ist, daß er, sobald seine Frau Einspruch erhob, ihre Position sofort und ohne sie zu hinterfragen übernahm. Warum sagte er nicht zu ihr: »Woher nimmst du eigentlich das Recht, zu entscheiden, was richtig für mich ist?« Er sagte das nicht aus Furcht, aus derselben Furcht, die ihn veranlaßte, die Prämisse seiner Frau so eilfertig zu übernehmen.

Hypno-Suggestibilität ist ein auffallendes Element in Mann-Frau-Beziehungen. Das sollte angesichts der gesellschaftlichen Diskriminierung der Frau, auf die ich im vorigen Kapitel eingegangen bin, nicht überraschen. Und dennoch bin ich über das Ausmaß erstaunt, in dem Frauen immer noch die Prämissen der Männer übernehmen. Trotz mancher gesellschaftlicher Veränderungen im Verhältnis zwischen Männern und Frauen scheint die Zeit für die masochistische Frau stillgestanden zu sein. Eine meiner Freundinnen, eine schöne Frau Ende Vierzig, deren Körper fast noch genauso aussieht wie vor zwanzig Jahren, rief mich kürzlich in einer Panik an. »Natalie«, sagte sie atemlos vor Bestürzung, »ich gehe aus dem Leim. Ich werde einen Gymnastik- und Tanzkurs anfangen und eine strenge Diät machen.« Da ich sie erst eine Woche zuvor gesehen hatte und ihre Figur so fabelhaft wie eh und je gewesen war, wußte ich, daß ihre Sorge grundlos war. »Wer hat etwas zu dir gesagt?« fragte ich sie. Sie gab zu, daß der Mann, mit dem sie eine Beziehung hatte, eine kritische Bemerkung über ihre Figur gemacht hatte – und die hatte sie sich in hypnotischer Wirkung zu Herzen genommen.

Anna lernte Roger kennen, als er in New York war, um für seine Firma im Mittleren Westen Einkäufe zu tätigen. Als seine Arbeit abgeschlossen war und er im Begriff stand, im Auto nach Hause zurückzufahren, sagte er zu Anna: »Hättest du nicht Lust, mitzukommen und dann nach New York zurückzufliegen? Das wäre doch schön. Wir werden und prächtig unterhalten.« Obwohl das bedeutete, ihre eigene Arbeit zu einer Zeit im Stich zu lassen, als sie ziemlich viel zu tun hatte, akzeptierte Anna Rogers Prämisse, daß das eine verlockende

Sache sei, und sie griff natürlich auch seine Andeutung auf, daß die gemeinsame Reise ihre Beziehung zueinander festigen werde. Sie begleitete ihn, und beide genossen diese Fahrt.

In den folgenden Monaten rief Roger von Zeit zu Zeit an. Dann erhielt Anna einen Brief von ihm, in dem er ihr schrieb, daß er nach New York komme, um Einkäufe zu machen, daß er zwei Wochen in der Stadt sein werde und daß er gern bei ihr wohnen würde. Hocherfreut wertete sie das als ein Zeichen, daß ihm ihre Beziehung viel bedeute. Sie traf aufwendige Vorbereitungen für seine Ankunft, brachte ihre Wohnung auf Hochglanz, kaufte Theaterkarten und füllte den Kühlschrank mit leckeren Dingen. Und als er eintraf, nahm sie sich ziemlich oft frei, um ihn an abgelegene Orte zu chauffieren, wo er seine Einkäufe machte. Wenn sie ihn nicht fuhr, überließ sie ihm ihr Auto und tankte es manchmal auch noch für ihn auf. So aufmerksam war sie, daß sie, als Roger sein bevorzugtes Rasierwasser ausging, es sofort bemerkte und für Nachschub sorgte, eine Geste, die er mit Vergnügen, aber ohne ihr zu danken, zur Kenntnis nahm.

Am Abend vor Rogers Abreise wirkte sein Verhalten etwas gezwungen auf sie, aber sie wischte ihren Eindruck beiseite. Am nächsten Morgen, nach sehr befriedigendem Sex, eröffnete er ihr, daß er längere Zeit nicht mehr nach New York kommen werde. Sein Urlaub stand kurz bevor, und er plante, im Westen auf eine Schlauchbootfahrt zu gehen. Nach seiner Abreise fand Anna in ihrem Auto einen Strafzettel wegen Falschparkens vor, den er bekommen und nicht der Erwähnung wert gefunden hatte. Anna, die mir all dies erzählte, beklagte sich über Rogers Urlaubspläne. »Er hat mich nicht einmal gefragt, ob ich mitkommen möchte«, jammerte sie. Und sie zögerte, ihm wegen des Strafzettels zu schreiben, weil sie nicht kleinlich wirken wollte.

In dem Augenblick, in dem Anna Rogers Prämisse akzeptierte, daß es eine gute Idee sei, mit ihm die Fahrt in den Mittleren Westen zu machen, signalisierte sie ihm ihre Bereitschaft zu absoluter Unterordnung. Ihr grenzenloses Entgegenkommen zeigte ihm, daß sie bereit war, für ihn alles liegen und stehen zu lassen, daß sie ihre eigenen Angelegenheiten nicht für sehr wichtig hielt und daß er in ihrer Beziehung den Ton angeben konnte. Und Roger deutete diese Botschaft offenkundig richtig. Als er nach New York zurückkehrte, hatte er keine ernsten Absichten in bezug auf Anna; seine Schlauchbootfahrt, wahrscheinlich mit jemand anderem, war bereits geplant. Aber er brauchte eine Unterkunft, ein Auto, Verpflegung, Unterhaltung – und Anna bot ihm das alles. Selbst als ihr dies allmählich klar wurde, machte sie sich immer noch Sorgen, ob sie ihm kleinlich erscheinen werde, wenn sie ihn ersuche, den Strafzettel zu begleichen. Zu Beginn ihrer Beziehung hatte Anna Roger signalisiert, daß sie wehrlos und anpassungsbereit war. Haben ihr diese Signale in irgendeiner Weise genutzt? Haben sie ihn veranlaßt, sie besser zu behandeln und mehr zu respektieren? Ganz im Gegenteil. Annas Masochismus wies Roger darauf hin, daß er auf ihre Gefühle nicht Rücksicht zu nehmen brauchte. Sie tat es schließlich auch nicht; warum sollte er es tun?

Vermeidung von Fragen

Auf einem ähnlichen Blatt wie das Übernehmen der Prämisse eines anderen steht die Furcht der Masochistin, dem anderen eine Frage zu stellen. Fragen ist dasselbe, wie im Tennis den Aufschlag zu retournieren, den Ball auf das Feld des Gegners zu spielen und ihn zu einer Reaktion zu zwingen. Die Reaktion ist es ja gerade, wovor sich die Masochistin fürchtet. Deshalb vermeidet sie es zu fragen. Sie hat auch kein Vertrauen zu sich selbst und ihren eigenen Ansichten. Eine Frage zu stellen, einen Aufschlag zurückzuspielen, erscheint ihr gefährlich, und sie vermeidet es.

Ich denke da an eine Jungmanagerin, die ich kenne und die von ihrem Boss angewiesen wurde, mit einem Kollegen an einem ziemlich komplizierten Projekt zusammenzuarbeiten. Nach einigen Beratungen schlug ihr Kollege vor, zur Koordination des Vorhabens eine bestimmte Firma anzuheuern. Die junge Frau hatte den Eindruck, daß sie die Angelegenheit allein geschafft hätte, aber ihr Kollege überredete sie, daß das Sparsamkeit am falschen Fleck bedeute, daher wurde diese Firma engagiert.

Als ihr Arbeitgeber davon erfuhr, bestellte er diese Frau zu sich. »Wie können Sie soviel zusätzliches Geld ausgeben, um eine fremde Firma zu engagieren?« fragte er sie. »Was glauben Sie, wofür ich Sie bezahle?« Sie konnte nur stammeln, daß es nicht ihre Idee gewesen sei, obwohl sie sie mitgetragen habe. Aber diese Antwort besänftigte ihren Chef nicht, und er fuhr fort, sie zu tadeln. Der Vorfall gefährdete schließlich sogar ihre Karriere.

Wie anders wäre diese Begegnung verlaufen, wenn sie es nach den anfänglichen Vorwürfen ihres Arbeitgebers fertiggebracht hätte, ihn zu fragen: »Warum glauben Sie, daß das eine Geldverschwendung ist?« Die Frage hätte seinen Angriff unterbrochen und ihn gezwungen, sich zu rechtfertigen. Sie hätte von Anfang an seine Unterstellung aus der Welt geschafft, daß sie einen Fehler begangen habe. Und sie hätte Gelegenheit bekommen, sich auf die eigentliche Frage zu konzentrieren: warum sie und ihr Kollege diese Entscheidung getroffen hatten. Daß sie es vermied, ihrem Chef diese Frage zu stellen, war ein Versuch, ihn zu beschwichtigen, aber sie zog sich dadurch nur weitere Vorwürfe zu und tat nichts, um ihn zu überzeugen, daß sie glaubte, zum Besten der Firma gehandelt zu haben.

Unbestimmtheit

Die Unsicherheit einer Masochistin in bezug auf sich selbst und ihre Meinung, ihre Furcht, die Verantwortung für ihre eigenen Entscheidungen zu übernehmen, und ihr verzweifelter Wunsch, ihr Gegenüber zu besänftigen, kommen in einem Cartoon zum Ausdruck, auf den ich vor einiger Zeit stieß. Eine Frau sitzt in einem Restaurant, studiert die Speisekarte, und ihre Sprechblase lautet: »Also ehrlich gestanden, vielleicht mache ich da einen Riesenfehler, aber ich bin ziemlich sicher, daß ich die Seezunge eher nicht möchte, glaube ich fast.« Natürlich ist das eine Karikatur, aber wie jede gute Karikatur basiert sie auf Wahrheit.

Diese Redeweise wird im psychiatrischen Jargon als abschweifende oder umständliche Sprache bezeichnet. Bei der ersteren bewegt sich die Sprecherin ständig vom Zentrum, vom Thema, um das es geht, weg; bei der letzteren konzentriert sie sich auf die Umstände einer Sache und redet lieber *darüber* als über das eigentliche Thema. In beiden Fällen ist sie wie eine Reisende, die niemals ihr Ziel erreicht. Sie beginnt auf einer Hauptstraße, biegt dann in eine Seitenstraße ab, findet von dort wieder eine Abzweigung, und jede weitere führt sie weiter vom Kern weg. Mit dieser Verzögerungstaktik glaubt sie Zeit zu gewinnen, um die Absichten des anderen zu erraten. So bewahrt sie sich auch davor, sich festzulegen und eindeutig Stellung beziehen zu müssen.

Zwanghafte Wiederholungen sind eine weitere Form der Unbestimmtheit. Masochistinnen finden zahllose Möglichkeiten, um immer wieder dasselbe zu sagen, wobei sie jede Wiederholung mit Wendungen wie »ich möchte sichergehen, daß Sie das verstehen« oder »lassen Sie mich kurz klarstellen, was ich meine« oder »mit anderen Worten, damit will ich sagen ...« einleiten.

Sprache, die durch Ambiguität und Mangel an Präzision gekennzeichnet ist, kann nur Ungeduld hervorrufen. »Wird sie je Klartext reden?« fragt sich der Zuhörer.

Polonius in *Hamlet* ist einer der klassischen Wortedrechsler. In Gegenwart von Mitgliedern des Königshauses veranlaßt ihn seine Angst zu abschweifender und umständlicher Redeweise. Er kommt vom Hundertsten ins Tausendste, wobei er alle Punkte vermeidet, die ihm gefährlich erscheinen, und jeden Weg einschlägt, der ihn davor bewahrt, klar und direkt Stellung zu beziehen. Königin Gertrude, ungeduldig über seine Ziellosigkeit, weist ihn mit der Ermahnung zurecht: »Mehr Substanz, weniger Kunst.« Heute würde sie vielleicht einfach sagen: »Komm zur Sache!« – eine Aufforderung, die man häufig an Masochisten richten möchte.

Abschweifende oder umständliche Rede verfolgt oft ein Ziel, das tiefere Gründe hat als Abwehrmanöver. Dieses Ziel ist, sich vor Verlassenheit zu bewahren. Masochistinnen fesseln, indem sie nie zur Sache kommen, ihre Zuhörer und deren Aufmerksamkeit. Sie erkennen nicht, daß die Qualität dieser Aufmerksamkeit durch die Irritation und Ungeduld, die der Zuhörer empfindet, stark beeinträchtigt wird. Es geht ihnen einfach darum, den anderen um jeden Preis zu halten, und das versuchen sie zu erreichen, indem sie einen endlosen Wortschwall loslassen.

Ich erinnere mich an die spezielle Verzögerungstaktik einer extrem masochistischen Patientin. Sie schickte allem, was sie sagen wollte, einleitende Bemerkungen voraus, die nicht nur Zeit in Anspruch nahmen, sondern auch dem Zweck dienten, ihre folgenden Ausführungen in einem bestimmten Licht erscheinen zu lassen. Sie kam niemals einfach zu einer Sitzung, nahm Platz und begann über das zu reden, was sie beschäftigte. Zuerst charakterisierte sie das, worüber sie sprechen wollte. Dies sind einige der Wendungen, die sie benutzte: »Ich habe ihnen heute viel zu erzählen.« »Heute werde ich mich mit dem und dem befassen.« »Ich muß Ihnen etwas Komisches erzählen.« »Ich muß Ihnen etwas sehr Unerfreuliches mitteilen.« »Ich habe etwas sehr Kompliziertes mit Ihnen zu besprechen.« »Was ich Ihnen sagen werde, betrifft eine sehr schwierige und schreckliche Situation.« »Ich werde jetzt das Thema wechseln.« Diese einleitenden Bemerkungen gestatteten ihr, die eigentliche Erörterung aufzuschieben; sie erinnerten mich an den Ausspruch des Mathematikers und Semantikers Alfred Korzybski: »Die Landkarte ist nicht das Land selbst.« Diese Frau drückte mir ständig Landkarten in die Hand; aus Angst schob sie den Augenblick hinaus, in dem sie in unbekanntes Terrain vordringen mußte.

Kapitulation

Die Unterwerfung unter Autoritäten, die jeder masochistischen Kommunikation zugrunde liegt, äußert sich vielleicht am deutlichsten in den Botschaften, in denen der Mechanismus der Kapitulation zutage tritt. Da zeigt sich die Unfähigkeit der Masochistin, sich zu behaupten, ihre Tendenz, angesichts von Widerstand zurückzuweichen, ihre Unfähigkeit zum Gegenangriff, wenn dieser am Platz wäre. Der Verzicht auf Autonomie tritt mit schmerzlicher Klarheit zutage.

Evelyn hatte sich mit einer eigenen Firma selbständig gemacht, die rasch recht erfolgreich wurde. Da sie zusätzliches Kapital brauchte, nahm sie Kommanditisten in die Firma auf, von denen sich einer gleich als ihr Chef aufspielte, ihre Zeiteinteilung in Frage stellte und von *seiner* Firma und *seinem* Erfolg sprach. Zu seinen Aufgaben zählte es, eine Anzeige zu schalten, in der Evelyn als Firmengründerin erwähnt werden sollte. Er hatte bereits einmal »vergessen«, ihren Namen zu erwähnen, deshalb brachte sie die Angelegenheit auf einer Konferenz zur Sprache.

»Haben Sie daran gedacht, meinen Namen anzuführen?« fragte sie ihn.

»Das habe ich vergessen«, antwortete er. »Erinnern Sie mich, daß ich morgen vormittag um 10 Uhr anrufe.«

»Ich weiß nicht, ob ich Sie um diese Zeit anrufen kann«, meinte Evelyn.

»Nun, ich hoffe, daß ich daran denken werde«, entgegnete er und fügte dann hinzu: »Moment mal. Ich glaube, ich habe angerufen ... doch, ich glaube schon.«

»Also gut«, sagte sie, »Fall erledigt.«

Evelyns Unterwerfung begann, als sie sich die Zumutung ihres Partners gefallen ließ, daß sie dafür verantwortlich sei, ihn zu erinnern, statt ihm klarzumachen, daß es seine Pflicht sei, daran zu denken. Schließlich war sie nicht seine Sekretärin. Durch ihre Bemerkung »Ich weiß nicht, ob ich Sie um diese Zeit anrufen kann« offenbarte sie, wie weitgehend sie seine

Prämisse akzeptierte, daß es ihre Aufgabe sei. Sie schwächte ihre Position noch weiter, als sie seine offensichtlich falsche Erinnerung in letzter Minute nicht hinterfragte. Und ihre abschließende Bemerkung »Fall erledigt« verriet ihre bedingungslose Kapitulation. Dadurch signalisierte sie ihm, daß sie ihm keine Schwierigkeiten machen werde; sie war ein feiner Kerl, der bei allen beliebt sein wollte; sie würde nicht kämpfen. Beschwichtigung – was war die Folge für Evelyn? Konnte sie realistischerweise erwarten, daß ihr Partner künftig anders mit ihr umgehen würde? Natürlich nicht. Sie hatte sich bloß noch tiefer hineingeritten.

Eine meiner Patientinnen namens Joyce erhielt zu ihrem Geburtstag von ihrem Geliebten, mit dem sie zusammenlebte, einen großen Kamelienstock. Der Stock stammte aus dem Blumenladen eines ihrer Freunde. Als am Tag danach die Knospen abfielen, packte Joyce den schweren und recht unhandlichen Stock und brachte ihn dem Blumenhändler zurück. »Behalten Sie ihn eine Woche«, meinte er. »Wenn er bis dahin nicht blüht, dann tausche ich ihn gegen etwas anderes aus.« Joyce schleppte den schweren Topf also wieder nach Hause.

Als eine Woche später noch keine Blüten zu sehen waren, trug Joyce das große Gewächs zum Blumenhändler zurück. Er war nicht im Laden, aber seine Helferin willigte in einen Tausch ein. Joyce wählte eine Pflanze, die ihr gefiel, und brachte sie nach Hause. Eine Stunde später erhielt sie einen empörten Anruf des Blumenhändlers, der sie beschuldigte, die Kamelie nicht gegossen zu haben. Das sehe er daran, daß die Erde trocken sei. Sie hatte den Stock an diesem Tag nicht gewässert, weil sie ihn für den Gang zu dem Laden nicht schwerer als nötig machen wollte, aber das wagte sie nicht zu sagen. Der Blumenhändler befahl ihr, die neue Pflanze zurückzubringen.

Joyce ersuchte ihren Partner, den neuen Stock in den Laden zu bringen und sich das Geld zurückgeben zu lassen, aber er weigerte sich. Also machte sie sich erneut auf den Weg. Der Blumenhändler empfing sie ärgerlich und bestand darauf, daß sie wieder ihre ursprüngliche Kamelie mitnehme. Joyce fügte sich und beförderte die moribunde Pflanze in ihre Wohnung zurück, wo sie allmählich einging und schließlich für tot erklärt wurde.

Joyce kehrte ein letztes Mal zum Blumenladen zurück, diesmal mit einer offensichtlich verdorrten Kamelie, und ersuchte um eine Rückvergütung. Der Blumenhändler lehnte das ab, und Joyce ging mit leeren Händen weg.

In diesem und dem vorangegangenen Beispiel haben wir es mit der Hinnahme eines Verhaltens zu tun, das man als symbolische Vergewaltigung bezeichnen könnte. Jeder Gang zum Blumenladen mit dem schweren Stock stellte eine Verletzung von Joyces Rechten dar. Und sie unterwarf sich diesen wiederholten Verletzungen ohne Protest. Da der Blumenhändler zu ihrem Bekanntenkreis zählte, fürchtete sie, daß es peinlich sein könnte, ihm zu begegnen, wenn sie zu entschieden auf einem Tausch oder einer Vergütung bestehe. Es fiel ihr gar nicht ein, daß es *ihm* peinlich sein müßte, ihr eine schlecht gedeihende Pflanze angedreht zu haben bzw. verschwiegen zu haben, daß Kamelien sehr heikel sind. Es fiel ihr auch nie ein, daß es noch peinlicher sein könnte, ihm zu begegnen, nachdem sie sich von ihm aufs Kreuz legen ließ. Und sie kam nicht auf die Idee, daß die ganze jämmerliche und empörende Geschichte hätte vermieden werden können, wenn sie von Anfang an höflich, aber entschieden aufgetreten wäre und darauf bestanden hätte, daß der kränkelnde Stock am Tag, nachdem sie ihn bekam, ausgetauscht wurde. Sie glaubte, keine Wahl zu haben, als sich zu fügen, das Spiel mitzumachen und den Blumenhändler durch ihre Nachgiebigkeit zu besänftigen. Und am Ende hatte sie gar nichts. Man beachte auch, wie sie ihrem Freund gegenüber kapitulierte. Er hatte den Stock schließlich für sie gekauft. Warum war er nicht bereit, ihn zurückzubringen? Warum nahm sie seine Weigerung hin, ohne zu murren?

Jennifer, eine verheiratete Frau mit einem fünfjährigen Kind, betätigte sich gelegentlich auf einem speziellen Sachgebiet publizistisch, nach einer Weile hatte sie aber den Wunsch nach

schaffte, sich gegenüber dem Verkäufer zu behaupten und taktisch richtig mit ihm umzugehen. Und auch faktisch hatte sie einen hohen Preis zu bezahlen – 70000 Dollar mehr, als nötig gewesen wäre, wie sie mir sagte.

Eine andere Patientin wurde auf einer Vernissage von einem attraktiven Mann angesprochen. Nachdem sie sich eine Weile unterhalten hatten, fragte er sie, ob er sie am folgenden Freitag abend sehen könne. »Hm«, antwortete sie, »ich mache im Moment eine sehr schwierige Zeit durch. Ich habe eine Menge um die Ohren, bin sehr beschäftigt und stecke mitten in einer Scheidung, die mich sehr belastet. Ich weiß nicht, ob es eine gute Idee für mich wäre, Sie wiederzusehen.« Und so weiter. Als sie mir diesen Vorfall erzählte, fragte ich sie, warum sie nicht einfach »nein, danke« gesagt habe, wenn sie diesen Mann nicht wiedersehen wollte? Sie habe gemeint, sie könnte ihn vielleicht später einmal sehen wollen, antwortete sie. Ich sagte, in diesem Fall hätte sie für Freitag abend ablehnen und ihm freistellen können, ein anderes Mal anzurufen. Oder sie hätte sich seine Telefonnummer geben lassen und ihm in Aussicht stellen können, daß sie ihn anrufen werde, sobald sie Zeit habe.

Sie tat jedoch nichts von all dem, weil sie sich fürchtete, nein zu sagen, selbst zu einem Mann, den sie kaum kannte. Sie fürchtete sich vor Entschiedenheit, sie scheute die Verantwortung, eine Wahl zu treffen. Sie schuldete ihm keine Erklärung, aber sie gab eine. Sie war nicht verpflichtet, etwas über sich selbst zu enthüllen, aber sie tat es. Die Litanei ihrer Leiden ließ den Mann wahrscheinlich bedauern, die Einladung überhaupt ausgesprochen zu haben.

Eine der Funktionen dieses Redeflusses ist es, mit den Worten, die der Masochistin entströmen, Pausen zu füllen, die ihr bedrohlich erscheinen. Sie fürchtet sich vor Schweigen, weil in einem solchen Intervall ein Angriff erfolgen könnte. Möglicherweise assoziiert sie Schweigen mit den Zeiten, in denen ihre Mutter in ihrer Kindheit auf ihr herumhackte. Ich denke an eine Patientin, die sich an das Verhalten ihrer Mutter erinnerte, wenn diese ihre Tochter still dasitzen und lesen sah. »Warum sitzt du bloß herum?« pflegte ihre Mutter dann in anklagendem Ton zu sagen. »Warum tust du nichts, beispielsweise dein Zimmer saubermachen oder deine Wäsche wegräumen oder die Unordnung beseitigen, die du im Keller angerichtet hast?« Mit der Zeit begann dieses Kind, Momente der Stille als gefährlich zu empfinden; sie lernte, daß sie, wenn sie in Ruhe irgendwo lesen wollte, das Haus verlassen und mit ihrem Buch anderswo hingehen mußte. Auf diese Weise entzog sie sich den Angriffen ihrer Mutter. Der masochistische Rededrang dient demselben Zweck, indem jeder Augenblick mit Worten ausgefüllt wird. Wenn sie die ganze Zeit mit Worten ausfüllt, glaubt die Masochistin, dann bleibt kein Raum für den Angriff, den sie immer erwartet. Aber durch ihr Redebedürfnis teilt sie dem anderen immer wieder Dinge mit, die keineswegs ihrem Interesse dienen. Durch ihre Mitteilungen kann sie sogar negative Reaktionen hervorrufen, genau das, was sie durch ihren Redeschwall vermeiden wollte.

Fügsamkeit und Anpassung

Masochisten beiderlei Geschlechts sind stets nachgiebig und bereit, nach der Pfeife anderer zu tanzen, und sie zögern, den Dingen ihren eigenen Stempel aufzudrücken. Sie konzentrieren sich darauf, nicht aufzufallen und sich anzupassen. Die Botschaften, die sie aussenden und die durch Willfährigkeit und Unterordnung gekennzeichnet sind, scheinen fast dem Bemühen zu entspringen, sich unsichtbar zu machen. Ihre eigenen Gefühle spielen praktisch keine Rolle in ihrem Umgang mit anderen Menschen; sie sind mit allem einverstanden.

Eine Frau begab sich kurz nach ihrer Heirat zu einem Gynäkologen in Behandlung und empfand seine Untersuchungsmethode von Anfang an als grob und schmerzhaft. Dennoch ließ sie sich weiter von ihm betreuen, und er leistete auch bei ihren drei Kindern Geburtshilfe. An seinen schmerzhaften, rücksichtslosen Behandlungsmethoden änderte sich im Laufe der Jahre nichts, und er neigte auch dazu ihr herablassende Vorträge über Diät und Ernährung zu halten, obwohl er selbst übergewichtig war. Als sie mir von diesen Erfahrungen erzählte, meinte ich, es sei wohl an der Zeit, den Arzt zu wechseln. »Wie könnte ich das tun?« antwortete sie mir. »Es wäre mir zu peinlich, ihm zu sagen, daß ich ihn verlasse.«

Diese Frau unterwarf sich jahrelang einer Situation, die ihr Schmerzen bereitete; sie fügte sich der Autorität dieses Arztes über sie (was vernünftig gewesen wäre, wenn er sich als rücksichtsvoll und fähig erwiesen hätte) und war ständig bereit, nicht sich selbst gegenüber, sondern ihm gegenüber Nachsicht zu üben. Sobald sie einmal in dieser Situation war, fühlte sie sich machtlos, sie zu verändern. Dadurch hätte sie die Mißbilligung dieses Arztes riskiert, ein Risiko, das sie nicht einzugehen wagte.

Suzanne berichtete mir vom Anruf eines jungen Mannes, den sie nicht persönlich kannte und der sie um eine Verabredung bat. Sie sagte, es sei ein sehr langes Gespräch gewesen, das sie mitten in irgendwelchen Arbeiten unterbrochen und ihr äußerstes Unbehagen bereitet habe, so daß ihr Bedürfnis, die Toilette zu benutzen, im Laufe des Gesprächs immer dringender geworden sei. Trotzdem habe sie es nicht geschafft, das Gespräch zu beenden. Statt dessen habe sie es dem jungen Mann überlassen, sich zu verabschieden. Dieses Faktum allein war schon eine masochistische Botschaft.

Eine seiner ersten Bemerkungen war, daß sie nicht so aggressiv wie viele Frauen in ihrer Branche zu sein scheine. »Ich halte mich nicht für aggressiv«, antwortete sie ihm, »aber wahrscheinlich muß ich es sein, um zu überleben.« Sie redeten weiter, und dann schlug er ihr vor, zusammen auszugehen. »An der Westside, wo Sie wohnen, ist wahrscheinlich nicht viel los«, meinte er. »Oh doch, da gibt es schon einige Lokale«, antwortete sie, »aber ich gehe genausogern woanders hin, wenn Sie wollen.« »Möchten Sie sich in Gala werfen, oder ziehen Sie sich lieber leger an?« fragte er. Obwohl sie ein neues Kleid hatte, das sie endlich einmal ausführen wollte, sagte sie, legere Kleidung wäre ihr recht. Sie verabredeten sich um acht Uhr in ihrer Wohnung, aber er war nicht sicher, ob er genügend Zeit haben würde, vom Büro nach Hause zu fahren und sich umzuziehen, deshalb sagte er, er werde sie anrufen, bevor er losfahre. Am Ende des Gesprächs sagte er: »Entschuldigen Sie, daß ich Sie so lange aufgehalten habe.« »Das macht nichts«, antwortete sie.

Das ganze Gespräch bestand aus einer Reihe von Manövern, in denen sich der junge Mann aggressiv verhielt und Suzanne mit einer masochistischen Abwehr, d.h. fügsam und anpassungsbereit reagierte, was im Grunde gar keine Abwehr ist. Ihre Reaktionen stellten vielmehr eine Neuauflage der Art und Weise dar, wie sie als Kind auf ihren tyrannischen Vater reagiert hatte.

Anderen aus der Patsche helfen

Die Masochistin beeilt sich, anderen Leuten Ausreden in die Hand zu geben, deren Angriffe auf sie zu rechtfertigen und ihre eigenen Gefühle aus Rücksicht auf die der anderen wegzurationalisieren. Um zu der Analogie mit dem Tennis zurückzukehren, es ist, als sei ihr ein guter Schlag gelungen, aber wenn ihr Gegenspieler den Ball nicht trifft, dann sagt sie, er sei nicht wirklich gut gewesen, er müsse schlecht aufgeprallt sein, die Sonne müsse den anderen geblendet haben, eine Unebenheit des Platzes werde ihn behindert haben, usw. Sie hält nicht einfach den Mund, in dem zufriedenen Bewußtsein, einen guten Ball geschlagen zu haben. Sie verspielt ihren Vorteil aus Angst vor der Reaktion dieser Autoritätsperson auf der anderen Seite des Netzes.

Eine meiner Patientinnen, eine schöne, intelligente und beruflich erfolgreiche Frau, hatte soeben eine neue Beziehung mit einem jungen Mann aufgenommen, den sie sehr mochte. Nachdem sie ein wunderbares Wochenende zusammen verbracht hatten, fragte er sie, wann sie sich wiedersehen könnten. »Wie wär's mit Mittwoch?« fragte sie und fügte dann hinzu:

»Aber vielleicht ist dir das zu früh?« Auch sie versuchte, eine Enttäuschung abzuwenden, indem sie dem jungen Mann eine Ausflucht anbot. Und diese Ausflucht bestand darin, ihm zu suggerieren, daß ihre Gesellschaft im Grunde keinen Spaß mache und daß es vielleicht nicht ratsam sei, sie allzu häufig zu sehen. Dieser eklatante Beweis geringer Selbstachtung kann nicht viel dazu beigetragen haben, sie in den Augen des jungen Mannes aufzuwerten. Sie suggerierte ihm einen Vorwand, sich nicht mit ihr zu treffen, und zwar in einer Weise, die Zweifel in ihm hätte wecken können, ob er diese Beziehung überhaupt fortsetzen sollte. Eine nichtmasochistische Frau hätte einfach gesagt: »Wie wär's mit Mittwoch?«

Als eine meiner Patientinnen befördert wurde, erhielt sie von ihren Arbeitgebern neben einer Gehaltserhöhung einen Dienstwagen angeboten. Innerhalb einer bestimmten Preisgrenze konnte sie sich jedes Auto aussuchen, das ihr gefiel. Sie wählte einen Sportwagen und fuhr stolz und glücklich sofort in einen benachbarten Bundesstaat, um ihn ihrer Mutter zu zeigen. Die Reaktion der Mutter auf die erfreuliche Neuigkeit ihrer Tochter war: »Findest du es nicht egoistisch, dir einen Zweisitzer zu nehmen?«

Meine Patientin hätte diese grundlose Beleidigung als charakteristisch für die Art und Weise erkennen sollen, wie die beiden ihr Leben lang miteinander umgingen. Sie bestand darauf, zu allem die Zustimmung ihrer Mutter einzuholen, und wenn sie statt dessen von ihr angegriffen wurde, rechtfertigte sie den Angriff, indem sie defensiv reagierte. Ein kleines Auto verbrauche weniger Benzin, sagte sie jetzt zu ihrer Mutter, und es sei in der Stadt auch leichter zu parken. Ihre Reaktion enthielt das unausgesprochene Eingeständnis, daß ihre Wahl der Rechtfertigung bedürfe. Dadurch war die Mutter aus dem Schneider, und die Schuld verlagerte sich auf die Tochter. Welch andere Wendung hätte das Gespräch genommen, wenn sie es geschafft hätte zu sagen: »Der Wagen ist genau richtig für mich, da ich allein in der Stadt lebe.« Damit wäre der Ball im Feld der Mutter gewesen, wo er hingehörte.

Vermeidung, Ausflucht

In manchen menschlichen Begegnungen kann Vermeidung ein wirksames und geeignetes Mittel sein. Es kann eine empfehlenswerte Strategie sein, aber die Masochistin, die aus Furcht und nicht aus Taktik ausweicht, benutzt Vermeidung in neurotischer Weise.

Eine Frau wurde auf einem Fest von ihrem Gastgeber mit der Bemerkung begrüßt: »Sie haben hübsche Beine, und Sie können es sich leisten, sie zu zeigen. Ich sehe Sie heute zum ersten Mal in einem Kleid und nicht in Hosen.« Diese Worte ärgerten sie, da sie die wenig schmeichelhafte Vermutung verrieten, die er in bezug auf sie gehegt hatte; sie ärgerte sich aber auch, daß er sich das Recht zu einer solchen Bemerkung ihr gegenüber anmaßte. Aber aus Furcht, ihn vor den Kopf zu stoßen, und beflissen, nur ja nicht ins Fettnäpfchen zu treten, blieb sie ihrem Gastgeber die Antwort schuldig. Dieser Mangel an Reaktion stellte eine masochistische Botschaft dar. Verschiedenste Antworten wären möglich gewesen, die verhindert hätten, daß sie sich über den Vorfall ärgerte, aber sie wagte überhaupt nicht zu reagieren.

Dieselbe Frau erzählte mir eine Geschichte über ihre Eltern. Ihr Vater war ein sehr anspruchsvoller, autoritärer Mann, ihre Mutter die archetypische »brave kleine Hausfrau«, die putzte, kochte, nähte und in allen Dingen ihrem Mann zustimmte. Bei einem kürzlichen Besuch hatte ihre Mutter ihr von einer Reise nach Philadelphia erzählt, die sie mit ihrem Mann gemacht hatte und bei der sie ein unerfreuliches Abendessen erlebt hatten. Im Laufe des Gesprächs stellte sich heraus, daß das Abendessen in einem Restaurant mit »Oben-Ohne«-Bedienung stattfand, auf dem ihr Vater bestanden hatte. Als sie ihre Mutter fragte, was sie daran störte, antwortete diese: »Das Essen war schlecht.« Als sie diese Bemerkung mir gegenüber wiederholte, fiel meiner Patientin das eklatante Vermeidungsverhalten ihrer Mutter auf. »Natürlich«, sagte sie in Lachen ausbrechend, »würde es meine Mutter nicht wagen zu bemerken, daß sie es verabscheute, in ein ›Oben-Ohne‹-Restaurant geschleppt zu werden. Sie weicht oft aus, wenn ihr etwas nicht gefällt, was mein Vater tut ... und ich genauso.«

Unfähigkeit, die Richtung einer Begegnung zu ändern

Eine übergewichtige Frau begegnete einer Freundin, die sie längere Zeit nicht gesehen hatte. »Oje«, sagte die Freundin, »ich habe den Eindruck, du hast zugenommen.« Diese Bemerkung veranlaßte die Frau zu einer ausführlichen Erklärung, daß sie es in letzter Zeit sehr schwer gehabt habe, daß ihre Probleme sie verleitet hätten, zuviel zu essen, und daß sie tatsächlich einige Pfunde zugelegt habe. Zweifellos glaubte sie, ihren Interessen zu dienen, indem sie Erklärungen für ihr Gewicht abgab, in der Hoffnung ihre Freundin dadurch weniger kritisch und anklagend zu stimmen. In Wirklichkeit verschlimmerte sie die Situation, indem sie Negatives an sich hervorhob und ihrer Freundin das Bild einer Frau gab, die keine Willenskraft hat, die sich ständig mit ihrem Gewicht beschäftigt und die sich häßlich und hilflos fühlt. Was wäre gewesen, wenn es ihr statt dessen gelungen wäre, über die Bemerkung ihrer Freundin elegant hinwegzugehen und ein anderes Thema anzuschneiden? Die Richtung und der Tenor ihres Gesprächs hätten sich verändert; das Stigma ihres Übergewichts hätte nicht den Grundton für die ganze Begegnung abgegeben.

Masochistinnen machen sich nicht klar, daß sie nicht bei dem Thema bleiben müssen, das von ihrem Gegenüber angeschnitten wird. Sie wagen nicht, es zu ignorieren oder ihm nur kurz ein Ohr zu leihen und dann etwas Neues aufs Tapet zu bringen. Statt dessen beißen sie wie ein vom Köder angelockter Fisch an, und dann hängen sie am Angelhaken und können sich nicht freischwimmen. Rechtsanwälte versuchen manchmal, »den Schauplatz zu wechseln«, weil sie glauben, daß ihre Klienten in einem anderen Gerichtsbezirk einen faireren Prozeß zu erwarten haben. Masochistinnen könnten oft besser ankommen, wenn sie es schafften, das Thema zu wechseln.

Dieses Charakteristikum ist eng verwandt mit dem Rededrang und der Neigung zu Entschuldigungen. Ängstlich, schuldbewußt und überzeugt, bei ihren Übeltaten erwischt zu werden, selbst wenn es sich um eingebildete handelt, beeilt sich die Masochistin, auf ihre Mängel hinzuweisen. Auf diese Weise hofft sie, den vermeintlichen Gegner zu entwaffnen. Sie kommt dem Angriff der anderen gewissermaßen zuvor, indem sie ihre Irrtümer unterstreicht, bevor sie es können, und dadurch die negativen Urteile abwendet, mit denen sie rechnet. Die Frau in Salzburg, die »die Mauer stützte«, fällt sicherlich in diese Kategorie.

Bei einer Abendgesellschaft, an der ich kürzlich teilnahm, saß die Gastgeberin eine Zeitlang mit ihren Gästen und ihrem kritischen Ehemann im Wohnzimmer beisammen, dann stand sie auf und bemerkte: »Es tut mir schrecklich leid, aber ich muß eine Weile in die Küche verschwinden. Ich weiß, ich hätte alles absolut fertig haben sollen, damit keine Verzögerungen entstehen, aber Sie haben ja jetzt zur Überbrückung Getränke und Vorspeisen, und ich werde mich beeilen, das Essen so schnell wie möglich auf den Tisch zu bringen.«

Welche Party bedarf nicht der ordnenden Handgriffe in letzter Minute? Unsere Gastgeberin hätte sich mit kurzen Worten entschuldigen können. Aber sie beharrte darauf, ihre Pflichten in letzter Minute als Fehler hinzustellen, die hätten vermieden werden können; mit Entschuldigungen und Selbstanklagen gelang es ihr nur, die Aufmerksamkeit der Gäste auf etwas zu lenken, was wir sonst gar nicht bemerkt hätten.

Ich wußte, daß diese Frau wiederholt dieses selbe Verhaltensmuster gegenüber ihrem Mann ausagierte. Wenn sie etwas tat, was sie für einen Fehler hielt, dann ließ sie wortreiche Entschuldigungen vom Stapel, die die Aufmerksamkeit auf ihre Mängel lenkten. Viele der Dinge, die hervorzuheben sie sich so große defensive Mühe gab, wären ohne ihr gnadenloses Herumreiten darauf vielleicht nie bemerkt worden – und je mehr sie ihre Schwächen gegenüber ihrem Mann betonte, desto kritischer wurde er.

Rigidität der Sprache

Die Masochistin fühlt sich nicht frei – um nochmals die Tennis-Metapher zu gebrauchen –, den Ball schwungvoll übers Netz zu befördern und dann abzuwarten, wie er zurückkommt. In ihrer defensiven Haltung erstarrt, richtet sie alles auf diese aus; ihre Denkprozesse sind ausschließlich auf Abwehrmanöver eingestellt. Dies bewirkt zwangsläufig eine gewisse Starrheit des Denkens, die sich an ihrer Sprache zeigt. Sie neigt dazu, die Dinge polarisiert zu sehen und sich entsprechend auszudrücken. Ihre Sprache ist durchsetzt mit binären Gegensätzen wie richtig und falsch, gut und schlecht, stark und schwach, während mittlere Werte selten vorhanden sind.

»Ich konnte niemals etwas richtig machen – alles war falsch oder schlecht. Meine guten Schulleistungen wurden ignoriert, ich fand nur Beachtung, wenn ich weniger als 95 Punkte schaffte, und dann wurde ich bestraft. Die Bestrafung war so unbarmherzig. Als ich in meiner Schulzeit einmal nachmittags eine halbe Stunde zu spät nach Hause kam, erhielt ich für die ganze Woche Zimmerarrest. Wenn heute irgend etwas schiefgeht, so geringfügig es auch sein mag, dann mache ich mir gleich die größten Vorwürfe. Es ist mir bewußt, was ich da tue; ich weiß, daß es falsch ist, aber ich kann nicht anders.«

Die Sprache dieser Patientin, einer jungen Frau, die in einer sehr strengen Umgebung aufwuchs, die ihr stets das Gefühl gab, »schlecht« zu sein und »unrecht« zu haben, fiel mir durch ihre Schwarzweißmalerei auf. Man beachte, wie oft sie in dieser kurzen Äußerung »richtig« und »falsch« verwendet.

Der masochistische Sprachstil ist oft durch einen extremen Tonfall gekennzeichnet, der durch den häufigen Gebrauch von Worten wie »total«, »völlig« und »absolut« entsteht. Die Masochistin geht verschwenderisch und in einer der jeweiligen Situation nicht angemessenen Weise mit diesen Worten um.

Meta-Botschaften

Worte sind nicht die einzigen Vehikel, mit denen Menschen Botschaften transportieren. Oft sagen auch der Tonfall oder die Modulation der Stimme, die Körperhaltung oder die Gesten und Handlungen, von denen die Worte begleitet sind, etwas aus. Diese oft kontrapunktisch zur Sprache verlaufenden Mitteilungen sind Meta-Botschaften, und sie sind oft wichtiger als die verbale Botschaft. Ich möchte Ihnen ein ziemlich krasses, aber klares Beispiel dafür geben. Ein Mann sagt zu einer Frau: »Ich liebe dich«, aber gleichzeitig versetzt er ihr einen Fußtritt. »Ich liebe dich«, die verbale Botschaft, widerspricht dem Fußtritt der Meta-Botschaft. In diesem Fall ist der Fußtritt, weil er drastischer ist, die wahre Mitteilung.

Meta-Botschaften können durch Körpersprache übermittelt werden. Eingeschüchterte Menschen, Menschen mit schlechten Gefühlen in bezug auf sich selbst, scheuen sich oft, ihrem Gegenüber in die Augen zu sehen. Ein direkter Blick könnte als eine Herausforderung aufgefaßt werden oder die Möglichkeit erhöhen, daß man durchschaut wird. Masochistinnen offenbaren ihre Einstellung zu sich selbst manchmal durch ihre Körperhaltung, die oft gekrümmt ist und ihre Unterwürfigkeit und Furcht verrät. Ihre Haltung ist im allgemeinen nicht so aufrecht und selbstsicher wie die von Menschen, die sich in ihrer Haut wohl fühlen. Kopfnicken ist eine weitere körperliche Kommunikation, die Masochistinnen häufig gebrauchen. Sobald jemand zu sprechen beginnt, fangen sie an, zustimmend zu nicken, beflissen, zu zeigen, wie sehr sie mit dem anderen übereinstimmen.

Weinen ist eine weitere Meta-Botschaft, die die Masochistin übermittelt. Da Masochistinnen es nicht wagen, ärgerlich zu werden, verwandeln sie ihre Wut in Verletztheit. Und wenn sie verletzt sind, dann bemühen sie häufig Tränen als Mittel, um sich aus der Patsche zu helfen und weiteren Schaden abzuwenden. Dies ist natürlich keine *bewußte* Wahl. Ihr Weinen ist ein unbewußter Mechanismus, der besagt: Ich bin bedauernswert, schau, wie ich weine, du mußt mich bemitleiden, und wenn du Mitgefühl für mich hast, dann wirst du mir nicht mehr wehtun. Die Tränen der Masochistin sind keine wirksamere Beschwichtigungsmethode als alle übrigen, die ich erwähnt habe. Indem sie Mitleid erweckt, versucht die Masochistin, Kränkungen abzuwenden. In Wirklichkeit rufen ihre Tränen nur noch mehr Schmerzen und Leiden hervor.

Eine Ärztin erzählte mir ein mehrere Jahre zurückliegendes Erlebnis, das die masochistische Tendenz zu weinen veranschaulicht. Sie absolvierte damals ihr Praktikum als Anästhesistin und machte eine Äthernarkose für einen anderen Praktikanten, der eine Mandeloperation ausführte. Während der Operation machte ihm die Blutung zu schaffen, und der Eingriff dauerte schließlich länger als vorgesehen. Am nächsten Tag kam ihr Kollege im Korridor auf sie zu und sagte vor den dort versammelten Leuten zu ihr: »Verdammt nochmal, wenn Sie mir nochmals während einer Operation sagen, was ich zu tun habe, dann werden Sie mich kennenlernen.« Fassungslos brach sie sofort in Tränen aus. Sie versuchte, sich zu erinnern, ob sie ihm während der Operation Ratschläge gegeben hatte, konnte sich aber nicht entsinnen. »Ich habe nichts zu Ihnen gesagt«, entgegnete sie, gegen ihre Tränen ankämpfend. »Ich hatte genügend Schwierigkeiten, das Kind narkotisiert zu halten.« »Klar haben Sie die Klappe aufgerissen«, schimpfte er und stürmte davon.

Der Standpunkt, den die junge Ärztin in diesem Wortwechsel einnahm – daß sie nichts gesagt habe –, wurde durch die Meta-Botschaft ihrer Tränen zunichte gemacht. Diese signalisierten ihm ihre Schwäche, wendeten seinen Angriff aber nicht ab. Hätte sie ihre Herausforderung vorgebracht, ohne zu weinen, dann wäre die Begegnung vielleicht anders ausgegangen. Außerdem kaute sie diesen Vorfall innerlich immer wieder durch und fragte sich, was sie falsch gemacht habe, d.h. sie akzeptierte seine Prämisse, daß sie sich etwas hatte zuschulden kommen lassen. Erst Jahre später begriff sie, daß der Angriff auf sie eine defensive Projektion seitens ihres Kollegen gewesen war. Der ihm unterlaufene Kunstfehler war ihm peinlich, und sie war Zeugin seiner Stümperei gewesen, was ihn wütend machte.

Eine Patientin berichtete mir, daß sie eine schreckliche Woche gehabt habe. Sie hatte ihre Hand in der Wohnungstür eingequetscht, ihren Arm am Herd verbrannt und, als sie abends Gäste hatte, einen alten chinesischen Teller zerbrochen, den sie liebte. Die Liste der eingetretenen Schäden vervollständigend, klagte sie: »Ich begreife nicht, warum das alles geschehen ist!« »Worüber sind Sie verärgert?« fragte ich sie. Sie leugnete, ärgerlich zu sein, aber im Laufe unseres Gesprächs schwächte sie ihre Leugnung ab. Sie war im Begriff, sich scheiden zu lassen, ihr Mann hatte es ständig hinausgeschoben, eine Vereinbarung zu unterzeichnen, und sie hatte nicht auf einer raschen Regelung bestanden, obwohl sie inzwischen an drükkender Geldknappheit litt. Diese Situation erfüllte sie mit Wut, aber weil sie es nicht wagte, mit ihrem Mann zu reden und ihn zu einer Einigung zu drängen, kehrte sie die Wut gegen sich selbst. Die gequetschte Hand, der verbrannte Arm und der zerbrochene Teller waren die Meta-Botschaften, die besagten: »Ich bin wütend auf dich, aber ich wage es nicht zu sagen. Ich bin wütend auf dich, aber ich verletze mich eher selbst, als das auszusprechen.«

Mißdeutung visueller Signale und des Tonfalls

Überall Unheil witternd, widmet die Masochistin dem Mienenspiel und Tonfall der anderen besondere Aufmerksamkeit. Leider existieren diese »Signale«, die die Masochistin zu empfangen glaubt, nur in ihrer eigenen Phantasie. Sie kann z. B. ein ausdrucksloses Gesicht anblicken und diesen Gleichmut als Zorn interpretieren. Oder sie hört einen bestimmten Tonfall in einer Stimme und mißdeutet ihn als Wut, obwohl der Betreffende in Wirklichkeit vielleicht bloß eine brüske Sprechweise oder Kopfschmerzen hat oder gerade von einer unerfreulichen Begegnung mit jemand anderem kommt.

Diese extreme Empfänglichkeit für visuelle und stimmliche Signale wurzelt in der Kindheit der Masochistin und basiert auf etwas, was Harry Stack Sullivan als »Drohgebärden« bezeichnet. Diese Gebärden, zu denen zornige Blicke und ärgerlicher Ton zählen, stammen von einem Elternteil und drücken Unzufriedenheit mit dem Kind aus. Um die Eltern zu besänftigen und Unheil von sich abzuwenden, lernt das Kind früh, diese Signale zu interpretieren, und diese Gewohnheit prägt sich seiner Psyche ein. Diese Interpretationen mögen in der Kindheit richtig gewesen sein und vielleicht nötige Anpassungslösungen für das Kind dargestellt haben, das mit strengen und mächtigen Eltern zurechtzukommen suchte. Aber diesen Mechanismus in das Erwachsenenleben mitzunehmen ist äußerst destruktiv. Die Masochistin mißdeutet einen Blick oder Ton, äußert diese Fehldeutung und bringt sich dadurch in Schwierigkeiten.

Martin und Jack waren Brüder, die gemeinsam eine Firma leiteten. Als Martin erfuhr, daß Jack eine Fahrt nach Massachusetts plante, ging er in Jacks Büro, wo Jack gerade auf seinem Schreibtisch ausgebreitete Papiere studierte.

»Weshalb fährst du nach Massachusetts?« fragte ihn Martin.

Jack hob den Kopf, starrte den Bruder an und sagte abwesend: »Was?«

»Warum schaust du mich so an?« entgegnete Martin.

Martins Reaktion verriet seine Furcht vor einer phantasierten Kritik seines Bruders. Obwohl er eine durchaus legitime Frage gestellt hatte, gab ihm seine Furcht das Gefühl, irgendwie im Unrecht zu sein und einen Angriff zu verdienen. Deshalb empfand er das hingeworfene »Was?« seines Bruders und wie dieser ihn anstarrte, als eine Anklage.

Jacks Reaktion auf Martins ursprüngliche Frage hätte Verschiedenes bedeuten können. Wenn Martin kein Masochist gewesen wäre, hätte er Jack zu einer Klarstellung zwingen können, indem er zurückgab: »Was meinst du mit ›Was‹?« oder »Hast du mich nicht gehört?« Hätte er den Ball in Jacks Feld zurückgespielt, dann hätte Jack sich erklären müssen. Vielleicht ging es ihm gegen den Strich, über den Zweck seiner Reise zu reden. Vielleicht mißfiel es ihm, sich rechtfertigen zu müssen. Oder vielleicht war er einfach in seine Arbeit vertieft und hatte Martins Frage nicht mitbekommen. Martin hatte keine Gelegenheit, das herauszufinden, da er sofort auf seine eigene Annahme fixiert war, im Unrecht zu sein, weil er Jack diese Frage gestellt hatte, und das führte ihn von seiner ursprünglichen Absicht nur noch weiter weg. Das einzige, was er bewirkte, war, die Aufmerksamkeit auf seine eigenen Schwächen zu lenken.

Zurückweisung von Lob und Aufmerksamkeit

Oft übermittelt die Masochistin, wenn ihr eine Anerkennung ausgesprochen wird, eine selbstschädigende Botschaft – sie schafft es quasi, jeden Sieg in eine Niederlage umzumünzen. Außerstande, ein Kompliment anzunehmen, beeilt sie sich, es durch eine herabsetzende Bemerkung abzuwerten.

Ein 13jähriges Mädchen nahm an einem Sommerlager teil. An einem Wochenende wurde mit den Teilnehmern eines benachbarten Lagers ein Tanzabend veranstaltet. Etwas pummelig und linkisch und, wie die meisten Halbwüchsigen, unsicher, saß sie mit einer Gruppe anderer »Mauerblümchen« zusammen, sah den Tanzenden zu und empfand den ganzen Abend als ziemlich qualvoll. Ein besonders hübscher Junge stach ihr ins Auge, und sie dachte eben, was sie alles dafür geben würde, mit ihm zu tanzen, als er zu ihrem Erstaunen auf sie zukam und sie aufforderte. Auf dem Weg zur Tanzfläche sagte sie zu ihm: »Bist du ein Pfadfinder, der seine gute Tat begeht, indem er mit mir tanzt?« Der Junge warf ihr einen prüfenden Blick zu und entschuldigte sich bald danach. Sie sah ihn nie wieder. Man könnte das als das Verhalten eines typischen Teenagers abtun, der noch nicht gelernt hat, mit dem anderen Geschlecht umzugehen, aber wie sich später herausstellte, hatte sie eindeutig masochistische Probleme. Und diese zeigten sich bereits bei dem Tanzabend in unverkennbarer Weise. Offenbar war sie nicht so häßlich oder unförmig, wie sie dachte; der attraktive Junge tat sich keine Gewalt an, als er sie wählte. Aber da sie sich als minderwertig und unattraktiv empfand, konnte sie einfach nicht glauben, daß das Interesse des Jungen an ihr echt sei. Defensiv reagierend, übermittelte sie eine Botschaft, die ihn verscheuchte, und lieferte sich dadurch weitere Munition, um ihr verzerrtes Bild von sich selbst zu verstärken.

Ein Wortwechsel, den man zwischen Frauen häufig hört, verläuft so. Erste Frau: »Was für ein hübsches Kleid!« Zweite Frau: »Hm, es gefällt mir irgendwie nicht. Es ist zu verspielt« (oder zu streng, oder die Farben sind zu fad oder zu grell). Eine Masochistin ist unfähig, Lob oder Aufmerksamkeit zu akzeptieren; tatsächlich scheint sie ein dringendes Bedürfnis zu haben, diese abzuwehren. Sie schafft es nicht, ihrer Freundin einfach für das Kompliment zu danken, ob sie ihm zustimmt oder nicht, und dann zu etwas anderem überzugehen.

Unaufgelöste Symbiose und mangelhafte Wahrung von Grenzen

Jane war kaum von ihrer Hochzeitsreise zurückgekehrt, da begann ihre Mutter schon, ihr in den Ohren zu liegen. »Wann fängst du an, deine Dankesbriefe zu schreiben?« fragte sie. »Findest du nicht, daß es an der Zeit ist, dich für die hübschen Geschenke erkenntlich zu zeigen, die du bekommen hast?« Aufgebracht schnappte Jane zurück: »Wirst du jetzt ständig auf mir herumhacken?«

Aufgrund ihrer symbiotischen Beziehung betrachtet die Mutter Jane immer noch als einen Teil von sich, als jemanden, den sie beherrschen kann. Obwohl Jane jetzt verheiratet ist, bekräftigt die Mutter durch ihre Nörgelei, daß ihre Tochter nicht ihre Unabhängigkeit erlangt hat. Sie erkennt die Tatsache nicht an, daß Jane nicht mehr Bestandteil ihrer Einflußsphäre ist. Aufgrund ihres Masochismus läßt Jane es zu, daß ihre Mutter ihre Autorität behauptet. Die Antwort »Wirst du auf mir herumhacken?« stellt zwar einen Fortschritt gegenüber ihrem früheren Verhalten dar, als sie alle Vorwürfe ihrer Mutter schweigend über sich ergehen ließ. Aber sie scheut davor zurück, sich dem Konflikt offen zu stellen. Ihre Antwort schließt immer noch eine unausgesprochene Anerkennung des Rechts der Mutter auf Macht über sie ein. Hätte Jane es geschafft, etwa in dem Sinne zu antworten wie: »Mutter, du kümmerst dich um deine Angelegeheiten und ich mich um meine«, dann wäre dies eine direkte und unzweideutige Abgrenzung gewesen und hätte ihrer Mutter klargemacht, daß sie nicht die gebietende Instanz im Leben ihrer Tochter war.

Die Symbiose, insbesondere im Verhältnis zu einem Sohn, gewöhnlich dem einzigen Sohn, ist als das Syndrom der »Silberschnur« bezeichnet worden, womit die Nabelschnur gemeint ist, die im übertragenen Sinne nie durchschnitten wurde. Am häufigsten ist dies, wenn die Mutter verwitwet und vermögend ist und ihren Sohn zwingen kann, ihrem Geheiß zu folgen und nach ihrer Pfeife zu tanzen. Zwischen Mutter und Sohn haben sich niemals klare Abgrenzungen entwickelt. Aber diese symbiotische Bindung gilt auch für Töchter.

Gelegentlicher Negativismus und Trotz

Masochistische Botschaften mit diesem Charakteristikum sind viel seltener als die oben angeführten Beispiele. Dennoch gibt es sie. Ständige Selbsterniedrigung ruft mit Sicherheit Wut und Groll hervor, und obwohl die Masochistin dauernd auf der Hut davor ist, diese Gefühle zu zeigen, kommt es zu gelegentlichen Ausbrüchen. Die fügsame, nachgiebige Angepaßte kann dann und wann empfindliche Hiebe austeilen. Auf den ersten Blick mag dies als Fortschritt gegenüber ihrer sonstigen Fügsamkeit erscheinen. In Wirklichkeit ist es gar kein Fortschritt, denn sie äußert ihren Ärger gewöhnlich in unangemessener Weise und handelt sich dadurch genausoviel Schwierigkeiten ein wie durch ihre Nachgiebigkeit.

Eine Ärztin hatte eine schwierige Beziehung zu einem ihrer männlichen Kollegen. Sie fand seine Zwanghaftigkeit äußerst irritierend, und es kam zwischen ihnen zu unerfreulichen Auseinandersetzungen. Eines Tages sah sie auf einem Krankenblatt seine Diagnose und schrieb daneben: »Nein. Ich stimme Ihnen nicht zu.« Als der Arzt ihren Kommentar bemerkte, ersuchte er sie, ihn auszuradieren. Sie weigerte sich, und der Vorfall eskalierte zu einem hitzigen Streit. Seine Annahme war richtig, daß ihr Dissens im Falle eines Fahrlässigkeitsprozesses vom Patienten oder dessen Angehörigen möglicherweise zur Unterstützung herangezogen werden könnte.

Der Kommentar der Ärztin war provozierend, unnötig und unangebracht. Obwohl sie sich in erster Linie um den Patienten hätte kümmern sollen, ließ sie sich von ihrem eigenen Bedürfnis leiten, einen Streit mit ihrem Gegner vom Zaun zu brechen. Besser wäre es gewesen, in positiver Weise an das medizinische Problem heranzugehen, indem sie ihm ihre Eindrücke vortrug und sie durch Begründungen untermauerte. Damit hätte sie ihre abweichende Meinung in konstruktiver Weise vertreten. Das wäre im Interesse des Patienten gewesen und hätte ihr nicht weitere Schwierigkeiten beschert.

Der defensive Kommunikationsstil des Masochismus ist ein Mosaik aus all den soeben beschriebenen verschiedenen Arten von Botschaften.

Oft kann eine einzige Kommunikation mehrere Botschaften enthalten, und die angeführten Merkmale sind in der masochistischen Rede ständig vorhanden. Sie sind wie Leitmotive in einem Musikstück, die ständig wiederkehren, manchmal einfach und schmucklos, manchmal kunstvoll paraphrasiert, aber immer erkennbar, egal, wieviele Instrumente oder Noten hinzugefügt oder weggelassen wurden. Die masochistische Botschaft, in welcher Form auch immer, ist stets ein Ausdruck der Machtlosigkeit und eine Bitte um Schonung. Leider hält die signalisierte Schwäche den Aggressor nicht ab. In der Regel ermutigt sie ihn noch. So sehr die Masochistin auch andere fürchtet, ist sie doch ihr eigener schlimmster Feind, Opfer eines Leidenssystems, dessen Prophezeiungen sich selbst erfüllen und das von ihr in Gang gehalten wird.

5

Aktive oder passive Variante?

Der Zufall spielt in allen menschlichen Belangen eine Rolle. Jedem von uns wird im Leben eine Handvoll Karten ausgeteilt; wir haben zwar keinen Einfluß darauf, welches unsere Karten sein werden, aber wie wir diese Karten ausspielen, liegt doch weitgehend an uns. Und im Leben wie beim Kartenspiel scheint es Menschen zu geben, die ständig gewinnen, und solche, die mit derselben Regelmäßigkeit verlieren. Masochisten beiderlei Geschlechts spielen das Blatt, das sie erhalten haben, mit auffallender Ungeschicklichkeit aus, sie machen immer wieder auf ihre Verwundbarkeit aufmerksam und sagen oder tun Dinge, mit denen sie sich ins eigene Fleisch schneiden.

Die Botschaften, die eine Masochistin aussendet, verraten stets aufs neue ihre Verletzbarkeit. Diese Botschaften sind natürlich bloß die Spitze des Eisbergs; jener Aspekt der Persönlichkeit, der sichtbar wird; die äußeren Manifestationen ihrer Gefühle der Furcht und Ohnmacht. Aber es ist wichtig, die Botschaften zu erkennen, wenn man das erforschen und begreifen will, was unter der Oberfläche liegt. Und ebenso wichtig ist es, den Unterschied zwischen aktivem und passivem Masochismus zu verstehen, vielleicht eine etwas künstliche Unterscheidung, die aber dennoch unerläßlich ist.

Um aktiven Masochismus handelt es sich, wenn jemand ein selbstschädigendes Verhalten *initiiert*; passiver Masochismus liegt vor, wenn ein äußeres Ereignis eine masochistische Reaktion auslöst. So unglaublich es auch klingt, wenn die Masochistin bloß lernen könnte, ihren Mund zu halten, dann würde sie die Hälfte ihrer Probleme, nämlich die aktive Hälfte, die Hälfte, die sie sich selbst zuzieht, eliminieren. Aber still zu sein und auf den Gebrauch ihres antizipierenden Abwehrsystems zu verzichten zählt zu den schwierigsten Dingen für die Masochistin. Auf die Vorstellung fixiert, daß man die eigene Lage verbessert, indem man die Mächtigen besänftigt, sich ihnen unterordnet und sich vor ihnen entschuldigt, kann die Masochistin einfach nicht glauben, daß sie ihren Interessen am besten dient, indem sie gar nichts sagt oder tut.

Genevieve war mitten in einer Scheidung und hatte mit einem jüngeren Mann eine beglückende, wenn auch nicht für die Ewigkeit gedachte Liebesaffäre. Er hatte ihr klargemacht, daß er aus einer Reihe von Gründen nicht an einer festen Bindung interessiert sei, aber sie verbrachten die meisten Wochenenden zusammen. Bei einem Aufenthalt in seiner Wohnung sah Genevieve zwei Karten für das Ballett auf seinem Telefontisch, aber er erwähnte sie ihr gegenüber nicht, und sie war klug genug, ihn nicht danach zu fragen. Einige Wochen später lud er sie jedoch ein, ihn zu dem Ballett zu begleiten. »Ich hatte die Karten bemerkt«, sagte Genevieve, »aber du hast nichts davon gesagt, und ich habe mich gefragt, ob du jemand anderen dazu einladen wolltest.«

Dies ist aktiver Masochismus. Genevieve hätte einfach sagen können: »Ja danke, ich komme gerne mit.« Aber ihr Masochismus verleitete sie, Informationen über sich selbst preiszugeben, die ihr nur schaden konnten. So offenbarte sie dem jungen Mann, daß sie eifersüchtig war, sich über ihre Beziehung zu ihm Sorgen machte und ein stärkeres Engagement seinerseits wünschte. Indem sie ihm ihre Erleichterung darüber zu erkennen gab, daß die Karten für sie waren, lieferte sie, die Machtlose in der Beziehung, sich seiner Macht noch weiter aus. Hätte sie es geschafft, seine Einladung dankend, aber ohne masochistische Auslassungen anzunehmen, dann hätte sie sich selbst einen Gefallen getan.

Einige Zeit danach bemerkte Genevieve anläßlich eines Besuchs im Büro des Mannes, daß auf seinem Schreibtisch immer noch ein Bild seiner früheren Freundin stand. Sie sagte im Büro nichts, aber sobald sie nach unten gekommen und in sein Auto eingestiegen waren, konnte sie sich nicht länger beherrschen. »Ich habe gesehen, daß du Elisabeths Bild immer noch auf deinem Schreibtisch hast«, fing sie an, eine Bemerkung, die den Mann wütend machte und ein weiteres Beispiel von aktivem Masochismus darstellte. Es wäre vielleicht klug gewesen, das Vorhandensein des Bildes für eine spätere Bezugnahme zu registrieren, aber es war keine gute Idee, ihn sofort zur Rede zu stellen.

Ralph und Sam sind Geschäftspartner, die mit einem Sicherheitsunternehmen vereinbarten, daß Sam als erster verständigt werden sollte, wenn die Alarmanlage losging, da er zwanzig Minuten näher bei ihrem Betrieb wohnte. Eines Nachts rief die Gesellschaft Ralph an, um ihm zu sagen, daß es geklingelt hatte; er war verärgert, daß sie nicht Sam angerufen hatten, und wies sie an, dies jetzt zu tun, obwohl er bereits wach war und von der Sache Bescheid wußte. Am nächsten Morgen fragte Ralph Sam, was in der vergangenen Nacht geschehen war. »Woher weißt du davon?« fragte Sam aufgebracht. »Sie haben mich angerufen«, antwortete Ralph, »und ich habe ihnen gesagt, sich an dich zu wenden.« Daraufhin platzte Sam der Kragen. Wie könne Ralph nur so etwas tun, fragte Sam, wenn er bereits wach sei? Warum sei er so rücksichtslos? Und da Sam schon dabei sei, wolle er auch erwähnen, daß Ralph in letzter Zeit in vieler Hinsicht zu wünschen übrig gelassen habe. Sam behauptete, den Löwenanteil der Arbeit zu tun, während Ralph es sich allzu leicht mache.

Auch dies ist aktiver Masochismus. Ralph, der die Persönlichkeit seines Partners kannte und der auch wußte, daß es unfair von ihm war, Sam wecken zu lassen, hätte ohne weiteres am nächsten Tag das Sicherheitsunternehmen anrufen können, um herauszufinden, was geschehen war. Statt dessen lieferte er von sich aus seinem Partner eine Information, die sich als Bumerang erweisen mußte. In der aktiven masochistischen Botschaft, die Ralph übermittelte, wird man sowohl sein Mitteilungsbedürfnis als auch seine Hervorhebung eigener Fehler bemerkt haben. Hätte er bloß geschwiegen, dann wäre er mit Sam nicht in Konflikt geraten. Aber er konnte sich nicht beherrschen und mußte mehr ausplaudern, als nötig war.

Wenn sich Masochisten in bezug auf irgend etwas in der Defensive fühlen, und das ist meistens der Fall, versuchen sie regelmäßig, es zu korrigieren, in Ordnung zu bringen. Ebenso regelmäßig macht dieser Versuch die Dinge nur noch schlimmer. Sie gießen Öl ins Feuer, statt es zu löschen. Um das nicht mehr zu tun, müssen sie lernen, sich selbst zu sagen: Nein, ich werde nicht hinstürzen, um zu erklären, richtigzustellen, zu besänftigen, zu entwaffnen ... ich werde schweigend abwarten. Wenige Menschen finden Ambiguität angenehm, aber für die Masochistin ist sie nahezu unerträglich. Lieber verwandelt sie ihr inneres Mißbehagen in einen sicheren Verlust, als im Zustand der Ungewißheit zu verharren. Wenn sie den Spannungszustand beendet hat, fühlt sie sich erleichtert. Aber was für einen hohen Preis zahlt sie für die vorübergehende Erleichterung!

Eine meiner Patientinnen wurde einige Wochen im voraus zu einem Fest eingeladen. Als der Tag nahte, rief sie die Freundin an, die das Fest veranstaltete, und sagte: »Ich rufe an, um zu fragen, ob ich zu dem Fest kommen soll.« »Ja natürlich«, antwortete ihre Freundin, »ich erwarte dich.« Die Bemerkung meiner Patientin offenbarte unmißverständlich ihr Gefühl, daß sie da nicht hingehöre, ihre Überzeugung, daß sie es nicht verdiene, zu dem Fest eingeladen zu werden, ihre tiefen Selbstzweifel. Wenn sie angerufen hätte, um sich wegen des Datums und der Uhrzeit des Festes zu vergewissern, wäre das eine Sache gewesen. Aber anzurufen und zu fragen, ob sie kommen solle, nachdem sie eingeladen worden war und die Einladung angenommen hatte, war etwas anderes.

In diesem Fall reagierte ihre Freundin herzlich, aber das ist nicht die übliche Reaktion auf masochistisches Verhalten.

Menschen, die häufig in den Genuß masochistischer Botschaften kommen, erwarten schließlich ein bestimmtes Verhalten von der Masochistin und behandeln sie vielleicht sogar unfair, weil sie sie ständig dazu einlädt. De facto ermutigen masochistische Botschaften also auf lange Sicht gesehen weitere Aggressionen. Insgesamt schaffen sie ein Klima, in dem Angriffe wahrscheinlicher sind.

Susan hat eine außerhalb der Stadt lebende Freundin, und sooft diese sie besucht, ist das erste, was sie zu Susan sagt: »Wie *geht* es dir?« Die Frage mit ihrem vielsagenden Tonfall läßt keinen Zweifel daran, daß die Freundin erwartet, Susan in einer fürchterlichen Misere anzutreffen. Die Art und Weise, wie diese Frage gestellt wird, ist eine implizite Demütigung für Susan, etwas, was sie in zunehmendem Maß verübelte, je gesünder sie wurde. In der Vergangenheit war diese Frage, in konventioneller, höflicher Weise gestellt, immer der Auslöser einer Litanei von Klagen gewesen, und inzwischen war in gewissem Sinn der Schaden schon passiert. Obwohl Susan nicht mehr jede Gelegenheit ergreift, um ihre Wunden aufzuzählen, reagiert ihre Freundin immer noch so, als wäre dies der Fall. Durch ihre Erfahrungen mit Susans Masochismus ist sie konditioniert, dieses Verhalten zu erwarten, und ihre Herablassung, so subtil diese auch sein mag, ist durch Susans Verhalten nicht mehr gerechtfertigt. Jetzt liegt es natürlich an Susan, das Verhaltensmuster umzukehren, den Verlauf der Begegnungen mit ihrer Freundin zu ändern. Sooft ihre Freundin sie künftig fragt: »Wie *geht* es dir?« sollte Susan antworten: »Ausgezeichnet. Wie läuft es bei dir?« Oder einfach: »Danke, gut« und dann zu etwas anderem übergehen. Ihre Freundin wird vor einem Rätsel stehen, weil sie so lange nichts als Klagen gehört hat, aber früher oder später wird sie es schon kapieren.

Aktiver Masochismus zeigt sich auch in der Tendenz der Masochistin, sich selbst oder ihren Besitztümern physischen Schaden zuzufügen. Masochistinnen wagen es nicht, ihre Aggressionen direkt zu äußern, aber diese zeigen sich oft in Form destruktiver Ereignisse, die ihnen zufällig zuzustoßen scheinen.

Der bekannte Psychoanalytiker Ludwig Eidelberg hat festgestellt, daß manche Masochisten ihr eigenes Mißgeschick auf Umwegen selbst herbeiführen, daß sie sich die »Schicksalsschläge«, die sie treffen, selbst zuzuschreiben haben. Es handelt sich um eine Form der Selbstbestrafung.

Karen besaß drei besonders schöne japanische Teetassen, die sie sehr schätzte. Ein Paar, mit dem sie sich etwas angefreundet hatte, obwohl sie sie im Grunde nicht besonders mochte, kam in ihre Stadt zu Besuch und lud Karen zum Abendessen ein. Sie meinte, daß die Einladung eigentlich von ihr hätte ausgehen sollen, aber da sie sich das nicht leisten konnte, lud sie sie zu Kaffee und Nachtisch in ihre Wohnung ein, obwohl sie sie am liebsten gar nicht gesehen hätte. An diesem Abend mußte sie sich abhetzen, um die nötigen Vorbereitungen zu treffen. Als sie die unersetzlichen Tassen aus dem Schrank nahm, fiel eine zu Boden und zerbrach – eine Folge ihres Ärgers über die unwillkommene Lage.

Ich werde nie meinen ersten Eindruck von einer Patientin vergessen, die ganz gezielt zur Behandlung ihres Masochismus zu mir kam. Sie hatte eine schwierige Phase in ihrer Ehe, und der Therapeut, bei dem sie zuvor gewesen war, hatte versucht, eine sexuelle Beziehung zu ihr aufzunehmen. Als ich die Tür für sie öffnete, sah ich, daß sie einen Arm in Gips hatte, daß ihre Hand von einem großen violetten Bluterguß bedeckt und ihr Haar offensichtlich von Feuer versengt war. Sie war ein masochistisches Katastrophengebiet! Wir alle kennen Menschen, die zu Unfällen neigen; die Mißgeschicke, die sie ereilen, werden gewöhnlich als Schicksalsschläge hingestellt, aber genauso wahrscheinlich ist, daß ihre unterdrückten Aggressionen sie zur Unachtsamkeit verleiten.

In der Vergangenheit von Menschen, die ihren Masochismus auf diese Weise äußern, hat es oft eine überbehütende Mutter gegeben, die ständig Warnungen aussprach: Paß auf, stolpere nicht, fall nicht hin, sei vorsichtig, gib acht. Durch die Wiederholungen dieser Ermahnungen pflanzt die Mutter dem Kind Hypno-Suggestionen ein. In Wirklichkeit sagt sie, daß das Kind ungeschickt, leichtsinnig, minderwertig und unfähig ist, und das Kind fängt aus trotziger, masochistischer Wut an, dies auszuagieren: Also gut, Mama, du erwartest, daß ich diesen Teller zerbreche? Ich werde es dir zeigen. Ich zerbreche den Teller. Du glaubst, daß ich hinfallen werde? Gut, ich werde fallen. Und so weiter. Es ist eine Art von sich selbst erfüllender Prophezeiung und kann sowohl durch unbewußte Furcht als auch durch offensichtlicheren Trotz ausgelöst werden.

Beim passiven Masochismus ist das auslösende Ereignis unvermeidlich, da es von außen kommt. Die Masochistin ist für den Vorfall als solchen nicht verantwortlich. Verantwortlich ist sie jedoch für ihre Reaktion. Sich zu entschuldigen, wenn einen jemand anrempelt, ist das klassische Beispiel für passiven Masochismus. Man erinnert sich vielleicht an die junge Frau im letzten Kapitel, deren Chef sie zurechtwies, weil sie eine Zeitschrift für 12 Dollar abonniert hatte. Der Angriff auf sie kam von außen, entzog sich also ihrer Kontrolle, aber sie reagierte masochistisch, indem sie in Panik geriet und sich entschuldigte; das ist passiver Masochismus.

Passiver Masochismus besteht oft in der schweigenden Hinnahme einer schwierigen oder schmerzhaften Situation, einer fehlenden Bereitschaft, den Mund aufzumachen und die eigenen Wünsche oder Gefühle mitzuteilen. Eine junge Frau lernte in ihrer New Yorker Wohnung für ihre Prüfungen, als der Nachbar über ihr seine Stereoanlage laut aufdrehte. Der Lärm beeinträchtigte ihre Fähigkeit, sich zu konzentrieren, ebenso wie ihr Ärger, der um so mehr zunahm, je länger der Lärm anhielt. Aber sie unternahm keinen Versuch, die Situation zu ändern; sie schickte sich darein. Ihre Furcht vor einer Auseinandersetzung mit dem Nachbar hinderte sie daran, ihre eigenen Interessen zu vertreten.

Marcia ging in ihrer Mittagspause zur Bank, um eine Angelegenheit zu regeln, die sie mit einer Bankangestellten besprechen mußte. Kurz nachdem sie sich gesetzt hatte, erhielt die Angestellte einen Anruf, der offensichtlich persönlicher Natur war. Sie redete und redete, während Marcia schweigend wartete. Es waren andere Schalterbeamte da, mit denen sie über ihre Angelegenheit hätte sprechen können, aber Marcia blieb, wo sie war, und wartete auf den Abschluß des scheinbar endlosen Telefonats. Als ihr Gegenüber schließlich auflegte, bemerkte Marcia schüchtern, daß sie nicht viel Zeit habe und daß sie hoffe, sie könnten die Angelegenheit jetzt so rasch wie möglich erledigen. Die Angestellte erwiderte sichtlich verärgert: »Meine Mutter liegt im Krankenhaus«, eine Bemerkung, die Marcia veranlaßte, von ihrem bescheidenen Versuch der Selbstbehauptung sofort wieder abzurücken und sich überschwenglich zu entschuldigen. »Ach, das tut mir so leid«, sagte sie. »Das ist mir furchtbar peinlich. Ich wollte nicht ungeduldig sein. Ich wußte nicht, daß Sie über Ihre Mutter sprechen. Ich wünsche ihr baldige Besserung.«

Die Provokation kam in diesem Fall in Form eines Anrufs von außen. Sie unternahm einen halbherzigen Versuch, sich über die Art und Weise, wie man sie behandelte, zu beschweren, aber in dem Augenblick, in dem ihre Gesprächspartnerin eine Ausrede vorbrachte, kapitulierte Marcia und begann, wie besessen zurückzurudern, um der Frau aus der Verlegenheit zu helfen. In Wirklichkeit war diese Ausrede gar keine Entschuldigung. Marcia hätte antworten können: »Es tut mit leid, daß Ihre Mutter krank ist, aber das bedeutet nicht, daß Sie eine Viertelstunde telefonieren mußten. Sie hätten das Nötige besprechen und den Anruf dann beenden können, oder Sie hätten zurückrufen können, sobald wir hier fertig sind.« Statt dessen entschuldigte *sie* sich zuletzt und fühlte sich ins Unrecht gesetzt.

Fast jeder ist, insbesondere im heutigen Klima schwindender Höflichkeit, gelegentlicher Grobheit und Flegelei ausgesetzt. Die Masochistin reagiert jedoch in ganz bestimmter Weise auf diese Provokationen. Sie steckt die Schläge ein, statt sie von sich abzuwenden. Aufgrund ihrer Furcht, ihrer Schuldgefühle und ihrer ständigen Überzeugung, im Unrecht zu sein, setzt sie sich gegen die Angriffe nicht entsprechend zur Wehr. Die neurotischen Abwehrreaktionen des passiven Masochismus sind weitgehend auf das mangelnde Bewußtsein der Masochistin für ihre eigenen Grenzen, die Folge ihrer noch ungelösten symbiotischen Mutterbindung, zurückzuführen. Es fällt ihr sehr schwer zu erkennen, wenn man ihr zu nahegetreten ist. Ihr Bewußtsein von sich selbst als einer separaten, autonomen Person ist so schwach ausgebildet, daß sie oft gar nicht merkt, daß sie Zielscheibe einer Aggression war.

Man tut sich natürlich selbst keinen Gefallen, wenn man jedes Mal erregt und scharf reagiert, sooft sich jemand in einer Schlange vordrängt, sooft man uns bei einer Verabredung warten läßt oder auf der Straße anrempelt. Dies gilt speziell für Menschen, die in großen Städten leben und die ihre ganze Energie darauf verschwenden könnten, auf Vorfälle dieser Art zu reagieren. Es liegt auf der Hand, daß man im Umgang mit anderen Menschen ein Gefühl für Verhältnismäßigkeit walten lassen muß, ein Gespür für das, was angemessen ist und was nicht. Eine kleine Reibung mit jemandem im Laufe des Tages verdient vielleicht keine große Beachtung; ihre Folgen mögen unbedeutend sein. Gewisse Beleidigungen oder Angriffe bedürfen dagegen unbedingt einer Zurückweisung; unterläßt man es, darauf zu reagieren, so kann man dadurch weitere Aggressionen provozieren. Aber Unterscheidungen dieser Art zu treffen fällt der Masochistin sehr schwer. Ihre Wahrnehmungen gründen sich nicht auf die gegenwärtige Wirklichkeit. Sie lebt in einer Welt, die von den herzlosen Phantomen der Bezugspersonen ihrer Kindheit bevölkert ist, und diese Schatten sind es, auf die sie ständig reagiert. In ihrem angsterfüllten defensiven Verhalten äußert sich etwas, was nicht mehr real ist – d.h. solange nicht mehr real, bis sie es durch die Anwendung ihres Systems der vorbeugenden Verteidigung immer neu inszeniert. In einer Situation, die das Potential für passiven Masochismus birgt, ist es notwendig, festzustellen, ob man wirklich geschädigt oder beleidigt wurde, ob man den anderen zu weiterer Aggression ermutigt, wenn man sich nicht wehrt, und ob man in der Lage ist, sich angemessen zu verteidigen. Masochisten haben, da sie an die Vergangenheit gefesselt sind, ja von dieser verfolgt werden, nicht die Autonomie entwickelt, die es ihnen gestatten würde, diese Fragen zu stellen und sie dann objektiv zu beantworten.

Wie ich zu Beginn dieses Kapitels bemerkte, sollten wir deshalb zwischen passivem und aktivem Masochismus unterscheiden, weil Frauen, die ihren Masochismus überwinden wollen, so präzise wie möglich die Rolle verstehen sollten, die sie im masochistischen Prozeß spielen: Wann geht die Initiative von ihnen aus, wann reagieren sie? Aktiver und passiver Masochismus sind in derselben Person nebeneinander vorhanden, und beide sind gleichermaßen destruktiv. Aber der aktive Masochismus läßt sich vielleicht leichter überwinden. Hier hat die Masochistin ihr Schicksal in den eigenen Händen. Es liegt an ihr, ob sie jemandem den Strick reicht, an dem er sie aufhängen kann. Wenn sie es lernen kann zu schweigen, sich zurückzuhalten, nicht von sich aus dem anderen Informationen zu liefern, die ihr schaden, dann wird sie einen entscheidenden Schritt zur Überwindung ihres eigenen Leidens getan haben.

6

Masochismus und das Mädchen

Ich schaute hinein, um gute Nacht zu sagen,
Da hörte ich mein Kind beten:
»Und für mich scharlachrote Bänder,
Scharlachrote Bänder für mein Haar.«

Alle Läden waren geschlossen, die Rolläden zu,
Alle Straßen dunkel und leer,
In unserer Stadt keine scharlachroten Bänder,
Nicht ein Band für ihr Haar.

Die ganze Nacht tat mir das Herz weh,
Kurz vor dem Morgengrauen
Guckte ich hinein – auf ihrem Bett
Häuften sich
Bezaubernde Bänder, scharlachrote Bänder
Scharlachrote Bänder für ihr Haar.

Und wenn ich hundert Jahre werde,
So werde ich nie wissen, woher
Die scharlachroten Bänder kamen,
Scharlachrote Bänder für ihr Haar.

Zum ersten Mal hörte ich »Scarlet Ribbons« (»Scharlachrote Bänder«), das wie ein Volkslied klang, im Jahre 1960, als meine Tochter Gitarre spielte und sang. Ich hatte gerade angefangen, über die Menarche zu recherchieren, den Beginn der Menstruation, und dieses Lied erschien mir als wirkungsvoller Ausdruck dieses einschneidenden Ereignisses. Es hatte etwas Traumhaftes mit seinen fließenden Übergängen zwischen der symbolischen und der realen Ebene, und ich hatte fast das Gefühl, als sei es für mich geschrieben worden.

Die Mutter-Tochter-Beziehung, die sich in dem Lied widerspiegelt, ist positiv. Die Mutter ist liebevoll und fürsorglich; sie vernimmt das Gebet ihrer Tochter und sehnt sich danach, ihren Wunsch erfüllen zu können. Worum die Tochter den Himmel anfleht, das sind symbolisch gesprochen die scharlachroten Bänder der Menstruation, das Fließen des Blutes, das von ihrer physischen Reife zeugt. Es ist eine Bitte, die ihr die Mutter nur allzu gern erfüllen würde, wenn es in ihrer Macht läge. Dann sind die Bänder plötzlich da (»Ich werde nie wissen woher«), und die Mutter ist entzückt, daß die Sehnsucht ihrer Tochter in Erfüllung ging. Das Lied drückt die Angst und Ungeduld aus, mit der ein junges Mädchen auf diesen Meilenstein in ihrem Leben zugeht, das Mitgefühl, das die Mutter angesichts der Sehnsucht ihres Kindes empfindet, und die Schönheit der Menstruation und das Gefühl der Ermutigung, das sie auslöst, wenn sie schließlich eintritt.

Das Mädchen in dem Lied hatte das Glück, eine Mutter zu haben, die sie wirklich liebte und ihre Wünsche erfüllt sehen wollte. In dieser wichtigen Zeit im Leben des Mädchens wollte ihre Mutter ihr Reife geben und ihre Entwicklung unterstützen, statt sie ihr vorzuenthalten und sie zu fesseln. Und es ist wahrscheinlich, daß sich ein solches Mädchen nicht zu einer Masochistin entwickeln wird, obwohl gesellschaftliche Kräfte masochistische Tendenzen fördern. Jedenfalls wirkt die liebevolle Haltung der Mutter abschwächend auf die negativen Folgen der gesellschaftlichen Kräfte. Genau das Gegenteil geschieht, wenn eine Mutter gleichgültig und lieblos ist; ihr unsensibles, desinteressiertes oder gar feindseliges Verhalten wird mit Sicherheit die kulturelle und soziale Neigung zum Masochismus verstärken.

Die Jugendzeit, die im allgemeinen mit der Menarche beginnt, ist die letzte Phase intensiver Interaktion zwischen Mutter und Tochter, die Zeit, in der ein Mädchen entweder eine Unterstützung von ihrer Mutter erhält, die ihre Chance vergrößert, eine emotional gesunde junge Frau zu werden, oder in der sie durch ihre Mutter jene Art von Ichschaden erleidet, der eine gesunde weibliche Identität unwahrscheinlich macht. Die Menarche selbst, der erste Knotenpunkt im Reproduktionsprozeß, der mit der Menopause endet, dient als Brennpunkt für die Einstellungen von Mutter und Tochter zum gesamten Komplex der weiblichen Sexualität und enthält die Summe aller weiblichen Gefühle und Haltungen, die bis zu diesem Punkt entstanden sind.

Im Gegensatz zu einem Großteil des psychoanalytischen Denkens ist die Menarche nicht eine Zeit der *Kapitulation* gegenüber der Weiblichkeit, eine Zeit, in der die Mädchen gezwungen sind, auf ihren angeborenen Wunsch, Jungen zu sein, zu verzichten und sich ihrer beginnenden weiblichen Identität zu unterwerfen. Sie ist ein positiver erster Schritt auf dem Weg zum Frausein und zur Fortpflanzung und sollte als verheißungsvoller und freudiger Anlaß betrachtet werden. Mütter, die sich in diesem Stadium destruktiv verhalten, versetzen ihren Töchtern einen entscheidenden Stoß in Richtung Masochismus.

Als Beispiel sei dafür die schädliche Behandlung angeführt, die einer meiner Patientinnen anläßlich ihrer ersten Menstruation zuteil wurde. Sie war damals elf Jahre alt, und man hatte sie in keiner Weise darauf vorbereitet. Eines Morgens wachte sie früh und mit einem Gefühl der Nässe auf. Als sie die Decke zurückschlug, sah sie, daß sie voll Blut war, und lief in Panik in das Zimmer ihrer Mutter. Ihre Mutter reagierte gereizt, sie gab ihr eine Ohrfeige. Dann sagte sie ihrer Tochter, daß die Blutung ein natürlicher Vorgang sei, fügte aber hinzu, daß sie eigentlich erst ein oder zwei Jahre später hätte auftreten sollen. Dies hinterließ bei dem Mädchen das Gefühl, daß mit ihr etwas nicht in Ordnung sei. Die Mutter erklärte ihr, welche hygienischen Maßnahmen sie zu ergreifen habe, und wies sie an, den Tag im Bett zu verbringen, gab ihr aber keine weiteren Informationen. Dies war natürlich keine isolierte Erfahrung, wenn auch eine höchst bedeutsame. Der Kontext der Mutter-Tochter-Beziehung war eine Serie von Erlebnissen, die zur Folge hatten, daß sich die Tochter als Frau minderwertig fühlte, ihre Menstruation als etwas Unerwünschtes empfand und in ihr Erwachsenenleben eine masochistische Erblast mitschleppte, die äußerst schwer zu überwinden war.

Die Ohrfeige scheint übrigens ein Erbe der russisch-jüdischen Kultur zu sein. Man sagt, daß dieser Schlag ein Erröten bewirke, das eine gute Gesichtsfarbe im Erwachsenenleben gewährleiste. Psychoanalytisch fällt es einem schwer, die Ohrfeige nicht als Geste der Kastration zu empfinden, die den Ärger der Mutter über die neu errungene Reife ihrer Tochter und die potentielle Bedrohung verrät, die dies indirekt für die Mutter darstellen kann.

Wenn die Mutter den Eintritt ihrer Tochter in die Pubertät miterlebt, werden die Ängste und Befürchtungen, die sie in diesem Stadium ihres eigenen Lebens empfand, häufig aufs Neue in ihr erweckt. Es kann auch sein, daß die Mutter die erwachende Sexualität ihrer Tochter als bedrohlich empfindet. Sie selbst geht schließlich auf die Menopause, das Ende eines Teils ihres Lebens als Frau zu, während ihre Tochter am Beginn ihres Geschlechtslebens steht. Das Gefühl der Bedrohung und die aufs Neue durchlebten Befürchtungen und Ängste können in diesem Stadium starke Spannungen zwischen Mutter und Tochter hervorrufen, und tatsächlich kommt es in dieser Zeit häufig zu erbitterten Auseinandersetzungen zwischen ihnen.

Der libanesische Autor Khalil Gibran schildert in einer Parabel mit dem Titel »Die Schlafwandlerinnen« die Ebbe und Flut der Strömungen und Unterströmungen, die in diesem Stadium des Lebens zwischen Mutter und Tochter vorhanden sein können. Es geht um eine Mutter und eine Tochter, die schlafwandelten. Eines Nachts treffen sie sich in einem von Dunstschleiern verhüllten Garten. Die Mutter spricht zuerst, sie nennt ihre Tochter »meine Feindin« und erklärt, das Mädchen habe »ihr Leben auf den Ruinen des meinen errichtet«. Die Tochter ihrerseits bezeichnet die ältere Frau als selbstsüchtig und beschuldigt sie, haßerfüllt »zwischen meinem freieren Selbst und mir« zu stehen und zu wünschen, daß »mein Leben ein Abklatsch deines eigenen geschwundenen Lebens!« sei. Als die beiden Frauen erwachen, verwandeln sie sich wieder in die höflichen und liebevollen Personen, die sie untertags sind.

Gibrans Mutter und Tochter offenbaren ihre wahren Gefühle zueinander, als sie sich in dem nächtlichen Garten begegnen. Dies erinnert an einen Traum, in dem die Wahrheit im Zustand des Schlafs ans Licht kommt. Beide betrachten die andere als ihre Feindin, die Mutter empfindet Groll gegenüber ihrer Tochter, weil diese ihr ihre Jugendkraft geraubt und sie in fast schmarotzerhafter Weise ausgesaugt hat, die Tochter verübelt ihrer Mutter, daß sie sie daran hindern will, ein unabhängiges Geschlechtswesen zu werden. Sie wünschen einander den Tod. Doch sobald sie erwachen, schlüpfen sie automatisch in ein stereotypes Verhalten und verbergen ihre tiefsten Gefühle hinter einer konventionellen und oberflächlichen Freundlichkeit.

Die Gefühle, die in dem Garten ausgesprochen werden, kommen zwischen Mutter und Tochter zur Zeit der Menarche häufig ins Spiel. Das Märchen vom Schneewittchen, in dem die alte Frau den Spiegel befragt, wer die Schönste im Lande sei, zeugt ebenfalls von dem Gefühl der Konkurrenz, das zwischen einer älteren und einer jüngeren Frau, zwischen Mutter und Tochter, existieren kann.

Eine masochistische Patientin, die als junge Frau nicht viele Rendezvous hatte, erinnerte sich, wie sie sich in den seltenen Fällen fühlte, wenn ein junger Mann erschien, um sie abzuholen, und ihre Mutter ihn in ein Gespräch verwickelte. Die

Mutter ließ nicht locker und fand kein Ende, bis es zu spät war, irgendwo hinzugehen. Die junge Frau stand hilflos daneben, unfähig zu intervenieren. Der Erfolg der Mutter war zum Teil darauf zurückzuführen, daß sie eine attraktive und charmante Frau war. Sie hatte selbst nie die zweite Geige gespielt und war sich vielleicht nicht bewußt, was sie ihrer Tochter antat. Aber die Tochter empfand es nur zu deutlich und hatte eine rasende Wut.

Es ist ein Faktum, daß es einer Mutter schwerfallen kann, Zeugin des beginnenden Geschlechtslebens ihrer Tochter zu werden, während sie ihre eigene sexuelle Anziehungskraft dahinschwinden spürt. Dies trifft gerade dann zu, wenn das Leben der Mutter nicht besonders befriedigend oder erfüllt war. Die Mutter möchte auch weiterhin noch als die Schönste von allen gelten, aber gewöhnlich ist es nicht zu leugnen, daß ihr die Tochter bereits den Rang abgelaufen hat. Die Mutter fühlt sich übergangen. Sehr häufig wiederholt in diesem Stadium die Mutter mit ihrer Tochter zwanghaft die Erfahrungen, die sie in ihrer Pubertät mit ihrer eigenen Mutter machte.

Es kann sein, daß die Mutter, von alten Ängsten geplagt, spürt, daß ihr die Kontrolle über ihre Tochter entgleitet, und einen letzten Versuch unternimmt, ihre Macht über das Kind zu behaupten. Ihre Versuche, die Tochter zu zügeln, können grausam und übertrieben streng sein. Wenn dies geschieht, reagiert die Tochter in der Regel durch noch stärkeren Trotz. Mutter und Tochter verbeißen sich dann in einem Kampf ineinander, der seitens der Mutter durch eskalierende Grausamkeit und seitens der Tochter durch zunehmenden Trotz gekennzeichnet ist. Die andere Reaktion einer verunsicherten Mutter kann darin bestehen, daß sie das Problem völlig vermeidet und sich weigert, mit ihrer Tochter über Menstruation zu sprechen, daß sie dieses Geschehen praktisch verleugnet. Beide Reaktionen sind zweifellos schädlich für das Selbstwertgefühl des Mädchens.

Auch der Vater kann eine Rolle in diesem präadoleszenten Drama spielen. Um sich vor inzestuösen Begierden zu schützen, die er gegenüber seiner Tochter haben mag, kann es sein, daß der Vater sie beschuldigt, sich verführerisch und promiskuitiv zu verhalten. Das Betragen der Tochter mag völlig unschuldig sein, aber der Vater projiziert seine eigenen Befürchtungen auf sie und erhebt dann Beschuldigungen, die sie tief verletzen. Der Vater einer meiner Patientinnen zwang sie, sobald sie zu pubertieren begann, jeden Tag sofort nach der Schule nach Hause zu kommen. Er wußte genau, wie lange sie für die Fahrt brauchte, und wenn sie sich auch nur wenig verspätete, führte er sie in den Keller und schlug sie mit seinem Gürtel. Gelegentlich wandelte er die Strafe auch ab und machte sie noch grausamer: Er zwang sie, im Keller zu warten, während er seine Mahlzeit beendete, und danach ging er hinunter und verprügelte sie.

In letzter Zeit ist zunehmend klar geworden (im Gegensatz zu Freuds Deutung solcher Berichte als Phantasieprodukte), daß sexuelle Belästigungen und manchmal Vergewaltigungen seitens des Vaters oder Stiefvaters alles andere als selten sind. Sexueller Kindesmißbrauch ist ein Faktum, das oft jahrelang praktiziert wird. Das gibt einem jungen Mädchen *nicht* das Gefühl, begehrenswert zu sein. Sie erkennt, daß sie ausgebeutet wird und daß ihr dieses Verhalten schadet, obwohl sie vielleicht dafür belohnt wird, daß sie es erduldet. Und der Endeffekt einer solchen Ausbeutung ist, daß sie sich besudelt und erniedrigt fühlt. Oft wenden sich solche Mädchen verzweifelt an ihre Mütter, um ihnen zu erzählen, was geschehen ist, oft stoßen sie auf Aggressionen und Verleugnung seitens der Mutter, insbesondere, wenn die Mutter völlig abhängig vom Vater ist, der beschuldigt wird.

Als eine meiner Patientinnen ihrer Mutter über sexuellen Mißbrauch berichtete, bestand die Reaktion ihrer Mutter darin, das Mädchen als Flittchen zu bezeichnen, wenn sie einen Lippenstift benützte oder sich hochhackige Schuhe wünschte, ein kaum verdächtiges Verhalten bei einem halbwüchsigen Mädchen, das gern erwachsen werden möchte. Die Mutter versuchte, ihre Leugnung des väterlichen Verhaltens dadurch zu untermauern, daß sie in bezug auf alles, was mit sexuellem Interesse oder sexueller Reife zusammenhängt, Schuld auf ihre Tochter projizierte.

Eine junge Frau, die in diese Lebensphase mit bereits ausgebildeten masochistischen Tendenzen eintritt, wird das Einsetzen der Menstruation wahrscheinlich mit Angst erleben, so wie sie fast alles erlebt. Wenn ihre Eltern sie noch dazu grausam behandeln oder ihr Vorwürfe machen, die ihre Selbstachtung weiter verringern, dann wird sie ihr Leben als erwachsene Frau mit einer zusätzlichen Bürde von Furcht und einer stark erhöhten Neigung zum Masochismus beginnen.

Bei der vorhin erwähnten Menarche-Forschung handelte es sich um eine Untersuchung prämenstrueller Spannungen und der Mutter-Tochter-Beziehung. Es gilt als gesichert, daß eine große Zahl von Frauen unter prämenstruellen Spannungen leiden, wobei der Anteil von manchen auf 70 Prozent geschätzt wird, während meine eigene Untersuchung einen Anteil von 85 Prozent ergab. Mit prämenstruellen Spannungen meine ich das breite Spektrum von Symptomen wie Nervosität, Reizbarkeit und Streitsucht; Anschwellen von Körperteilen (physisch, nicht psychisch); Kopfschmerzen (die entweder physisch oder psychisch sein können), Übelkeit und Erbrechen; Depressionen; Hunger; Verlangen nach Süßigkeiten; extreme Müdigkeit; Neigung zum Weinen; der Wunsch, die Mutter zu rufen.

Da ich feststellte, daß diese Symptome praktisch verschwanden, sobald die Frauen in meiner Untersuchung zum ersten Mal menstruierten, schloß ich daraus, daß das Verhalten von Bezugspersonen, insbesondere der Mutter, die Symptome erklären müsse. Heute werden die psychischen Aspekte des prämenstruellen Syndroms (PMS) geleugnet, und es wird fast ausschließlich auf physiologische Ursachen zurückgeführt. Im Gegensatz dazu fand ich, daß die Rolle der Mutter in der menarchischen Erfahrung der Tochter der entscheidende Faktor dafür war, ob sie prämenstruelle Symptome entwickelte oder nicht. Die wichtigen Elemente waren dabei: Wie die Mutter ihre Tochter auf die Menstruation vorbereitete, ihre emotionale und verhaltensmäßige Reaktion auf deren Auftreten bei der Tochter und andere, subtiler geäußerte Einstellungen zur weiblichen Identität, die an diesem Markstein im Leben ihrer Tochter zutage traten. Die monatlichen Perioden einer Frau scheinen ihr ganzes Leben lang eine ständig wiederkehrende Rekapitulation der Umstände ihrer ersten Menstruation zu sein, eine Art von hypnotischer Neuauflage, in der sich ein zwanghafter Gehorsam gegenüber den bewußten oder unbewußten Ansprüchen oder Erwartungen der Mutter spiegelt. So wie sich die körperlichen Zustände jeden Monat reproduzieren, gilt dasselbe auch für die Gefühle.

Nur 15 Prozent der mehr als hundert Mütter in meiner Studie reagierten freudig auf dieses Anzeichen des Erwachsenwerdens ihrer Töchter. Weitere 25 Prozent verhielten sich in einer überwiegend positiven, hilfreichen Weise. Die übrigen 60 Prozent verhielten sich negativ und schädlich, und zehn Mütter zeigten Reaktionen, die ich als extrem destruktiv klassifizieren würde. Sie gaben keinerlei Erklärung über die Bedeutung der Menstruation ab und/oder zeigten Anzeichen der Verärgerung, und/oder sie implizierten, daß das Mädchen jetzt in irgendeiner sexuellen Gefahr sei, und/oder sie leisteten keine Hilfestellung hinsichtlich der hygienischen Aspekte der Menstruation.

In den Fällen, wo die Mütter freudig auf die Nachricht von der ersten Menstruation ihrer Töchter reagierten und diese auf deren Einsetzen vorbereitet hatten, waren 13 von 15 frei von jeglichen Symptomen prämenstrueller Spannung. In all jenen Fällen, in denen Frauen gravierende prämenstruelle Beschwerden hatten, war entweder keine Vorbereitung durch die Mutter auf den Beginn der Menstruation erfolgt, oder die Mutter reagierte negativ auf deren Einsetzen. Frauen der ersten Gruppe machten Bemerkungen wie: »Meine Mutter freute sich, jetzt eine erwachsene Tochter zu haben. Sie hatte mich mit allem Nötigen versorgt und zeigte mir jetzt, wie ich die Dinge benutzen mußte.« »Mutter sagte erfreut, daß ich jetzt eine Frau geworden sei. Sie brachte mir Blumen.« Die Frauen in der zweiten Gruppe berichteten unter anderem: »Es fiel mir sehr schwer, meiner Mutter davon zu erzählen – ich verließ das Haus, um mich wohlzufühlen.« »Meine Mutter sagte, wenn mir jetzt ein Mann zu nahe komme, könne ich schwanger werden. Ich hatte ungeheure Angst.« »Meine Mutter versetzte mir einen Klaps und bezeichnete es als ›Unpäßlichkeit‹. Ich erhielt keine Unterstützung von ihr. Irgendwie gewöhnte ich mich daran.« Es leuchtet ein, daß die Frauen in diesen beiden Gruppen zu sehr verschiedenen Arten von Menschen heranwuchsen, die einen selbstsicher und angstfrei, die anderen furchtsam und verletzbar.

Frauen, deren Mütter negativ reagierten, beschrieben ihre Reaktionen auf die Menstruation mit den folgenden Worten: Furcht, Panik, Peinlichkeit, Verwirrung, Groll, Entsetzen, Schrecken. Diese Reaktionen wurden nicht durch die Blutung als solche, sondern durch die Reaktion der Mutter auf diese ausgelöst. Negative Bezeichnungen wie »Unpäßlichkeit« (das englische *the curse* [der Fluch] ist noch abwertender – Anm. d. Übers.) zeigen, wie schädlich solche negativen Reaktionen sein können.

Psychiatric News berichtete in seiner Ausgabe vom Juni 1983, daß Dr. Uriel Halbreich vom Albert Einstein College of Medicine gewisse Formen prämenstrueller Beschwerden mit leichten depressiven Störungen verglichen habe, insbesondere mit affektiven Verstimmungen wie Angst, Neigung zum Überessen usw. Ich glaube, dies bestätigt meine Forschungsergebnisse: Den Kern depressiver Probleme bildet der Objektverlust, der Verlust der Liebe einer Bezugsperson. Er ruft ein Gefühl der Trauer hervor, das für viele prämenstruelle Reaktionen kennzeichnend ist.

Die Symptome des PMS haben spezifische Bedeutungen, die zwei Hauptkategorien zugeordnet werden können. Die erste schließt Symptome wie Hunger, Liebesbedürfnis, Verlangen nach Süßigkeiten, den Wunsch, die Mutter zu rufen, Depressionen und Neigung zum Weinen ein. Diese zeugen von Gefühlen der Hilflosigkeit und Verletzbarkeit, emotionalem Hunger und

Liebesbedürfnis. Die zweite Kategorie, zu der Symptome wie Reizbarkeit, Spannungen, Kopfschmerzen, Aggressionen und Streitsucht, Übelkeit und Erbrechen zählen, deutet auf das Bedürfnis hin, sich gegen erwartete Angriffe zu verteidigen. Übelkeit und Erbrechen sind manchmal auch Ausdruck einer Wut, wenn mich »etwas ankotzt«. Beide Kategorien umfassen die Hauptelemente der masochistischen Persönlichkeit: Hilflosigkeit, Verletzbarkeit, Abwehrhaltung, verborgene Wut und Passivität.

Es ist natürlich, daß die Menarche von einem gewissen Maß an Angst begleitet wird. Es ist das erste Erlebnis von etwas Unbekanntem. Es kündigt die Möglichkeit der Mutterschaft an und ist wie alle kreativen Erfahrungen mit einer Art von Verletzbarkeit verbunden. Aber der Grad an Angst, ihre Dauer und das Selbstgefühl, mit dem eine junge Frau aus diesem Stadium hervorgeht, hängt weitgehend von der Qualität der Mutter-Tochter-Beziehung ab. Das Einsetzen der Menstruation ist ein Stadium, in dem das Selbstbewußtsein eines Mädchens, insbesondere in bezug auf seine Weiblichkeit und seine künftige Identität als Frau, erheblich gestärkt oder geschwächt werden kann. Eine Mutter wie die im Lied von den scharlachroten Bändern, die sich liebevoll und fürsorglich verhält und ihrer Tochter das Gefühl der Geborgenheit gibt, wird deren Selbstbewußtsein sicher stärken.

7

Sexueller Masochismus

Der Begriff *sexueller Masochismus* beschwört für viele Menschen Bilder von Peitschen und Ketten, Fesseln und Geißelung, de Sade und Krafft-Ebing herauf. Sie denken an Grausamkeit bei sexueller Betätigung, an das Bedürfnis, sich von einem Sexualpartner Schmerzen zufügen zu lassen. Diese Formen extremen sexuellen Masochismus gibt es natürlich. Aber sie stellen nur einen kleinen Teil des Gesamtbildes dar. Von größerem Interesse für mich und weitaus häufiger – wenn auch weniger spektakulär – ist die alltägliche Spielart des sexuellen Masochismus, das Phänomen der passiven, sich vor Macht fürchtenden, leidenden Persönlichkeit im sexuellen Bereich.

Am Erleben und Ausleben der Sexualität ist die gesamte Persönlichkeit beteiligt. Das Wesen einer Frau artikuliert sich im sexuellen Aspekt ihres Lebens ebenso wie in ihrem Familienleben, ihrem Berufsleben und in ihren sozialen Beziehungen. Im sexuellen Bereich äußert es sich vielleicht in seiner reinsten Form, da das Verhalten in der Intimität der sexuellen Beziehung besonders deutlich hervortritt und eine spezielle Intensität erreicht. Eine Frau, die sich im allgemeinen masochistisch verhält und aus der Abwehrhaltung des masochistischen Kommunikationsstils heraus agiert, wird sicher auch in ihrem Sexualleben unter Masochismus leiden. Er ist ein untrennbarer Bestandteil des gleichen selbstschädigenden Verhaltens, das auch alle anderen Bereiche ihres Lebens beeinträchtigt.

Wenn ich über dieses Thema nachdenke, fällt mir immer der Song von Carly Simon mit dem Refrain »I Haven't Got Time for the Pain« ein. Das Lied offenbart ein Leben voll Leiden und Schmerz und den Wunsch, diese durch eine Beziehung mit einem neuen Sexualpartner zu überwinden. Die Zeile »*Leiden* war das einzige, was mir das Gefühl gab zu leben« ist eine eindeutige Aussage eines von masochistischen Tendenzen beherrschten Menschen. Und »das ist der Preis des Überlebens in dieser Welt« verrät ein Bewußtsein der hohen Kosten des Masochismus. Die Sängerin erklärt, daß sie weder Zeit noch Raum für den Schmerz mehr habe noch ein Bedürfnis danach verspüre und daß sie ihrem Masochismus entrinnen wolle. Der einzige Haken bei dem Lied, der einzige Trugschluß ist, daß sie glaubt, diese Verwandlung werde durch die Verbindung mit einem anderen Mann erfolgen. Um den Liedtext wörtlich zu nehmen: das ist höchst unwahrscheinlich. Eher ist anzunehmen, daß ihre destruktiven Verhaltensmuster auch in der neuen Beziehung ins Spiel kommen werden und daß sie sich früher oder später auch *seinetwegen* in den Schlaf weinen wird.

Wenn sich ein Mann und eine Frau kennenlernen, sind sie theoretisch gleich stark. Aber wenn einer von beiden masochistisch ist, dann beginnt sich die Machtsituation, sobald sie ihre Persönlichkeit zeigen und interagieren, rasch zugunsten des Nichtmasochisten zu verschieben. Einer der beiden (und wie wir gesehen haben, ist dies fast immer die Frau) beginnt, Macht abzutreten, der andere legt entsprechend zu. Je weiter die Beziehung voranschreitet, desto extremer wird diese Disparität; die Waagschalen geraten aus dem Gleichgewicht: Die eine neigt sich durch das Gewicht der Macht, die andere steigt aus Schwäche und Furcht vor Macht. Mit anderen Worten, die Beziehung verändert nicht die grundlegenden Persönlichkeitsstrukturen der Beteiligten; sie spiegelt vielmehr diese Strukturen und akzentuiert sie manchmal.

Das Abrutschen in die Ungleichheit kann in dem Augenblick im Gang kommen, in dem ein Mann und eine Frau einander zum ersten Mal begegnen. Eine schöne und tüchtige junge

Frau, die ihre eigene Firma leitete, erhielt den Anruf eines Mannes, den sie Monate zuvor im Urlaub kennengelernt und sehr gemocht hatte. Als er ein Treffen vorschlug, lud sie ihn sofort zum Abendessen ein, obwohl sie nach einem arbeitsreichen Tag erschöpft war. Schon reagierte sie masochistisch und begann, die Machtbalance zu seinen Gunsten zu verschieben. Warum wartete sie nicht, um zu hören, was er sich vorstellte? Warum bot sie ihm sofort an, sich einer besonderen Mühe zu unterziehen? Da sie müde war, wäre es vielleicht angenehmer gewesen, auszugehen. Als er sie am Ende des Abends fragte, ob er über Nacht bleiben dürfe, antwortete sie: »Ich habe seit Juli darauf gewartet, daß du mich küßt«, eine Information, die sie besser für sich behalten hätte. Das intime Beisammensein dieses Abends erlebte sie als nicht besonders befriedigend.

Aus Angst, nichts mehr von ihm zu hören (und vielleicht besorgt, daß er den sexuellen Kontakt genauso wenig genossen habe wie sie), rief sie ihn am nächsten Wochenende an, um ihm zu sagen, daß sie einige Gäste erwarte, und um ihn zu fragen, ob er mit ihnen zu Abend essen wolle. Er sagte zu und verbrachte wiederum die Nacht bei ihr. Am nächsten Tag schlug er vor, zusammen reiten zu gehen, wenn sie am folgenden Wochenende in ihre Sommerwohnungen fuhren, die unweit voneinander lagen, eine Vorstellung, die sie entzückte. Aber einige Tage danach rief er an und sagte, er müsse lernen und habe auch noch andere Dinge zu tun und werde es nicht schaffen. Sie bot ihm an, statt dessen zu ihm zu kommen, damit er keine Zeit verliere – ein weiteres Signal ihrer Bereitschaft, keine Mühe für ihn zu scheuen. Er war einverstanden und sagte, wenn sie einkaufe, werde er dafür aufkommen und das Abendessen kochen. Statt sein Angebot, sich an der Arbeit zu beteiligen, erfreut anzunehmen, sagte sie, sie habe noch Reste zu Hause, die sie mitbringen werde, damit er nicht zu kochen brauche.

Am nächsten Morgen eröffnete er ihr, daß er nicht vorhabe, sich ernsthaft mit ihr einzulassen. Sie fühlte sich vernichtet.

Selbst in der heutigen relativ freien Atmosphäre war diese

Frau *zu* beflissen, *zu* bereitwillig, *zu* entgegenkommend, *zu* nachgiebig und all dies *zu* früh. Ihre Bereitschaft, sich unterzuordnen, verriet ihm, wie gering ihr Selbstwertgefühl war. Sie tat alles, um diesem Mann den Eindruck zu vermitteln, daß sie sich selbst für einen übriggebliebenen Rest hielt, genau wie das Essen, das sie ihm mitbrachte. Und ich vermute, daß er sie von Anfang an, als sie sich ihm buchstäblich an den Hals warf und ihr fehlendes Gefühl für Grenzen verriet, als total vereinnahmend empfand. Hätte diese Beziehung angedauert, kann man sich leicht vorstellen, wie die Machtverteilung ausgesehen hätte.

Im folgenden Fall wurde das Ungleichgewicht der Macht ebenfalls sehr früh etabliert. Nach ihrem ersten Rendezvous, das beglückend gewesen war, brachte der junge Mann die junge Frau in einem Taxi nach Hause. Auf der Fahrt nahm er ihre Hand in die seine und hielt sie auf seinem Schoß. Dies war vor etlichen Jahren, vor der »sexuellen Revolution«, und ihr war äußerst unbehaglich zumute, als sie merkte, daß sie einen erigierten Penis berührte. Aber trotz ihrer Verlegenheit wagte sie es nicht, ihre Hand wegzuziehen. »Was ist, wenn ich mich täusche?« dachte sie. »Was wird er von mir denken?« Dieses Paar heiratete sehr bald, und die ziemlich lange dauernde Ehe war durch einen ausgeprägt sado-masochistischen Stil gekennzeichnet und endete damit, daß er sie verprügelte, vergewaltigte und daß sie sich schließlich – aus ihrer Sicht nicht zu früh – scheiden ließen. Rückblickend wird erkennbar, daß die Machtverteilung schon beim ersten Rendezvous festgelegt wurde, als sie ihm die Botschaft vermittelte: Ich spiele mit, ich mache dir keine Probleme, ich tue, was immer du willst, dein Wille geschehe.

Ich habe darauf hingewiesen, daß die Frauen aufgrund ihrer Geschichte und Akkulturation für eine masochistische Rolle konditioniert sind, und dies ist nirgends klarer als im sexuellen Bereich. Bis vor kurzer Zeit wurde von den Frauen erwartet, daß sie als Jungfrauen in die Ehe gingen, und dieser Mangel an Erfahrung bewirkte, daß sie an sexueller Unwissenheit litten.

Sie wußten über sexuelle Dinge einfach nicht Bescheid. Dies gab ihnen wiederum das Gefühl, in der sexuellen Begegnung keine Rechte zu haben. Sowohl Frauen als auch Männer verfuhren in der Annahme, daß es die Männer seien, die in den sexuellen Dingen das Sagen haben. Die Frauen hielten es für ihre Aufgabe, in diesem Bereich wie in so vielen anderen zu kapitulieren; sie wurden angewiesen, sich ihren Ehemännern unterzuordnen.

Bis vor wenigen Jahrzehnten basierten Eheschließungen oft auf wirtschaftlicher Notwendigkeit, auf dem Verlangen, es im Leben zu etwas zu bringen, und nicht auf Anziehung zwischen zwei Menschen; und Frauen waren oft so schlecht situiert, daß sie sich um finanzieller oder sozialer Vorteile willen als sexuelles Tauschobjekt anbieten mußten. Es war wichtig für eine Frau zu versuchen, jedem Mann, der als guter potentieller Ehemann erschien, zu gefallen oder ihn für sich zu gewinnen – sicher nicht, ihn herauszufordern. Diese Art von pragmatischem Verhalten trug jedoch nicht dazu bei, ihre sexuellen Befürchtungen zu beschwichtigen. Das fatale Mißverhältnis der Macht, unter dem Frauen litten, wurde im sexuellen Bereich durch Furcht und Unwissenheit verschärft.

Diese Umstände haben die sexuellen Reaktionen der Frau auf vielerlei Weise beeinflußt; am schwersten wiegt wohl, daß sich die Aufmerksamkeit der Frauen von ihren eigenen Bedürfnissen und Gefühlen abgewandt und statt dessen darauf gerichtet hat, den Männern gefällig zu sein. (Dies erklärt die große Zahl »frigider« Frauen in der Vergangenheit, eine unfaire und völlig falsche Bezeichnung, die den männlichen Standpunkt widerspiegelt. Richtiger wäre es gewesen, Begriffe wie »Impotenz» oder »Unansprechbarkeit« zu benutzen.) Frauen sind so verunsichert in bezug auf ihre eigenen Reaktionen, daß es ihnen oft schwerfällt, genau zu spüren, was eine echte sexuelle Reaktion ist und was nicht. Diese Unsicherheit wurde durch all die »Experten« nicht verringert, die sich öffentlich und wortreich darüber ausgelassen haben, was Frauen wollen, vorziehen und erwarten *sollten*.

Pornographie ist eine wachsende gesellschaftliche Macht, die die Überzeugung der Frau verstärkt, daß die Rolle der sexuellen Masochistin richtig und angemessen für sie ist. Pornographische Filme und Photos zeigen die Frau im allgemeinen, wie sie dem Manne dient, eine unmißverständliche Demonstration ungleicher Macht: Die Frau befolgt die Anweisungen des Mannes und tut Dinge, um ihm Lust zu bereiten. In der Pornographie werden zunehmend auch Männer gezeigt, die Frauen beim Geschlechtsakt Schmerzen zufügen, sie fesseln, schlagen oder in einer anderen gewalttätigen Weise angreifen. Dies ist äußerst destruktiv für Frauen, da es die Vorstellung unterstützt, daß sie minderwertig seien und kein Recht hätten, in einer sexuellen Beziehung eigene Wünsche zu äußern.

In welchem Ausmaß Frauen dazu gebracht werden können, solche selbstschädigenden Auffassungen zu verinnerlichen, zeigte sich kürzlich in einer Leserbriefspalte der feministischen amerikanischen Zeitschrift *Ms*. In mehreren Briefen wurde auf eine vorangegangene Zuschrift einer Frau reagiert, die geschrieben hatte, daß sie es genieße, von ihrem Mann versohlt zu werden. Mehr als eine Frau äußerte sich im Sinne der folgenden Zuschrift: »Ich bin unverheiratet und konnte mein Verlangen [geschlagen zu werden] bisher nur mit einem Partner ausleben, durchgehend mit fabelhaften Ergebnissen. Wenn wir in dieser speziellen Hinsicht einen Rollentausch versuchten, fanden wir das beide nicht aufregend.«

Die sexuelle Impotenz einer Frau ist der äußerste Ausdruck von sexuellem Masochismus. In einem solchen Fall hat sie aus Furcht ihre sexuelle Reaktionsfähigkeit eingebüßt: eine allgemeine, alles einschließende Furcht vor ihrem Partner; Furcht vor seinen sexuellen Wünschen; Furcht, sich selbst zu behaupten und ihm zu verweigern, was er will; Furcht, sich durchzusetzen und ihn um Dinge zu bitten, die ihr Lust bereiten würden. Diese Befürchtungen sind Bestandteil aller Äußerungen von sexuellem Masochismus bei Frauen, wiewohl sie nicht immer so fatale Ergebnisse zeitigen. Sind sie in weniger ausgeprägter Form vorhanden, dann geben diese selben Befürchtungen den Frauen das Gefühl, alles mitmachen zu müssen, was sich Männer sexuell wünschen, mit der Folge, daß sie ihre eigenen Vorlieben hintanstellen. Wann immer eine Frau das tut, verhält sie sich masochistisch. Sexuelle Impotenz kann auch darauf zurückzuführen sein, daß eine Frau (aus nichtsexuellen Gründen) einen Mann gewählt hat, der ihr nicht gefällt oder der sie im sexuellen Bereich nicht zu gewinnen versucht, sondern nur an sich denkt.

Ebenfalls am äußersten Ende des Kontinuums sexuell-masochistischen Verhaltens befand sich eine meiner Patientinnen, die sehr leicht hypnotisierbar war und sich wegen ihres Übergewichts an einen Hypnotiseur um Hilfe gewandt hatte. Am Ende arbeitete sie für ihn ohne Bezahlung und diente ihm gleichzeitig als gefügige Sexualpartnerin. Die Therapie errettete sie aus dieser Beziehung, aber sie ließ sich bald darauf mit einem anderen Mann ein, der eine besonders beunruhigende Gewohnheit hatte: Sobald er dem Orgasmus nahe war, packte er sie am Hals und drückte zu. Zum Glück gelang es ihr in der Behandlung bei mir, sich aus dieser Beziehung zu befreien, bevor sie ernstlichen Schaden nahm. Aber die Möglichkeit der Gewalttätigkeit war in der Verbindung mit diesem Mann offensichtlich ständig präsent, und sie ließ sich darauf ein, mit dieser Gefahr zu leben.

Eine andere Patientin, die zu sehr masochistischem Sexualverhalten neigte, war durch das sadistische Verhalten ihrer Eltern zur Masochistin geworden. Sie mißhandelten sie als Kind fürchterlich und ketteten sie manchmal bis zu einer Woche lang an ihrem Bett fest. Als Halbwüchsige machte sie auf der Straße Männerbekanntschaften und ging mit jedem nach Hause, der sie dazu aufforderte. Manchmal kam es dabei zu kurzen sexuellen Kontakten, worauf sie wieder wegging. In einigen Fällen wurde sie mehrere Tage lang gefangengehalten und sexuell benutzt und mißbraucht, bevor es ihr gelang zu entfliehen. Keines dieser Erlebnisse bereitete dieser jungen Frau, die ein sehr isolierter, entfremdeter Mensch war, sexuellen Genuß. Ihre sexuellen Beziehungen waren eine Form der Bestrafung, etwas, von dem ihre Eltern sie gelehrt hatten, daß sie es verdiene. Aus diesen sexuellen Kontakten ging klar hervor, daß sie sich als äußerst minderwertig, als Abschaum empfand. So traurig das auch klingt, ich halte es für möglich, daß ihr diese Begegnungen karge Gefühle der Zuwendung vermittelten und daß sie für das vorübergehende und fragmentarische Gefühl einer Beziehung mit Sex bezahlte. Jedenfalls waren die Beschädigungen, die sie sich dadurch zuzog, wahrlich ein hoher Preis dafür.

Masochistische Frauen sind Wundensammlerinnen; sie sammeln Kränkungen, Verletzungen und Kummer. Im sexuellen Bereich ziehen sich solche Frauen oft eine Geschlechtskrankheit nach der anderen zu (eine meiner Patientinnen sagte von sich, daß sie »Mösenfäule« habe); es sind Frauen, die wiederholt Abtreibungen vornehmen lassen müssen. Sie sammeln sexuelle Wunden. Die Frau mit der »Mösenfäule« war übrigens mit einem sehr autoritären Mann verheiratet, der sie ständig herumkommandierte (was sie sich bereitwillig gefallen ließ). Nach ihrer Trennung von ihm ließ sie sich mit einer Reihe kleiner Ganoven ein.

Caroline war eine brillante, attraktive junge Anwältin, die kurz nach einer Abtreibung in äußerst depressivem Zustand zu mir kam. Ihre Schwangerschaft war die Frucht einer sexuellen Beziehung mit einem verheirateten Mann gewesen, der mit ihr studiert hatte und schließlich in derselben Firma gelandet war wie sie. Dieser Mann hatte stets sarkastische und abfällige Bemerkungen auf Carolines Kosten gemacht, und sie hatte das Gefühl, daß er sie nicht mochte. Dennoch hatte er eines Tages, als sie allein in einem Konferenzsaal zurückblieben, die Tür abgesperrt, und sie hatten auf dem langen Tisch in der Mitte des Saales miteinander sexuell verkehrt. Caroline hatte keinen wirklichen Genuß davon, aber dieser Vorfall wiederholte sich danach immer wieder. Sie sahen einander an keinem anderen Ort, er hatte immer noch kein freundliches Wort für sie, sie trafen sich nur regelmäßig im Konferenzsaal und trieben es miteinander. Caroline unterwarf sich diesem höchst außergewöhnlichen Verhalten, obwohl sie es erniedrigend fand. Als sie entdeckte, daß sie schwanger war, sagte sie es ihm nicht, denn sie wußte, daß er sie entweder verspotten oder leugnen würde, daß das Kind von ihm sei.

Menschen, die sich Schmerz zufügen lassen müssen, um sexuell stimuliert zu werden, sind ernstlich neurotisch. Ich vermute, daß in ihrer Kindheit eine Verbindung zwischen Schmerz und erotischer Empfindung hergestellt wurde. Eine Frau berichtete mir z.B., daß sie es mochte, zur Einleitung des sexuellen Vorspiels geschüttelt und geohrfeigt zu werden. Die sexuelle Stimulierung wirkte dann beruhigend, tröstlich und schließlich erregend auf sie. Wurde sie nicht so grob behandelt, dann genoß sie das Vorspiel nicht und brauchte sehr lange, um hinreichend erregt zu werden. Dies ist ein weiteres Beispiel dafür, daß Probleme, die im sexuellen Bereich auftreten, selten rein körperlicher Natur sind. Diese Frau durchlebte nach dem Prinzip der Übertragung immer aufs neue die Umstände ihrer frühen Beziehung zu ihrer Mutter, die sie abwechselnd bestrafte und schlug, um sie danach reuig zu umarmen und ihr in verführerischer Weise zu verzeihen. Ich möchte sogar behaupten, daß Frauen, die ein solches, übrigens nicht seltenes Verhaltensmuster aufweisen, kaum je echte sexuelle Erregung empfinden. Wahrscheinlicher ist, daß sie ein Tauschgeschäft machen: Sie erdulden Schmerz im Gegenzug für physische Nähe und eine Art von Zuwendung, die sie auf keine andere Weise bekommen könnten.

Weniger gravierende Formen von sexuellem Masochismus liegen vor, wenn es eine Frau beispielsweise vermeidet, die sexuelle Initiative zu ergreifen, weil sie fürchtet, daß der Mann schlecht von ihr denken oder sich vielleicht über sie lustig machen könnte. Immer darauf zu warten, daß der Mann initiativ wird, ist eine Form der Selbstbestrafung. Wenn eine Frau glaubt, daß sie, gleichgültig, wie sie sich fühlt, niemals Sex ablehnen dürfe, so ist dies in anderer Weise selbstbestrafend und stellt eine weitere Variante furchtbedingten masochistischen Verhaltens dar.

Wenn eine Frau beim Liebesakt geküßt und in den Armen gehalten werden möchte, aber sich scheut, den Wunsch nach physischer Zärtlichkeit und einem längeren Vorspiel zu äußern, da sie weiß, daß der Mann es eilig hat, sexuell zur Sache zu kommen, dann ist auch dies sexueller Masochismus. Wenn sie beim Koitus eine bestimmte Stellung bevorzugt, aber diesen Wunsch nicht zu äußern wagt, ist dies eine weitere Manifestation desselben destruktiven Syndroms. Es ist masochistisch, wenn sich eine Frau fürchtet, mit einem Mann über Empfängnisverhütung zu sprechen, oder jemand, den sie nicht gut kennt, nach Geschlechtskrankheiten zu fragen. Kurz, wenn eine Frau eine Veränderung der sexuellen Begegnung wünscht, aber nicht darum zu bitten wagt, oder wenn sie Informationen haben möchte, aber sich fürchtet, sie zu verlangen, dann zeigt sie sexuell masochistisches Verhalten. Damit will ich keinesfalls sagen, daß eine Frau *immer* ihren Willen durchsetzen sollte. Aber sie hat sicher das Recht, dies gelegentlich zu tun.

Man könnte glauben, daß sexueller Masochismus in nichtehelichen Beziehungen seltener sei als in der Ehe, die bestimmte Verpflichtungen und Ansprüche mit sich bringt, in erster Linie das Einverständnis mit einer sexuellen Beziehung. Unverheiratete Frauen, die eine sexuelle Beziehung eingehen, sollten in gewissem Sinn freier sein, eher imstande, ihren freien Willen auszuüben. Ich finde es erstaunlich und betrüblich, immer wieder zu beobachten, daß unverheiratete Frauen, sobald sie eine dauerhafte sexuelle Beziehung haben, die negativsten Aspekte des Verhaltens verheirateter Frauen annehmen: Sie scheuen sich, sexuelle Ansprüche zu erheben, sie schreiben ihren eigenen sexuellen Interessen einen niedrigen Stellenwert zu, und sie beugen sich den Erwartungen ihrer männlichen Partner, obwohl sie keinesfalls dazu verpflichtet sind. Sie sind ebenso rasch bereit, sich sexuell zu verleugnen, wie Frauen, die sich durch die Ehe dazu gezwungen fühlen.

Eileen kam nach New York, um ihrem Liebhaber nahe zu sein, der in der Stadt Medizin studierte. Ebenso wie viele der jungen Frauen, von denen ich gesprochen habe, war sie intelligent und attraktiv und hatte eine gute berufliche Stellung. Als sie ihre Behandlung bei mir begann, bemühte sie sich zunächst, den destruktiven Charakter ihrer Beziehung zu dem jungen Mann zu verbergen, und erst allmählich wurde deren extreme Unausgewogenheit deutlich. Da der junge Mann eifrig studierte, hatte es sich eingebürgert, daß er Eileen nicht von ihrer Wohnung abholte, wenn sie miteinander ausgingen, und er rief auch nicht vorher an und nannte eine Zeit, wann sie sich sehen könnten. Sie hatte einfach sexuell und in jeder anderen Hinsicht verfügbar zu sein, wann immer er Zeit hatte. So rief er beispielsweise eine halbe Stunde vor Beginn eines Films an und sagte: »Ich möchte diesen und diesen Film sehen. Kannst du kommen?«

Ihre sexuellen Kontakte waren nie wirklich liebevoll. Sie gingen miteinander ins Bett, wenn sie zusammen waren, weil er da Zeit hatte. Der Sex sei in Ordnung, sagte sie, als ich sie danach fragte. Ich schloß daraus, daß er wahrscheinlich sexuell tat, was er wollte, und da es ihr nicht wirklich gegen den Strich ging oder sie störte und sie ein wenig Zuwendung dadurch bekam, war es in ihren Augen »in Ordnung«. Sicher bereitete es ihr aber keinen großen Genuß, und ich vermute, daß sie keinen Orgasmus hatte, obwohl sie das niemals so direkt zugab. Trotz des Mangels an Achtung, Zärtlichkeit oder befriedigendem Sex, der diese Beziehung kennzeichnete, hielt Eileen zäh daran fest.

In einem Artikel mit dem Titel »Masochismus in Liebe und Sex«, der im *American Journal of Psychoanalysis* erschien, stellt Dominick A. Barbara die Frage, warum sich masochistische Frauen in Beziehungen mit Männern, die sie schlecht behandeln, sexuell benutzen lassen. Seine Erklärung, die ich für richtig halte, hebt die masochistische Sehnsucht nach Unterwerfung hervor und weist darauf hin, daß man in der Sexualität bekanntlich mit einem anderen Menschen verschmilzt. Der Zusammenhang zwischen dieser Sehnsucht und der ungelösten Symbiose mit der Mutter oder einer anderen erwachsenen Bezugsperson liegt auf der Hand. Die Masochistin sucht über die

Sexualität in den symbiotischen Zustand zurückzukehren, wobei sie die Phantasie hat, daß sie, wenn sie in einem anderen Menschen aufgeht und ein Teil von ihm wird, sich sicher fühlen und von ihm geliebt werden wird.

Etwas, was ich seit langem für ein fast diagnostisches Anzeichen von Masochismus halte, ist das fast unkontrollierbare Bedürfnis, unmittelbar nach dem Orgasmus zu weinen.

In einem früheren Kapitel habe ich das Weinen als eine masochistische Botschaft bezeichnet, und die Mythologie enthält zahlreiche Belege dafür, daß dieses seit langer Zeit ein Merkmal der Frauen ist. Niobe, eine Mutterfigur der griechischen Mythologie, wurde für ihren mütterlichen Stolz – sie erklärte, ihre Kinder glichen Göttern – bestraft, indem ihre Kinder getötet wurden. Als das geschah, weinte sie so sehr, daß ihre Tränen sie zu Stein verwandelten. Sie erinnert uns natürlich an Lots Frau, eine sichtlich abhängige Masochistin, die zu Unrecht beschuldigt wurde, sich aufgrund ihrer Geilheit nach Sodom und Gomorrha umgeblickt zu haben. Eine Dichterin, die ich kenne, hat versucht, die Geschichte richtigzustellen.

Frauen

Namenlos
wie Lots Frau
und gezwungen
ihre Heimat zu verlassen
ich weiß jetzt
daß sie zurückblickte
weil nichts vor ihr lag.

Zu lange hat die Welt
behauptet
aus eigensinniger Neugier
habe sie den Kopf gewendet –
ohne unbesiegbare Bindungen
an die Heimat
auch nur zu erwägen.

Aber auch das
ist nur die halbe Wahrheit:
der Rest: daß sich kein Weg auftat.

Sie und ich
Schwestern
sind nicht vorangekommen
und die Geschichte
hat nicht verzeichnet
daß es Bäche von Tränen waren
die uns
zu Salzsäulen verwandelten.

Die Neigung zu unwillkürlichem Weinen verrät den Identitätsmangel einer Frau, ihr Gefühl der Minderwertigkeit, der Namen- und Gesichtslosigkeit, ihr Gefühl, daß sie sich den Diktaten ihres Partners beugen muß und alles zu akzeptieren hat, was er tut oder sagt. Ihre orgastische Entspannung hinterläßt bei ihr ein Gefühl noch größerer Hilflosigkeit und Verletzbarkeit als sonst, und ihre Tränen sind eine Bitte, sie in diesem wehrlosen Zustand nicht anzugreifen und ihr in diesem Augenblick, in dem Zärtlichkeit zwischen ihnen herrschen sollte, Mitgefühl und Verständnis zu bekunden.

Die Phantasie kann im Sexualleben der Masochistin eine wichtige Rolle spielen. Beischlafphantasien, darauf ist hinzuweisen, dienen bei Männern und Frauen im allgemeinen diametral entgegengesetzten Zwecken. Männer setzen gewöhnlich Phantasien ein, um sich sexuell zu aktivieren, wenn sie Probleme haben; Frauen benutzen sie, um Sex leichter *über sich ergehen lassen* zu können, wenn er unvermeidbar erscheint. Harry Stack Sullivan benutzte den Begriff »Langschluß« (im Gegensatz zu Kurzschluß) zur Bezeichnung des Vorgangs, eine Reihe komplizierter Maßnahmen zu ergreifen, um ein Ziel, das man einfach und direkt nicht erreichen kann, quasi auf Umwegen anzupeilen. Das paßt sehr gut auf die Art und Weise, wie Masochistinnen sexuelle Phantasien einsetzen. Sie brauchen die Unterstützung einer oft phantasievoll ausgesponnenen Geschichte, um imstande zu sein, entweder etwas Unerträgliches zu ertragen oder um etwas tun zu können, wozu sie ohne diese Phantasien nicht fähig wären. Eine solche Geschichte, die viele komplizierte Schritte auf ein simples Endergebnis hin umfaßt, könnte darin bestehen, sich vorzustellen, eine Prinzessin zu sein, die in den großen Saal eines prunkvollen Palastes gebracht wurde, um in die Liebe eingeführt zu werden. Die Initiation beginnt damit, daß viele Männer in prachtvollen Kostümen mit der Frau spielen, sie liebkosen und sie erregen, und endet damit, daß die Männer mit ihr koitieren.

Die Vorstellung, eine passive, fast leblose Teilnehmerin am Sexualakt zu sein, bildet den Kern der meisten masochistischen Sexualphantasien. Frauen phantasieren, gefesselt oder in einer anderen Weise in ihrer Bewegungsfreiheit eingeschränkt zu sein, so daß sie nicht imstande sind, sexuell aktiv zu werden oder den sexuellen Kontakt ganz zu verweigern. Manchmal erstrecken sich diese Phantasien darauf, vergewaltigt oder, in den extremsten Fällen gequält und vergewaltigt zu werden. Das letzte zeugt natürlich von einer schweren Pathologie. Aber die erstgenannte und häufigere Phantasie ist einfach ein weiterer Aspekt der masochistischen Grundhaltung, von der ich gesprochen habe. Sie entstammt dem gleichen Gefühl von Schuld und Angst, das die Masochistin gegenüber praktisch allem in ihrem Leben empfindet. In diesem Fall fühlt sie sich schuldig in bezug auf ihre sexuellen Wünsche und hat Angst, sich dazu zu bekennen. Schließlich würden Vater oder Mutter oder beide Eltern, diese furchterregenden Autoritätspersonen, das nicht gutheißen. Deshalb umgeht die Masochistin diese Mißbilligung, indem sie eine Phantasie ausspinnt, die sie ihres eigenen Willens beraubt. Wenn sie gefesselt und bewegungsunfähig ist, wenn sie gezwungen ist, sich vergewaltigen zu lassen, dann kann von freiem Willen nicht die Rede sein; sie kann für ihre sexuellen Kontakte nicht verantwortlich gemacht werden; sie ist de facto das Opfer des Mannes – hilflos, passiv, gefügig.

Die sexuellen Phantasien masochistischer Frauen sind manchmal höchst phantasievoll ausgeschmückt und spiegeln den größenwahnsinnigen Aspekt des Masochismus, der Masochistinnen glauben läßt, alle Augen seien auf sie gerichtet, sie seien der Mittelpunkt des Universums. Bei den Frauen kommt häufig die Figur der Prinzessin vor: Die Frau stellt sich vor, königlichen Geblüts und somit etwas Besonderes zu sein; sie phantasiert, daß ihr viele Menschen dienen, daß sie prächtige Kleider hat und sehr schön ist. Wenn sie sich etwas ganz Besonderes dünkt, dann gleicht dies ihr Gefühl eines mangelhaften Ichs und der Minderwertigkeit aus, unter dem sie leidet. Vergewaltigung kommt in vielen masochistischen Sexualphantasien vor, nicht nur, weil sie dem Opfer eine völlig passive Rolle erlaubt, sondern auch, weil sie Sex unter gewalttätigen, grausamen und schmerzhaften Umständen gestattet. Das Bedürfnis der Masochistin, bestraft zu werden, drückt sich in der sexuellen Beziehung auf diese Weise aus. Nicht überraschenderweise treten Vergewaltigungsphantasien häufig bei Frauen auf, die in ihrer eigenen Familie zum Opfer gewalttätigen sexuellen Verhaltens geworden sind. Ihre ersten sexuellen Erfahrungen waren durch Gewalt und Mißbrauch gekennzeichnet, und diese Elemente spielen auch in ihren Phantasien eine Rolle.

Die sexuellen Phantasien von Masochistinnen enthalten ein weiteres merkwürdiges und leider vorhersagbares Element. Sie kreisen fast immer um die Vorstellungen der Frau, wie sie sich für den Mann reizvoller und begehrenswerter machen könnte. Sie verwandelt sich in eine Prinzessin; sie glorifiziert ihre Erscheinung. Fast nie malt sie sich aus, was sie an einem männlichen Partner begehrenswert finden würde. In ihren Phantasien versucht sie, sich zu idealisieren, aber sie neigt dazu, den Mann im großen und ganzen so zu lassen, wie er ist. Natürlich gibt es Ausnahmen, wie etwa die Frau, die sich vorstellte, eine Prinzessin zu sein, die von Prinzen sexuell stimuliert wird. Aber selbst in diesem Fall lag der Akzent auf der passiven Hingabe der Frau an die Dinge, die mit ihr getan wurden. Die Prinzen waren nebensächlich, nicht viel mehr als die Instrumente ihrer Initiation. Diese Fixierung auf die eigene Anziehung, um einem Mann zu gefallen, hat die Frauen an der Äußerung ihrer eigenen Sexualität gehindert und ihnen den Blick dafür verstellt, was *sie* als erregend empfinden, was *sie* sich sexuell wünschen. Ich leugne nicht, daß eine Frau beim Manne Verlangen erwekken muß, damit der Liebesakt vollzogen werden kann. Aber die äußere Erscheinung ist als Mittel, um Begierde zu wecken, überbewertet worden. Es sind andere Faktoren im Spiel.

Die meisten Frauen unserer Gesellschaft leiden wahrscheinlich an einer Art von sexuellem Masochismus, da die Frauen generell von ihren eigenen Vorstellungen authentischen sexuellen Verhaltens weggeführt wurden und weil ihnen sowohl durch die Medien als auch durch die Fachwelt ein Verhaltenskatalog nahegebracht wurde, dem sie, wie man ihnen sagt, nacheifern sollten. Es ist, als hätte man ihnen Sex-Thermometer in die Hand gedrückt und ihnen gesagt, welche Temperatur die richtige ist, und als hätte man sie angewiesen, häufig nachzusehen, ob sie diese auch einhalten. Dies ist natürlich ein Irrweg und hat zur Folge, daß die Distanz zwischen den Frauen und ihrem wahren sexuellen Selbst immer größer wird.

Der einzige zuverlässige Maßstab echter sexueller Selbstverwirklichung ist das, was in den Betroffenen vor sich geht, und damit in Kontakt zu sein erfordert Selbstbeobachtung und -bewußtheit. Es kann nicht von außen diktiert werden. Alle Lebewesen sind in gewissem Sinn eigene Welten, die ein Wissen von ihren verhaltensbezogenen und physiologischen Funktionen einschließen und die auch spüren, wann diese Funktionen richtig arbeiten. Wenn sich ein Hund ein Bein bricht, braucht man ihm nicht zu sagen, daß er nicht gehen soll; er weiß, daß er es nicht kann. Er kommt gut ohne die Ratschläge von Experten aus und verfährt statt dessen nach seinem Instinkt, der ihm mitteilt, wenn etwas Ungesundes geschehen ist. Menschen verfügen über höhere perzeptive und kognitive Fähigkeiten, aber sie besitzen auch ein Maximum an Informationen über ihre eigene optimale Funktionsfähigkeit. Frauen sind im sexuellen Bereich davon abgebracht worden. Sie sind Individuen, die sich bemühen, allgemeinen Maßstäben zu genügen – mit katastrophalen Ergebnissen.

In der Vergangenheit war man wählerischer und legte größeren Wert auf individuellen Geschmack. Es wurde nicht von allen Frauen erwartet, massige Muskelprotze, die gegenwärtig als »sexy« gelten, attraktiv zu finden; ebensowenig wurde von allen Männern erwartet, durch die Bank eine bestimmte Form und Größe von Brüsten zu bevorzugen (es mußte nicht jede Frau dieselbe BH-Größe haben, um ihrer Aufmerksamkeit würdig zu sein). Aber allmählich werden unsere eigenen individuellen Kriterien dafür, was uns sexuell anspricht, ausgemerzt. Eine Frau wußte früher, ob sie einen bestimmten Mann küssen wollte oder nicht. Heute *nimmt sie an*, daß sie ihn küssen will, wenn er ein bestimmtes Aussehen hat und sie in einer bestimmten Situation sind, und sie handelt nach dieser Annahme.

Dieses Fehlen sexueller Autonomie spiegelt sich beispielsweise in einer Komödie wie Neil Simons *The Last of the Red-Hot Lovers*, in der sich eine attraktive Frau auf ein sexuelles Abenteuer mit einem langweiligen, unattraktiven Fischhändler einläßt, der ständig nach Fisch riecht und außerdem verheiratet ist. Als ein Anzeichen dafür betrachte ich auch das, was man als Mai-Dezember-Romanze zu bezeichnen pflegte, was man aber inzwischen treffender das April-Dezember-Syndrom nennen sollte, da sich ältere Männer immer jüngere Frauen angeln. Natürlich ist eine solche Liaison mit einem Tauschgeschäft verbunden. Die Frau hat ebenso etwas davon wie der Mann. Ich glaube jedoch, daß dies seitens der Frau ein masochistisches Verhalten ist, da eine sexuelle Beziehung bei einem so großen Altersunterschied gegen die natürlichen menschlichen Neigungen verstößt. Adam und Eva waren nicht umsonst etwa gleich alt. Und bis in die allerjüngste Zeit bildeten Beziehungen mit einem großen Altersunterschied die Ausnahme.

Die Überzeugung, daß eine Frau das Recht hat, sich mit einem Mann nicht sexuell einzulassen, wenn sie keine Lust dazu hat, ist im Schwinden begriffen. Die Verwässerung dieser Überzeugung und individueller Kriterien bereitet mit Sicherheit den Boden für die Keime des sexuellen Masochismus. Ich glaube, daß sich Frauen in zunehmendem Maß zu sexuellen

Handlungen bereitfinden, die ihnen kein Bedürfnis sind, daß sie sich der Macht ihres Sexualpartners bzw. ihrer Partner unterordnen und daß ihre sexuelle Autonomie dabei auf der Strecke bleibt. Sie halten sich an äußere Richtlinien, ignorieren ihre eigenen Gefühle und entfernen sich immer weiter von diesen, bis diese zuverlässigen Antennen ganz verkümmern. Auf das zu warten, was man will, sich stark genug zu fühlen, um für die eigenen Wünsche und Bedürfnisse einzutreten und vielleicht auch zu kämpfen, das ist echte Autonomie. Aber bedauerlich wenig davon wird heute von Frauen praktiziert.

Die vor einigen Jahren geführte große Orgasmusdebatte warf ein bezeichnendes Licht auf den Konflikt zwischen individuellen Kriterien und der Meinung von »Experten« und illustrierte auch die Idee des sexuellen Thermometers, jenes Maßstabs, dessen regelmäßige Benutzung und strikte Beachtung den Frauen empfohlen wurde. (Nur wenige wissen, daß William Masters, einer der beiden »Halbgötter« auf dem Felde der sexuellen Reaktionen, Masters und Johnson, seine Arbeit mit der Erforschung der Onaniegewohnheiten von Prostituierten begann. Vielleicht erfuhr er dadurch einiges über die sexuelle Physiologie, aber es hatte wenig mit dem Liebesakt zu tun, bei dem die Beziehung zu einem anderen Menschen und Gefühle und Reaktionen auf diesen vorhanden sind.) Es wurde über die sexuellen Reaktionen der Frauen diskutiert, und aus dieser Debatte gingen weitere allgemeine Normen hervor: Frauen *sollten* das empfinden und jenes *nicht*, wenn sie dies empfänden, dann sei es richtig, wenn sie jenes empfänden, sei es falsch usw. Der Gedanke drängte sich mir auf, als diese Diskussion tobte, wie unnötig all das wäre, wenn die Frauen keine solche Entfremdung von ihren eigenen Gefühlen erlitten hätten. Denn eine Frau, die eine echte orgastische Reaktion erlebt, bedarf keiner Versicherung von außen, daß ihre Empfindungen wirklich oder höherwertig oder legitim seien. Sie weiß, was echt ist und was nicht. Aber wenn eine Frau auf dieses Wissen selbst verzichtet, wenn sie von ihren eigenen Vorlieben zugunsten von Empfehlungen eines Buches über Sexualtechniken oder eines

Films oder eines »Experten« abrückt, wenn sie mit anderen Worten ihre sexuelle Autonomie aufgibt, dann verhält sie sich in sexuell masochistischer Weise.

8

Sadomasochistische Partnerbeziehung

Als ich kürzlich an einem warmen Tag in einem Park von New York spazierenging, beobachtete ich einige Leute beim Tennis und fühlte mich an die Tennisanalogie erinnert, die ich zur Beschreibung bestimmter masochistischer Kommunikationsweisen herangezogen habe. Einer der Spieler des gemischten Doppels war wie ein Panzer gebaut. Äußerst massig, die runden Konturen seines Körpers durch keinerlei Vorsprünge verunziert (nicht einmal seine Nase ragte aus seinem rundlichen Gesicht hervor), machte er den Eindruck, als könne er jedem Angriff widerstehen. Seine Technik war recht schlecht; er spielte aggressiv und drosch den Ball mit Holzhackerbewegungen übers Netz, statt auszuholen und ihn mit einer runden Bewegung zu treffen. Aber er hatte offensichtlich etwas in seinem Verhalten, was die anderen Spieler aus dem Tritt brachte, obwohl sie ihm überlegen waren, und so gewann er wiederholt. Später, in einem Einzelspiel mit einem Mann, der ebenfalls besser spielte, traten seine aggressiven Taktiken noch deutlicher zutage. Er raste jedem Ball nach, als ob es eine Frage von Leben und Tod sei, schmetterte die Bälle in die Ecken des Platzes und gab sich nicht den geringsten Anschein, bloß an einem freundschaftlichen Spiel beteiligt zu sein, dem man durch gelegentliche Volleys mehr Geschmack abgewinnen kann. Und allmählich wurde der andere, bessere Spieler demoralisiert und begann zu verlieren. Genau dies, dachte ich, geschieht zwischen einem masochistischen und einem sadistischen Partner, insbesondere in einer Ehe. Die Masochistin kann ihrem Partner in noch so vieler Hinsicht überlegen sein, in dem Maße, in dem der Sadist seine verletzenden Tricks ausspielt, werden diese Vorzüge zunichte. Je öfter sich die Masochistin der Macht des anderen unterwirft, desto ungeschickter und selbstzerstörerischer wird sie.

Nirgends zeigen sich die Folgen der historischen und gesellschaftlichen Kräfte, die die Frauen zum Masochismus prädisponieren, deutlicher als in der Ehe. Der Brief von Paulus an die Epheser, ein Abklatsch des oben zitierten Briefs von Petrus, bildet die Grundlage für die Ungerechtigkeiten, die häufig zwischen Ehemännern und ihren Frauen existieren. »Ehefrauen«, schreibt Paulus, *»unterwerft Euch* [Hervorhebung durch N.S.] Euren Ehemännern wie unserem Herrn.« Die Unterwerfung, von der Paulus spricht, bezieht sich in erster Linie auf die Sexualität, aber damit kein Zweifel bleibt, daß sie auch alle übrigen Bereiche des ehelichen Lebens einschließt, fügt er hinzu: »Denn der Mann ist das Haupt der Frau, wie Christus das Haupt der Kirche ist.« »Haupt« hat in diesem Zusammenhang mehr als eine symbolische Bedeutung: Der Ehemann ist der Herrscher über die Frau, derjenige, der Macht über sie besitzt; er ist auch der Denker, derjenige mit genügend Hirn für alle beide. Obwohl Paulus seine Ermahnung etwas abschwächt, indem er die Ehemänner anweist: »Liebet Eure Frauen so, wie Christus die Kirche liebte und sich für sie hingab«, fordert er die Ehefrauen auf, ihre Männer nicht nur zu lieben, sondern sie auch zu *verehren*, ein weiteres Zeichen der höheren Stufe, auf die er den Mann stellt. Ich kann mich des Gefühls nicht erwehren, daß Paulus mit dem von ihm geschilderten Arrangement zum Wegbereiter der sado-masochistischen Ehe wurde (und er erhielt natürlich genügend Unterstützung von anderen). Denn wenn man den einen Partner mit Macht ausstattet und sie dem anderen vorenthält, dann hat man damit praktisch die Garantie, daß ein starkes Ungleichgewicht zwischen ihnen bestehen wird. Die Tatsache, daß Ehemänner oft Sadisten und Ehefrauen Masochistinnen sind, ist auf diese ungleiche Machtbalance in der Ehe zurückzuführen. Die sado-masochistische Ehe ist durch ein ständiges Ringen zwischen den beiden Parteien gekennzeichnet, die sich in einer Art von primitivem Machtkampf ineinander verbeißen.

Ich hörte einmal einige alleinstehende Männer über Frauen sprechen; einer sagte: »Frauen fühlen sich offenbar zu Männern hingezogen, die sie schlecht behandeln. Es fällt mir sehr schwer, das zu verstehen.« Wahrscheinlich konnte er es einfach deshalb nicht verstehen, weil er ein Mann war. Das frühe und lastende Gewicht der Erziehung zur Unterordnung, die Frauen zuteil wird, ist für ihn unbegreiflich. Aber was ihm vielleicht auch entgangen sein könnte, ist der Begriff des Wiederholungszwangs, der Tendenz, Beziehungen mit gegenwärtig vorhandenen Personen einzugehen, die eine psychische Ähnlichkeit mit bedeutsamen und mächtigen Figuren der Vergangenheit haben.

Es ist ein verbreiteter psychoanalytischer Irrtum zu glauben, daß sich Menschen einen Partner wählen, der sie an den andersgeschlechtlichen Elternteil erinnert. Ich bin der Ansicht, daß Menschen im allgemeinen einen Ersatz für den mächtigeren Elternteil heiraten, den Elternteil, dessen Verhalten den stärksten Eindruck auf sie machte. Das Geschlecht dieses Elternteils ist irrelevant. Masochistinnen neigen dazu, Ersatzfiguren für den gefährlicheren, verletzenderen Elternteil zu wählen. Eine Masochistin, die einen Mann kennenlernt, der ihren Wiederholungszwang in Gang setzt, gibt sich der Illusion hin, daß er stark sei. Sie kennt sich selbst als schwach, sie bewundert Stärke, und sie glaubt, sie in ihm gefunden zu haben. Was sie als Stärke ansieht, ist höchstwahrscheinlich dieselbe Art von Kälte oder Grausamkeit, die ihren verletzenden Elternteil kennzeichnete.

Eine Patientin gab mir die folgende Beschreibung ihres ersten Eindrucks von ihrem künftigen Ehemann: »Er war wenig mitteilsam, aber ich hielt das für ein Anzeichen von Selbständigkeit und Unabhängigkeit. Ich bewunderte das. Ich dachte, es bedeute, daß er stark sei.« Tatsächlich erwies sich ihr Mann als

mann bezieht seine Selbstachtung aus der Abwertung, Demütigung und der Kritik seiner Frau. Die masochistische Frau gewinnt ihr karges Selbstwertgefühl durch ein gelegentliches freundliches oder zumindest nicht abwertendes Wort ihres Mannes. Es wurde bemerkt, daß masochistische Frauen den Preis des Leidens in einer sadomasochistischen Beziehung bezahlen, um sich das zu erkaufen, was sie für Liebe halten. Ich würde hinzufügen, daß es einer Frau, die durch den Wiederholungszwang veranlaßt wurde, einen sadistischen Mann zu heiraten, sehr schwerfällt, die vorherrschende negative Einstellung, die das Verhalten ihres Mannes bestimmt, zu begreifen. Sie bleibt in der Illusion gefangen, daß die Ehe als eine Liebes- und nicht eine Haßaffäre begann.

Der sadistische Partner in einer solchen Ehe fühlt sich genauso elend wie seine Frau, obwohl das nach außen hin vielleicht nicht sichtbar wird, da er derjenige ist, der alle Schläge auszuteilen scheint. Sein Opfer, die masochistische Frau, wird seinem Bedürfnis preisgegeben, eine Gefährtin im Elend zu haben. Der Sadist zeigt nach außen hin meist auch wenig von den Schuldgefühlen, die die Masochistin so offen vor sich herträgt. Aber auch er leidet unter einem starken Gefühl der Schuld, wenn dieses auch oft unbewußt bleibt, und hat ein Bedürfnis nach Bestrafung.

Die sadomasochistische Ehe und ihre schädlichen Auswirkungen auf beide Partner wurde eindringlich in Federico Fellinis Film *La Strada* gezeigt. Eine halbwüchsige Tochter wird von ihrer Mutter an den Prinzipal eines Wanderzirkus verschachert, einen Mann, den sie beide nicht kennen. Diese Beziehung beginnt für die Tochter zwangsläufig unter masochistischen Vorzeichen, da sie mit dem Gefühl der Verlassenheit in diese eintritt. Die Handlungsweise ihrer Mutter hat ihr gezeigt, daß sie sie nicht liebt und daß ihre Mutter bereit ist, sie auszubeuten, um sich gegen ihre eigene Armut zu behaupten. Die junge Frau, die das Horn spielt, ist ein sensibles, zärtliches Geschöpf, und als sie und der Zampano zum ersten Mal miteinander schlafen, weckt dies Liebe in ihr und die Erwartung, daß sie eine enge und fürsorgliche Beziehung zueinander aufbauen. Er teilt ihre Gefühle jedoch nicht, und als sie erfährt, daß er eine andere Frau hatte, ist sie zutiefst verletzt und verzweifelt. Sie erfährt dann auch, daß er einen Mann getötet hat, und leidet schrecklich unter dieser Erkenntnis; sie versucht einmal zu entfliehen, kapituliert aber schließlich und kehrt zu ihm zurück; sie bekommt einen Schluckauf, ein psychosomatischer Ausdruck ihrer Unfähigkeit, ihre Not völlig für sich zu behalten; sie wird zunehmend kränker, und er reagiert, indem er immer wortkarger wird und für sie zu sorgen versucht; er setzt sie schließlich am Straßenrand aus und läßt sie zurück. Als er einige Zeit später an dieselbe Stelle zurückkehrt und nach ihr fragt, hört er, daß sie gestorben sei. Auf diese Nachricht reagiert er mit Verstörung. Fellini zeigt besonders eindringlich, daß der sadistische Partner in einer sadomasochistischen Ehe genauso bedauernswert ist wie die Masochistin und daß auch er, obwohl er derjenige ist, der die Strafen austeilt, selbst Schaden nimmt. Die Beziehung zerstört letzten Endes beide Partner.

Im Verlauf des Machtkampfes zwischen den Partnern in einer solchen Ehe hat es manchmal den Anschein, daß sie die Rollen tauschen; bei der Frau zeigen sich dann sadistische Elemente und beim Mann masochistische. Eine Frau, die von ihrem Mann wiederholt degradiert wurde, entschließt sich vielleicht eines Tages, sich zu wehren, und wenn sie das tut, wird ihr Angriff durch Wut gespeist.

Eine meiner Patientinnen war eine sensible Frau, die von ihrem Mann ständig kritisiert wurde. In gewissen Abständen erreichte ihre Wut einen bestimmten Intensitätsgrad, und sie explodierte. Einmal geschah dies, als sie abends zu Bett gingen. Er begann seine Litanei der Kritik daran, wie sie den Haushalt führte, mit Geld umging, die Kinder disziplinierte und sich im Bett verhielt. Wutentbrannt setzte meine Patientin ihrem Mann die Füße gegen den Leib und stieß zu, so daß er zu Boden fiel. Dieser Vergeltungsangriff war natürlich relativ harmlos verglichen mit manchem, worüber man in den Zeitungen liest: Frauen, die nicht länger imstande waren, ihre Empörung über ihre ständige schlechte Behandlung zu unterdrücken, sind auf ihre Männer losgegangen und haben sie getötet.

Verhalten dieser Art hat zu der Theorie geführt, daß jeder Mensch sowohl sadistische als auch masochistische Tendenzen habe. Ich teile diese Auffassung jedoch nicht. Das Zurückschlagen der masochistischen Frau, ihr Wutausbruch ist eher darauf zurückzuführen, daß sich selbst der getretene Wurm aufbäumt, wenn er so viel hingenommen hat, wie er ertragen kann. Die Empörung hat dann einen solchen Grad erreicht, daß das Leben keinen Sinn mehr hat und jedes Risiko akzeptabel erscheint. Das Motiv ist in diesem Fall also Verzweiflung, nicht Sadismus.

Kürzlich stieß ich auf ein besonders krasses Beispiel sadomasochistischer Interaktion in einem Zeitungsartikel über einen Scheidungsprozeß, in dem die Frau behauptete, das Hauptproblem ihrer Ehe sei die »autoritäre Dominanz ihres Mannes« gewesen. Diese Formulierung erschien mir äußerst schonend, als ich weiterlas. Der Ehemann, ein Arzt, disziplinierte seine Frau mit Hilfe von Strafpunkten; 40 Strafpunkte setzte es beispielsweise, sooft sie die Terrassentür offenließ. Für jeden Strafpunkt verlangte er von seiner Frau den Arbeitslohn einer Stunde. Um Strafpunkte zu vermeiden, mußte sie ihr Haar nach seinen Angaben schneiden, ihr Gewicht reduzieren, ihre Stimmlage senken, sich zum Filmfan entwickeln und Tanzstunden nehmen. Als sei dies noch nicht genug, mußte die Frau auch, während ihr Mann Medizin studierte, seine Arbeiten tippen, die Wohnung sauberhalten und das Essen kochen, die Autos der Familie in Schuß halten und den Lebensunterhalt für beide verdienen. Sie und ihre Eltern hatten auch, wie die Frau berichtete, 32 800 Dollar zu den Studienkosten ihres Mannes beigetragen.

Dieser Fall illustriert nicht nur die sadomasochistische Ehe in voller Blüte, sondern wirft auch ein bezeichnendes Licht auf eine leider typische Haltung der Gerichte. In seinem Scheidungsurteil sprach der Richter der Frau 24 600 Dollar mit der Bemerkung zu, daß dies »ein sehr klarer Fall einer Frau [sei], die einem jungen Mann sein Medizinstudium finanziert [habe] und jetzt eine Entschädigung für all diese Jahre« zurückfordere. Der Richter ging mit keinem Wort auf die offensichtlichen Qualen ein, die diese Frau erduldet hatte, und ebensowenig auf das merkwürdige Unterdrückungssystem, das ihr Mann anwandte. Und die finanzielle Entschädigung war um 8000 Dollar geringer, als sie und ihre Familie aufgewendet hatten, und berücksichtigte in keiner Weise die ganze zusätzliche Arbeit, die diese Frau während des Studiums ihres Mannes im Haushalt und im Berufsleben geleistet hatte. Richter sind nur zu häufig ohne Mitgefühl und ungerecht gegenüber Frauen.

Man denke an den Fall, der kürzlich in Colorado passierte, bei dem ein Richter einen Mann, der seine Frau *getötet* hatte, zu zwei Jahren Gefängnis verurteilte, ein Fall, der eine riesige Protestwelle auslöste. Der Mann behauptete, seine Frau habe ihn dazu provoziert, sie zu töten, indem sie ohne Warnung die gemeinsame Wohnung verlassen habe (wir haben in der Tat einen traurigen Zustand erreicht, wenn jede Frau, die einem sadistischen Mann zu entfliehen sucht, ihn über ihre Absichten unterrichten müßte). Die Argumentation des Beklagten fand offensichtlich wohlwollendes Gehör, obwohl die Vertreter der Anklage den Nachweis geführt hatten, daß die Frau in der Ehe laufend mißhandelt worden war. Der Furor, der durch das Urteil zu zwei Jahren Gefängnis ausgelöst wurde (unter den Protestierenden befanden sich auch der Gouverneur von Colorado und seine Frau), veranlaßten den Richter schließlich zu einer Revision – die Strafe wurde in *vier* Jahre abgeändert, womit das Leben der getöteten Frau immer noch sehr billig bewertet war.

Richter haben bisher auch gezögert, den Tatbestand der ehelichen Vergewaltigung anzuerkennen, obwohl er zweifellos existiert. Längere Zeit hindurch war ironischerweise Israel das einzige Land, dessen Gerichte einen Ehemann wegen Vergewaltigung verurteilt hatten. In jüngster Zeit wurde auch von einem New Yorker Gericht ein Urteil wegen ehelicher Vergewaltigung ausgesprochen.

Relativ geringfügig, aber dennoch sehr verletzend war die Taktlosigkeit des Mannes, der getrennt von seiner Frau bei einem Fest eintraf und jede der anwesenden Frauen mit einem Kuß auf den Mund begrüßte, aber als er bei seiner Frau ankam, sich abwandte und ihr keinen Kuß gab. Diese verbreitete Taktik sadistischer Ehemänner rief nicht nur Eifersucht in ihr hervor, sie bedeutete eine Demütigung im sexuellen Bereich, einer besonders heiklen Sphäre. Derselbe Ehemann weigerte sich, anzuhalten, als seine Frau auf einer Autofahrt die Toilette benutzen mußte. Als sie schließlich zu Hause ankamen und sie ihn bat, die Tür rasch aufzusperren, schob er es hinaus, den Schlüssel ins Schloß zu stecken, hüpfte statt dessen von einem Fuß auf den anderen und verspottete sie in ihrer Not.

Eine andere Frau berichtete mir, ihr Mann habe sie gedemütigt, indem er ihr nie ein Wort der Anerkennung sagte, was immer sie auch tat. Diese Frau, die »nur eine Hausfrau« war, berichtete: »Ich bemühe mich so sehr, ihm alles rechtzumachen. Ich halte das Haus in Ordnung, und ich versuche ein gutes Essen für ihn bereit zu haben, wenn er abends nach Hause kommt, ich sorge gut für die Kinder, und ich versuche, attraktiv auszusehen. Schließlich ist das mein einziger Lebensinhalt. Aber er weigert sich, all dies zur Kenntnis zu nehmen. Er sagt mir nie, daß ich hübsch aussehe, wenn wir weggehen. Das einzige, was er je sagt, ist, daß das Essen nicht schlecht sei. Das ist das höchste, was ich an Lob zu hören bekomme.« Damit verwandt ist die Tendenz mancher sadistischer Ehemänner, ihre Frauen durch Schweigen zu bestrafen. Frauen sind im allgemeinen gesprächig; ihnen fällt die Rolle der Unterhalterin zu, und sie tragen die Last der sozialen Beziehungen. Männer sind dagegen häufiger schweigsam, sie fühlen sich seltener verpflichtet zu sprechen, in dem Bewußtsein, daß ihre Herrschaft eher gesichert ist, wenn sie den Mund halten. Aber der sadistische Ehemann bestraft seine Frau, indem er sich stunden-, tage- oder gar wochenlang weigert, überhaupt mit ihr zu reden. Manche Psychoanalytiker vertreten die Auffassung in bezug auf die Eltern-Kind-Beziehung, daß Gleichgültigkeit, nicht Haß das Gegenteil von Liebe sei. Ich glaube, daß dies auch hier gilt. Schweigen ist eine der schmerzhaftesten Strafen, die der Sadist austeilen kann. Haß enthält wenigstens irgendein Gefühl, eine Leidenschaft. Gleichgültigkeit, die durch die Weigerung zu sprechen vermittelt wird, die Weigerung eines Mannes, das Vorhandensein seiner Frau auch nur zur Kenntnis zu nehmen, besagt: Du zählst nicht, du bist nicht wirklich da, du existierst nicht.

Dies drückte auch das Verhalten von Sylvias Ehemann auf ihrem Rückflug von einem Urlaub in Europa aus. Es lief ein Film, den sie schon mehrfach gesehen hatte und nicht noch einmal sehen wollte. Nach etwa zweistündigem Flug verschwand der Mann und kehrte zwei Stunden lang nicht zurück. Als er zurückkam, sagte er, er habe in einem anderen Teil des Flugzeugs einen anderen Film angesehen. »Warum bist du einfach verschwunden?« fragte sie ihn aufgebracht, »warum bist du nicht gekommen und hast mich gefragt, ob ich auch Lust hätte, den Film zu sehen?« Er zuckte bloß die Achseln und sagte, es sei ihm nicht wichtig erschienen.

Vor diesem Hintergrund erzählte mir Sylvia dann von den Einkaufsgewohnheiten ihres Mannes an den Sonntagabenden, wenn sie von ihrem Wochenendhaus auf dem Lande zurückkehrten. Er fragte sie nie, was sie aus dem Laden wollte, und er kaufte nie Vorräte für die kommende Woche. Er kaufte nur, worauf er gerade Lust hatte und was er am Sonntag abend essen wollte, und die beiden hatten einen ganz verschiedenen Geschmack.

Sie erzählte auch von einem Anlaß, bei dem ihr Mann sich mit einem Freund zum Abendessen treffen wollte und sie einlud, mitzukommen. Sie wies darauf hin, daß sie sich wegen ihrer Arbeitszeit etwas verspäten werde, schlug aber vor, daß die beiden zuerst einen Aperitif nehmen und auf sie warten sollten. Als sie hinkam, mußte sie feststellen, daß sie nicht auf sie gewartet hatten. Sie hatten sich sogar noch früher verabredet und hatten ihr Essen schon beendet.

Ihr Mann zeigte keine echte Wärme ihr gegenüber, sagte

Sylvia, nicht einmal beim Sex. Er küßte sie nicht, es gab kein Vorspiel, und seine einzige Kommunikation bestand darin, sie nachher zu fragen, ob sie es gut gefunden habe, eine Frage, die sie als Aufforderung empfand, seine Leistung zu beurteilen, wozu sie keine Lust hatte. Als sie ihm das sagte, antwortete er, sie nehme die Dinge zu persönlich. Ich wünschte, Sylvia hätte geantwortet, daß er die Dinge vielleicht zu *unpersönlich* nehme und daß ihr Sexualleben vielleicht deshalb nicht befriedigend sei, weil es an Gefühlen mangle.

Sylvias Mann zeigte seine Gleichgültigkeit ihr gegenüber, indem er manchmal an den Wochenenden verschwand, um stundenlang Tennis zu spielen, immer, ohne sie nach ihren Plänen zu fragen, mit der Folge, daß sie ihr Wochenende oft als völlig leer empfand. Sein Verhalten vermittelte ihr die Botschaft, daß Sylvias Existenz nicht wichtig für ihn war. All diese erwähnten Vorfälle mögen für sich genommen geringfügig erscheinen, aber wenn eine Ehe von Verhalten dieser Art durchsetzt ist, dann ist es zweifellos sadistisch.

Obwohl sie ihre Gleichgültigkeit ständig zur Schau stellen, wollen die Ehemänner in diesen Partnerbeziehungen die Verbindung im allgemeinen nicht in die Brüche gehen sehen. Und zu diesem Zweck entwickeln sie eine Art von sechstem Sinn, der ihnen exakt sagt, wieviel sie ihren masochistischen Frauen zumuten können. Wenn ein sadistischer Mann spürt, daß die Toleranz seiner Frau ihre Grenze erreicht hat, macht er oft einen Rückzieher und gelegentlich sogar eine nette Geste, um sie zu entwaffnen und ihr das Gefühl zu geben, daß ihre Reaktionen vielleicht übertrieben seien, daß er im Grunde nicht so böse sei, wie sie glaube. Auf diese Weise bringt es die masochistische Frau in Kollusion mit ihrem Mann fertig, sich vorzumachen, daß sie ihn liebe. Sie verwechselt Abhängigkeit mit Liebe.

Geldfragen bilden oft den Mittelpunkt sadomasochistischer Auseinandersetzungen in einer Ehe. Dies war zweifellos noch häufiger, als Frauen seltener berufstätig waren und sich die Grausamkeit des Mannes darin äußerte, daß er seine Frau finanziell unter Druck setzte. Ich denke an eine Patientin, deren Mann Arzt war und ein beträchtliches Einkommen hatte. Das Haushaltsgeld, das er ihr viele Jahre lang gab, betrug 50 Dollar pro Woche, obwohl die Lebenshaltungskosten in diesem Zeitraum steil anstiegen. Davon sollte sie die Familie ernähren, Kleider für sich und die Kinder kaufen, die Kosten von Vergnügungen für die Familie bestreiten, den Kindern ihr Taschengeld geben usw. Als sie protestierte, daß sie mit diesem Betrag nicht länger auskomme, entgegnete er, sie verstehe nicht, mit dem Geld richtig umzugehen. Anderenfalls, erklärte er kategorisch, würden 50 Dollar immer noch ausreichen, um ihre Kosten zu decken.

Eine weitere Arena des sadomasochistischen Machtkampfes sind die Kinder. Die Frau, die von ihrem Mann wöchentlich 50 Dollar erhielt, wurde häufig vor ihren Kindern gedemütigt, indem ihr Mann ihre Anordnungen umstieß. Dadurch vermittelte er den Kindern den Eindruck, daß die Vorstellungen ihrer Mutter bedeutungslos und ihre Disziplinarmaßnahmen wertlos seien. Das erzeugte Mißachtung bei den Kindern und machte sie darüber hinaus zu potentiellen Gegnern – zwei weitere Personen, die sie als ineffektiv und hilflos betrachten würden.

Die Praxis des Frauentauschs, über die während der sogenannten sexuellen Revolution so viel zu hören war, ist etwas, was nur in einer sadomasochistischen Ehe geschehen konnte. Aus dem Begriff allein geht schon klar hervor, daß es etwas ist, was vom Ehemann ausgeht, etwas, wogegen sich die Frau wahrscheinlich vergeblich auflehnen würde. Wenn ein Ehemann behauptet, daß Partnertausch akzeptabel sei, und dies seiner Frau vorschlägt, dann steht sie vor einer Wahl, die in Wirklichkeit gar keine Wahl ist: Sie kann es ablehnen und den Bruch ihrer Ehe riskieren, oder sie kann mitmachen, in dem Bewußtsein, daß es ihr Mann sowieso tun wird und sie auf diese Weise wenigstens nicht ausgeschlossen ist. Ich glaube, daß sich Männer der Lage ihrer Frauen bewußt sind, wenn sie diesen Vorschlag machen. Nach dem Partnertausch kommt es auch häufig vor, daß der Mann seine Frau ausfragt, sie dadurch ihrer Intimsphäre beraubt und sie zurückfordert, während er ihr jegliche Mitteilungen über seine eigenen Erlebnisse vorenthält.

Ich habe bereits die projektiven Schuldzuweisungen an den Partner erwähnt, die in sadomasochistischen Ehen vorherrschen, insbesondere seitens des sadistischen Partners. Diese können ein sehr breites Spektrum von Verfehlungen umfassen: Der Mann gibt seiner Frau die Schuld an allem, von seinen beruflichen Leistungen bis zum Schnitt, den er sich morgens beim Rasieren zuzieht. Die masochistische Frau steht auf verlorenem Posten, so sehr sie sich auch abmüht, ihm keinen Grund zur Klage zu geben – denn die Vorwürfe ihres Mannes sind häufig unbegründet.

Eine Frau lud ihre Familie zum Thanksgiving-Dinner ein. Als es Zeit zum Essen wurde, servierte sie einen schöngebratenen Truthahn auf einer großen Platte. Als ihr Mann den Braten zu zerteilen begann, rutschte ein Stück Truthahn auf den Tisch. Gleichzeitig brachte er die Platte aus Ungeschick in eine Schräglage, so daß sich Bratensaft auf den Tisch ergoß. In dem Augenblick, in dem ihm diese Fehler unterliefen, begann er seiner Frau laut vorzuwerfen, daß sie keine genügend große Platte verwendet habe. Sein Geschimpfe ruinierte das Essen. Natürlich versuchte er, seine eigenen Fehler zu überspielen, indem er seiner Frau Inkompetenz vorwarf – und vielleicht machte es ihm besonderes Vergnügen, dies vor ihrer Familie zu tun.

In seinem ständigen Kampf gegen seine Frau kann sich der sadistische Ehemann auch tätliche Angriffe und Vergewaltigungen zuschulden kommen lassen. Wenn er seine Frau physisch attackiert, dann ist dieser Angriff jedoch in der Regel anders als die Gewaltanwendung der durchschnittlichen Frauenverprügler. Die letztgenannten sind in der Regel entweder passiv-aggressive Männer, die sich selbst hilflos und verletzbar fühlen und in Auseinandersetzungen mit ihren Partnerinnen mit Zorn und Wut reagieren, oder Zwangsneurotiker, die explodieren und angreifen, wenn ihre Abwehrmechanismen bedroht sind; oder vorwiegend paranoide Männer, die von verborgenen Aggressionen erfüllt sind und jeden angreifen, der ihnen zu nahe kommt.

Ein trivialer Anlaß wirkt gewöhnlich auslösend auf den Prügler; seine Handlungen sind durch das auslösende Moment niemals gerechtfertigt. So genügt es oft schon, wenn seine Frau beim Zubereiten seiner morgendlichen Spiegeleier einen Dotter zerbricht oder das erste Stück einer Geburtstagstorte einem Gast anbietet statt ihm. Frauen berichteten, daß sie verprügelt wurden, weil sie ihr Haar zu einem Pferdeschwanz zusammenbanden oder das Tapetenmuster zu kritisieren wagten. Manchmal ist es gar nicht nötig, daß die Frau selbst etwas verbricht, wie in einem mir bekannten Fall: Ein Mann schlug seine Frau, weil ihm der Führerschein entzogen worden war. Diese Ereignisse sind einfach die Auslöser, die die Entladung bewirken.

Für den sadistischen Ehemann ist das Verdreschen seiner Frau hingegen nur eine von vielen Waffen, deren er sich in seinem Vernichtungsfeldzug gegen sie bedient. Seine Angriffe erfolgen nicht in der Hitze des Gefechts, sondern sind kalkuliert. Äußerlich wirkt er, wenn er seine Strafe austeilt, weder irrational noch unbeherrscht. Sein Verhalten ist eher durch eisige Ruhe gekennzeichnet. Jeder Rückgriff auf brutale Gewalt signalisiert natürlich, daß die Belastbarkeitsgrenze des Mannes erreicht ist. Er zeigt auch, daß er Macht als Mittel der Problemlösung einsetzt. Seine Frau *muß* sich beugen – er ist zu keinem Kompromiß bereit.

Bestimmte spezielle Probleme, insbesondere Suchtverhalten, erhöhen die Wahrscheinlichkeit, daß ein Ehemann seine Frau tätlich angreift. Ist der Mann Alkoholiker, so ist er besonders gefährlich, da Aggressionen ein Bestandteil seiner Persönlichkeit sind und er zwar möglicherweise trinkt, um die Aggressionen zu betäuben, de facto jedoch die gegenteilige Wirkung eintritt, so daß sich die Gefahr eines tätlichen Angriffs erhöht. Rauschgiftsüchtige stellen in der Regel keine Bedrohung dar, wenn sie »high« sind; sobald die Wirkung nachläßt und sie einen neuen Schuß brauchen, neigen sie jedoch zu Tobsuchtsanfällen und können sehr gefährlich werden.

Eheliche Vergewaltigung, die vorliegt, wann immer eine Frau gezwungen wird, gegen ihren Wunsch sexuelle Kontakte zu haben, kann ebenfalls ein Element im sadomasochistischen Machtkampf bilden. In manchen Ehen kann dies der primäre sexuelle Umgangsstil sein und relativ häufig vorkommen; in anderen ist es eher selten und stellt vielleicht ein Anzeichen einer schweren Krise in der Beziehung dar. In einer Ehe, die den erstgenannten Fall exemplifiziert, war der Mann roh, impulsiv und grausam, die Frau sensibel und freundlich. Sie hatte einen Mann gewählt, der ein Duplikat ihres Vaters war, welcher sie herabgesetzt und verspottet hatte; er verhielt sich wie seine dominierende, bedrohliche, aggressive Mutter. Sein Sexualverhalten war immer sadistisch, er erzwang den Beischlaf ohne Zustimmung seiner Frau. Er hatte sich seit langem »mit dem Angreifer identifiziert« und verhielt sich jetzt selbst wie einer. Eine andere Patientin, deren Ehe entschieden sadomasochistisch, aber frei von Tätlichkeiten und Vergewaltigung war, mußte erleben, daß auch diese Elemente hinzukamen, als das Verhältnis zwischen ihnen noch schlechter wurde. Sie und ihr Mann waren auf einer Gesellschaft; als er ihr Leute, die er kannte, nicht vorstellte und sie ihn nach dem Grund fragte, wurde er wütend und ließ sie einfach stehen. Am gleichen Abend verprügelte er sie zu Hause zum ersten Mal in ihrer langen Ehe. Am nächsten Tag ging sie zu einem Anwalt. Der meinte, sie scheine ihren Mann immer noch zu lieben und sei vielleicht nicht wirklich bereit, ihn zu verlassen. Sie kehrte nach Hause zurück, obwohl sie große Angst hatte. Aber als ihr Mann sie einige Monate später vergewaltigte, suchte sie erneut den Anwalt auf und beendete die Ehe.

Dieselbe Frau äußerte rückblickend Erstaunen darüber, daß der sexuelle Bereich ihrer Ehe bis zuletzt nicht gelitten hatte. »In sexueller Hinsicht ging es ziemlich gut«, meinte sie, »und das ist angesichts der Probleme zwischen uns schwer zu verstehen.« Was ihr nicht klar war, bis sie es in der Behandlung aufdeckte, war, daß Vergewaltigungsphantasien und nicht etwa eine positive, liebevolle, auf Gegenseitigkeit beruhende Grundhaltung die sexuelle Potenz ihres Mannes während ihrer ganzen Ehe genährt hatten. Sie begann sich zu erinnern, daß sich ihr Mann geweigert hatte, sie während des Sexualakts zu küssen; sie erinnerte sich, daß es praktisch kein Vorspiel gab. Sie erzählte mir auch von seiner Gewohnheit, am Anfang des Tages Befehle auszugeben. »Ich erwarte heute abend Sex«, sagte er zu ihr, bevor er zur Arbeit ging. Diese unromantische, wenig einladende Einstellung zum Sex spiegelte seine Feindseligkeit ihr gegenüber ebenso wie sein stehender Kommentar nach dem Koitus. »Das war eine gute Nummer, nicht«? pflegte er zu sagen, womit er auf seine Potenz anspielte und nicht auf irgend etwas, was beide als befriedigend empfanden. Selbst wenn der Sex für sie befriedigend gewesen war, raubte er ihr auf diese Weise das Vergnügen, das sie empfunden haben mochte. Daß er sich häufig mit anderen Frauen einließ, leugnete sie sich selbst gegenüber, bis sie ihn verließ.

Manchmal kann der sadistische Ehemann buchstäblich zum Mörder werden. Ich denke an Claus von Bülow, der wegen des Mordversuchs an seiner reichen Frau zu 20 Jahren Gefängnis verurteilt wurde, gegen dieses Urteil Berufung einlegte und nach wie vor frei in der Gesellschaft lebt. Eine meiner Patientinnen, deren Mann nicht gerade dem Profil des mörderischen Ausbeuters zu entsprechen schien, aber dennoch ein echter Sadist war, erzählte mir, daß er die Versicherungssumme für ihr Leben verdoppelt hatte, bevor sie nach Europa reisten. Zweimal versuchte er, sie an den Rand eines Abgrunds zu manövrieren, um sie hinunterzustoßen. Das eine Mal retteten sie ihre eigenen Instinkte; beim zweiten Mal veranlaßte ihn das zufällige Eintreffen anderer Touristen, von ihr abzulassen.

Wie ich sagte, ist der Wiederholungszwang die Basis dieser Ehen. Aber wie entarten sie zu so extremen Situationen? Welcher Prozeß findet da statt? Selbst wenn eine Frau eine schlechte Wahl trifft und sich für einen sadistischen Mann entscheidet, können die Dinge nicht von Anfang an ganz so schlecht, ganz so ungleich sein. Wie kommt es dazu? Wenn ich sage, daß die masochistische Ehefrau einen bedeutenden Anteil der Verantwortung für die negative Richtung trägt, die die Ehe einschlägt, dann möchte ich deutlich machen, daß ich sie nicht *beschuldige*. Ich versuche lediglich zu beschreiben, was in einer sadomasochistischen Partnerschaft geschieht. Da die Frau davor zurückscheut, ihrem Mann entgegenzutreten und sich ihm gegenüber zu behaupten und ihre eigenen Wünsche, Bedürfnisse und Meinungen klarzumachen, nimmt sie eine anpassungsbereite Haltung ein und fügt sich ihrem Mann bei jeder Gelegenheit. Je mehr sie sich unterordnet und ihre Furcht und Unsicherheit zeigt, desto stärker treten die sadistischen Tendenzen des Mannes zutage. Je mehr er ihre Furcht merkt, desto stärker setzt er sie mit seiner Grausamkeit unter Druck. Sie reagiert, indem sie ihre Schwäche immer deutlicher erkennen läßt. Das veranlaßt ihn nur, seine Brutalität zu steigern. Sie hat ihm gezeigt, daß sie keinen Standpunkt einnimmt und daran festhält, daß ihre Proteste, falls es dazu kommt, kraftlos sind und daß sie letzten Endes immer aufgeben und nachgeben wird. Wenn er ein so willfähriges und gefügiges Opfer vor sich hat, kann er nicht widerstehen, es anzugreifen. Und man muß sich vor Augen halten, daß eine solche Frau, insbesondere wenn sie Kinder hat, oft gar keinen Zufluchtsort hat, wenn sie beschließt, ihren sadistischen Mann zu verlassen. Bis in jüngster Zeit hat es seitens der Gesellschaft sehr wenig Hilfe und Unterstützung für Frauen in dieser Lage gegeben.

Ich möchte ein scheinbar geringfügiges Beispiel des anpassungsbereiten, fügsamen Verhaltens anführen, das so destruktiv werden kann, wenn es sich in einer Ehe als Verhaltensmuster einschleicht. Es entstammt einer Geschichte von Mary Kay Blakeley in der *New York Times*. Kurz nach ihrer Heirat ging sie mit ihrem Mann einkaufen und sah eine Packung Eiscreme, die sie gern haben wollte. Es war eine Sorte, die sie besonders mochte und die etwas teurer als viele andere war. Ihr Mann lehnte das ab. Er denke nicht daran, erklärte er, so viel Geld für eine Packung Eiscreme zu zahlen, bloß weil auf dem Behälter

»verpackt von Agnes« stehe. Sie kauften an diesem Tag die Eiscreme nicht, und Ms. Blakeley begriff, daß dies etwas mit dem Ehegelöbnis zu tun habe, das sie abgelegt hatte, obwohl sie sich nicht entsinnen konnte, vor dem Traualtar gesagt zu haben, »ich überlasse dir künftig die Auswahl der Eiscreme«. Zu ihrem Glück erkannte sie, daß, wenn sie in der Frage der Eiscreme kapitulierte, auch ihre Meinung in Bereichen wie Staubsaugen, Kindererziehung, Unterhaltung, Sex usw. nicht mehr zählen würde. Sie kaufte schließlich die Eiscreme, erkannte aber später, daß dieser Moment der Anfang vom Ende ihrer Ehe gewesen war. »Wir waren uns nicht ganz im klaren darüber gewesen«, schreibt sie über die Frauen ihrer Generation, »wie weitgehend die Entscheidungen in einer Ehe vom Bewußtsein der *Rechte* des Mannes und der *Pflichten* der Frau geprägt waren.«

Das Gezänk über eine Packung Eiscreme mag trivial erscheinen, aber dieser Eindruck täuscht. Das Nachgeben einer Frau in einer solchen Angelegenheit ist symptomatisch für viel mehr als dafür, ob im Tiefkühlfach an jenem Abend Walnußeis vorhanden sein wird oder nicht. Gibt sie in bezug auf die Eiscreme nach, dann läßt sie erkennen, daß sie bereits eine schwerwiegende Entscheidung hinsichtlich der Machtverteilung in der Ehe getroffen hat. Es würde bedeuten, daß sie die Prämisse ihres Mannes akzeptiert hat, ohne sie in Frage zu stellen, daß sie kapituliert und ihn ohne Einwände oder Diskussion bestimmen läßt. Sie hätte auf ihre eigenen Rechte verzichtet und ihre eigenen Wünsche aus Rücksicht auf seine übergangen. Durch ihre totale Unterordnung hätte sie entscheidend dazu beigetragen, sich selbst in die Opferrolle zu drängen. Könnte sie nicht zu ihm sagen, daß sie diese Sorte sehr möge und daß er sie ihr ruhig gelegentlich gönnen könnte, wie sie ihm seine Vorlieben gönne? Schließlich ging es nur um einen lächerlich geringen Betrag und nicht um eine Million.

Eine Frau muß natürlich nicht immer ihren Willen durchsetzen. Worauf es hier ankommt, ist, zu erkennen, wann sie nachgegeben hat, weil sie es nicht wagte, ihrem Mann entgegenzutreten und sich zu behaupten. Sobald sich die Machtbalance zu ihrem Mann hin verschiebt (und dies geschieht gerade durch die Häufung solcher »trivialer Vorfälle«), gelingt es der masochistischen Frau immer weniger, für ihre eigenen Ansichten einzutreten, die Ungerechtigkeit zwischen Mann und Frau wird zunehmend größer, und die Ehe bewegt sich immer stärker in eine sadomasochistische Richtung.

9

Leidgeprüfte Frau und Mutter

In einer rührenden und ergreifenden Geschichte beschreibt Tanja Blixen die Rückkehr von Adam Rosenkrantz in das Stammhaus seiner Familie. Seit dem Tod seines Vaters ist das Haus in den Besitz von Adams Onkel übergegangen. Als Adam mit seinem Onkel zusammentrifft, erzählt ihm dieser, daß jemand seine Scheune angezündet habe und daß man annehme, der Schuldige sei Goshe, der Sohn einer Witwe, obwohl er schwöre, unschuldig zu sein. Goshe wird eingesperrt. Seine Mutter, Anne-Marie, sucht den Gutsherren, Adams Onkel, auf, um die Freilassung ihres Sohnes zu erbitten. In einer durch tagelanges Weinen brüchig gewordenen Stimme beschwört sie Goshes Unschuld und fleht den Gutsherren an, ihn zu retten. Auf sein Weizenfeld hinausstarrend, antwortet der Gutsherr, wenn sie das ganze Feld zwischen Sonnenaufgang und Sonnenuntergang mähen könne, werde er ihren Sohn freilassen. Anne-Marie küßt ihm dankbar die Hand. Aber Adam ist entsetzt, als ihm sein Onkel sagt, das Feld zu mähen nehme drei Tage in Anspruch.

Am nächsten Tag, als Anne-Marie in zunehmender Hitze ihre Arbeit beginnt, fragt Adam seinen Onkel, ob er glaube, daß Anne-Marie ihren Teil des Handels erfüllen könne. Möglicherweise, meint der Onkel, da sie eine hervorragende Arbeitskraft sei, und er befiehlt dem Verwalter, Goshe auf die Felder zu führen, damit er sehen könne, wie sich seine Mutter für ihn abrackere. Die Leute stehen da und schauen zu, während sich Anne-Marie mit gebeugtem Rücken, stolpernd, mit schweißnassem Haar, das ihr am Kopf klebt, und den Bewegungen einer müden Schwimmerin über das Feld vorankämpft. Einmal versucht ein Junge, ihr zu helfen, aber der Gutsherr herrscht ihn an, davon abzulassen. Adam kann es schließlich nicht mehr aushalten und bittet seinen Onkel, sie nicht zu zwingen, weiterzumachen. »Siehst du nicht, daß sie stirbt?« fleht er. Er habe sein Wort gegeben, antwortet der Onkel. Sie sei offensichtlich bereit, für ihren Sohn zu sterben, gibt ihm Adam zu bedenken; ob das nicht genug sei? Wenn er die Bedingungen jetzt widerrufe, entgegnet der Onkel, könnte Anne-Marie das Gefühl haben, daß er ihre Leistung nicht zu schätzen wisse. Adam, der seinem Onkel mitteilt, nicht länger unter seinem Dach schlafen zu können, hat eine Reihe blitzartiger Erkenntnisse: daß sein Onkel in seinem eigenen Leben viel gelitten hat und sogar seinen eigenen Sohn sterben sah, daß alle Lebewesen leiden, daß sein Onkel alt ist und sich vor dem Tod fürchtet und daß für einen geliebten Menschen zu sterben eine unsagbar schöne Vorstellung ist.

Bei Sonnenuntergang legt der alte Gutsherr seine Richterrobe aus Brokat an und begibt sich auf die Felder. Anne-Marie mäht das Feld zu Ende, und als sie sieht, daß nichts mehr übrig ist, scheint sie verwirrt und fällt auf die Knie. Ihr Sohn wirft sich neben ihr zu Boden. Der Gutsherr geht auf sie zu. »Dein Sohn ist frei«, erklärt er. »Du hast ein gutes Tagewerk getan, an das man sich lange erinnern wird.« Als er merkt, daß ihn Anne-Marie nicht hören kann, fordert der Gutsherr ihren schluchzenden Sohn auf, ihr diese Botschaft zu übermitteln. Goshe faßt sich und wiederholt die Worte des Gutsherrn. Seine Mutter blickt zu ihm auf, hebt die Hand, um seine Wange zu berühren, sinkt dann gegen seine Schulter und stirbt. Etwas später läßt der Gutsherr an dieser Stelle einen Stein zum Andenken an Anne-Marie aufstellen, und die Bauern nennen das Feld seither »Kummerfeld«.

Diese Geschichte von Tanja Blixen spiegelt ein Bild der Mutterliebe, das in früheren Zeiten vorherrschte. Seinen Kern bildete das Gebot, daß eine Mutter für ihr Kind jedes Opfer bringen müsse. Und im Leben ebenso wie in der Geschichte herrschte die Annahme, daß die Liebe zwischen Mutter und Kind gegenseitig sei, daß das Kind das Opfer der Mutter begreife und zu schätzen wisse, daß das Kind die Mutter liebe, weil sie ihm ihr Leben zum Opfer bringe.

Wie radikal sich die Zeiten geändert haben! Jetzt scheint Grund zum Zweifel zu bestehen, ob die Liebe der Mutter zu ihrem Kind mit Liebe erwidert wird und ob Kinder im allgemeinen die für sie erbrachten Opfer zu schätzen wissen oder nicht, auch wenn sie gern erbracht werden. Die entscheidende Frage ist vielleicht: Wie oft ist die mütterliche Selbstaufopferung in Wirklichkeit nur masochistisches Märtyrertum, das sowohl für die Mutter als auch für das Kind zerstörerisch ist?

Das folgende Gedicht stammt von einer meiner Patientinnen, einer intelligenten, aber psychisch gestörten jungen Frau, deren Mutter sich weigerte, das symbiotische Band zwischen ihnen aufzulösen und ihrer Tochter zu gestatten, erwachsen und ein unabhängiger Mensch zu werden. Es vermittelt, so dilettantisch auch immer, die schädlichen Folgen des mütterlichen Masochismus für das Kind.

Sie verstopfte ihre Ohren mit Watte
und schüttelte heftig den Kopf –
die masochistische Mutter mit
den blauen Augen sagte:

»Ich glaube nicht, daß du mich liebst,
ich wäre besser tot.«

»Mutter, ich liebe dich,
du wärst nicht besser tot –
wie muß ich dich überzeugen?«
sagte ich aufrichtig.

ALSO (sagte sie)

»Du mußt alles tun, was ich sage,

denn Mutter hat immer recht –
mir bloß zu sagen, daß du mich liebst,
ist nicht sehr intelligent.

Du mußt zu mir kommen mit Problemen,
du mußt zu mir kommen um Rat,
und wenn du mich wirklich liebst,
dann kommst du auch am Abend.«

»Ich liebe dich, Mutter –
mehr habe ich nicht zu sagen,
aber ich kann selbst denken –
weise mich nicht ab.«

Sie wandte sich zur Tür
und fiel zu Boden –
und die masochistische Mutter mit
den blauen Augen sagte:

»Ich glaube nicht, daß du mich liebst,
ich wäre besser tot.«

Die Mutter in dem Gedicht benutzt ihre negativen Gefühle sich selbst gegenüber, um in ihrem Kind Schuldgefühle zu erzeugen; ein äußerst schädliches Verhalten, das wahrscheinlich bewirkt, daß das Kind auch masochistisch wird.

Viele masochistische Mütter lassen direkt oder indirekt durchblicken: Wenn du nicht tust, was ich will, dann wird mich das töten. Nötigendes Verhalten dieser Art kann bewirken, daß sich das Kind, das eine solche Aussage wörtlich nimmt, dafür verantwortlich fühlt, der Mutter wehzutun, mit der Folge, daß es sich schuldig fühlt. Die ständige Wiederholung von Drohungen dieser Art führt zu Schuldgefühlen, die sich auf alles erstrecken.

Die masochistische Frau und Mutter erlebt oft einen Konflikt zwischen dem Bedürfnis, ihren Mann zufriedenzustellen, und ihrer Verpflichtung gegenüber den Kindern. Wem sollte sie es rechtzumachen versuchen? Wenn sie die Kinder nicht im Griff behält und den disziplinarischen Maßstäben ihres sadistischen Mannes nicht entspricht, riskiert sie, ihn zu verärgern. Wenn sie sich an seine Forderungen hält, kann dies auf Kosten der Kinder geschehen. Häufig machen ihre Bemühungen, gut zu ihren Kindern zu sein, ihren Mann neidisch und aggressiv. Da er selbst infantil ist, fühlt er sich nicht in einer Vaterrolle, sondern in Konkurrenz mit den Kindern. Er verübelt seiner Frau die Aufmerksamkeit, die sie ihnen schenkt, und attackiert *sowohl* die Kinder als auch sie. Hin- und hergerissen und furchtsam, verzichtet die Mutter dann oft einfach auf ihre Autorität und greift zu einem alten Trick: »Wartet, bis euer Vater nach Hause kommt«, sagt sie, statt selbst einzugreifen. Dies ist ein verhängnisvoller Schritt. Sie tritt noch mehr von ihren schwindenden Machtreserven an ihren Mann ab, verliert wichtiges Terrain gegenüber den Kindern und arbeitet sich noch tiefer in ihren Masochismus hinein.

Auch heute noch sind die Frauen durch ihre Abhängigkeit von den Männern äußerst verwundbar. Als Hausfrauen sind sie weitgehend von sozialen Kontakten abgeschnitten, und wenn es ihnen an anderen Möglichkeiten fehlt, kann es sein, daß sie ein ungesundes Maß an Aufmerksamkeit auf ihre Kinder richten und diese mit unangemessener Macht ausstatten. Man stelle sich vor, was es heißt – ich bin sicher, manche Leserinnen kennen das –, als Frau in Furcht vor seinen Kindern zu leben, weil man sie nicht disziplinieren kann, und in Furcht vor dem Ehemann, weil er an allem, was man im Lauf des Tages gemacht hat, insbesondere in bezug auf die Kinder, etwas auszusetzen findet. Je mehr er die Frau vor den Kindern kritisiert, desto weniger achten sie ihre Mutter und befolgen deren Anweisungen, ganz gleich, wieviel sie für sie getan hat. Es ist wahrhaft eine Situation, in der die Frau nicht gewinnen kann. Und sehr oft spielt natürlich der sadistische Mann die Kinder gegen ihre Mutter aus, stößt ihre Anordnungen um, macht sie vor ihnen lächerlich und tut, was er kann, um den Respekt der Kinder vor ihr zu schwächen. Sobald die Kinder seine Partei ergreifen und ihre Anweisungen mißachten, findet der Ehemann noch mehr Mängel, für die er sie tadeln kann.

Die Soziologin Judith Wallerstein bestätigt in ihrer Untersuchung über Scheidungen, daß Kinder oft größere Achtung für ihren Vater empfinden, und bemerkt, daß dieses Ungleichgewicht noch ausgeprägter werden kann, wenn eine Familie auseinanderbricht. Kinder phantasieren oft über einen abwesenden Elternteil – gewöhnlich den Vater –, idealisieren diesen und lehnen den für sie sorgenden Elternteil, häufiger die Mutter, ab. Selbst wenn sie vor ihrer Scheidung ihre Autorität abgetreten hat, ist sie danach ein alleinerziehender Elternteil und muß mit den Kindern selbst zu Rande kommen. Es kann sein, daß ihre Kinder sie einfach nicht als Autoritätsperson anerkennen, wenn sie diese Rolle zu übernehmen versucht.

Eine Frau mit zwei halbwüchsigen Söhnen hatte große Schwierigkeiten mit ihrem Mann, der ständig an ihr herumnörgelte. Ihre Reaktion auf seine Angriffe bestand darin, sich ständig zu entschuldigen, wodurch sie ihn noch in seiner Überzeugung bestärkte, daß sie dauernd im Unrecht sei. Als sich herausstellte, daß ihr jüngerer Sohn an Leukämie litt und in ihrer Gemeinde die nötige Behandlung nicht zur Verfügung stand, besorgte sie eine Haushälterin für ihren älteren Sohn und ihren Mann und fuhr mit dem kranken Kind in ein entferntes medizinisches Zentrum, wo eine dreimonatige Chemotherapie mit Bestrahlung durchgeführt wurde. Diese Erfahrung wurde zu einer Art »Kummerfeld« für sie. Sie stand alles allein durch, isoliert in einem Hotelzimmer und bemüht, sowohl ihrem Sohn Mut zu machen als auch sich selbst psychisch über Wasser zu halten. Ihr Mann rief gelegentlich an, um zu hören, wie es mit ihrem Sohn voranging, und um sich über die Zustände zu Hause zu beklagen. Er besuchte sie und ihren Sohn einige Male, wobei er über alles, was ihm begegnete, verärgert schien, einschließlich der Tatsache, daß sie kein großes Interesse an Sex hatte (er benutzte ihre Abwesenheit, wie sie später erfuhr, um sich mit einer anderen Frau einzulassen). In dieser äußerst schwierigen Zeit nörgelte er noch mehr an ihr herum, und wenn er einmal nichts zu kritisieren fand, bestrafte er sie durch Schweigen. Sie beendete die Ehe bald danach, ein positiver Schritt für sie, der einer masochistischen Frau und Mutter sehr schwerfällt.

Eine verheiratete Frau und Mutter von drei Töchtern wurde mir von einem Neurologen zur Beratung überwiesen. Sie litt unter den folgenden Symptomen: migräneartige Kopfschmerzen von zunehmender Intensität, Schwindel, Ohnmachten, Seh- und gelegentliche Hörstörungen, Ohrensausen, gelegentliche Schwierigkeit, das Essen auf ihrem Teller zu sehen, Verlust der Geschmacksempfindungen, Schwächegefühle in ihren Schenkeln und Armen und in einem Fall ein Unvermögen, sich aus dem Sessel zu erheben. Der Neurologe wollte wissen, ob ich glaubte, daß sie an Multipler Sklerose leide, oder ob ihre Symptome psychischen Ursprungs seien. Die Labortests hatten keinen eindeutigen Befund in bezug auf neurologische Störungen oder Hirnschaden ergeben.

Es war dies eine intelligente, wenn auch ungebildete Frau, die jung geheiratet hatte (ihr Mann war der zweite Mann in ihrem Leben, zu dem sie eine nähere Beziehung hatte). Sie war von Anfang an den Wutausbrüchen ihres Mannes ausgeliefert gewesen, weil sie zögerte, auf sein manchmal bizarres Sexualverhalten einzugehen. Er fing an, sie ständig zu kritisieren und ihr Untüchtigkeit vorzuwerfen, obwohl sie als Buchhalterin arbeitete und den Haushalt und drei Kinder versorgte. Besonderes Vergnügen machte es ihm, sie vor den Kindern zu demütigen und ihre erzieherischen Bemühungen dadurch zu unterminieren.

Ich fragte sie, wie ihre Eltern gewesen seien. Als kleines Kind habe sie in Todesangst vor ihrem Vater gelebt, berichtete sie mir. Die meiste Zeit strafte er sie durch Schweigen, aber gelegentlich schlug er sie auch. Ihre Mutter war eine schüchterne, fügsame Frau. Ihre eigene Ehe, soviel war klar, glich der ihrer Eltern. Wie sie sich im Augenblick fühle, fragte ich sie einmal. »Ich bin in den letzten paar Wochen von der schädlichen Quelle meiner Schwierigkeiten entfernt gewesen, deshalb fühle ich mich besser«, antwortete sie. Das war die direkte und überraschend scharfsichtige Erkenntnis, daß ihr Problem in der

Beziehung zu ihrem Mann und nicht in irgendeiner körperlichen Krankheit lag. Sie hatte sich jedoch entschieden, sich wieder in die Krankheit zu flüchten, statt eine Trennung von ihrem Mann zu erwägen, eine häufige masochistische Lösung für ein schwieriges Problem.

Die Erfahrung dieser Frau war in vieler Hinsicht charakteristisch für die masochistische Ehefrau bzw. Mutter. Ihre Ehe repräsentierte den Austausch einer Abhängigkeit durch eine andere, die Übertragung der symbiotischen Bindung von einer Person auf eine andere. Sie hatte nie Gelegenheit gehabt, soziale Bindungen zu entwickeln, die sie genügend gestärkt hätten, um ihren Mann zu verlassen, oder die Fertigkeiten zu erwerben, die sie gebraucht hätte, um auf sich gestellt zu überleben. Wegen ihres schwachen Bewußtseins der eigenen Grenzen empfand sie sich nicht als eine eigenständige unabhängige Person. Außerdem litt sie an starken Schuldgefühlen, die sie veranlaßten, noch mehr an sich zu zweifeln, und die ihr Zögern, eine Scheidung zu erwägen, verstärkten: Was würde aus den Kindern werden? Würde sie ihnen nicht schaden? Wie konnte sie sie ihres Vaters berauben? Die Überlegung, ob er ein guter Vater sei oder nicht, spielte in ihrem Denken keine Rolle. Ebensowenig die Vorstellung, daß die Kinder in einem friedlicheren Zuhause vielleicht besser dran wären. Sie klammerte sich an ihre Ehe und richtete ihre Aggressionen nach innen, gegen sich selbst, statt sie nach außen zu kehren, machte sich dadurch krank und lieferte sich auf diese Weise eine weitere Rationalisierung für das Bleiben: »Jetzt bin ich krank ... unter diesen Umständen kann ich unmöglich weggehen.« Ihre masochistischen Ängste und ihre Furcht vor dem Unbekannten wogen schwerer als die vertraute Misere ihrer gegenwärtigen Situation.

Ich bin froh, berichten zu können, daß diese Frau dank der Unterstützung durch die Behandlung und durch ihre eigene Mutter, die seit dem Tod ihres Mannes unabhängiger geworden war, anfangen konnte, sich realistisch mit ihrer Situation auseinanderzusetzen. Die Erkenntnis, daß ihr Mann einen schädlichen, negativen Einfluß auf sie hatte, war nicht bloß eine vorübergehende Einsicht, die in einem Gespräch mit mir auftrat. Sie brauchte dies nicht länger zu so hohen Kosten für sich selbst zu leugnen. Und ich halte es für wahrscheinlich, daß sie es früher oder später wagen wird, ihren Mann zu verlassen und sich ein neues Leben aufzubauen.

Ein scheinbarer Gegensatz zu der Brutalität, unter der diese Frau litt, war in der Ehe einer anderen Patientin festzustellen. Die Folgen waren gleichermaßen destruktiv. Sie hatte erhöhten Blutdruck, Herzbeschwerden und war übergewichtig. Trotz dieser Probleme war sie aber weit davon entfernt, invalid zu sein. Ihr Mann hatte jedoch ein starkes Bedürfnis, ihre Abhängigkeit zu fördern, und betonte ständig, daß sie krank und hilflos sei; sich selbst sah er in der Rolle des fürsorglichen Betreuers. In Gesellschaft erörterte er ihre Krankheiten, so daß sie ständig gefragt wurde: »Wie *geht* es dir, Georgia?« Wenn sie reisten, bestand er darauf, daß sie in einem Rollstuhl zum Eingang des Flughafens fuhr, obwohl sie durchaus gehfähig war. »Ich möchte wissen, was dieser armen Frau fehlt?« erinnert sie sich, Leute sagen zu hören. Täglich ermahnte er die Kinder, ihre Mutter nicht aufzuregen. Die Folge war, daß sich die Kinder mit allem an ihn wandten und ihre Mutter buchstäblich unsichtbar für sie wurde.

Schließlich kam sie einigermaßen verzweifelt zu mir. In der Behandlung wurde sie zunehmend stärker, begann, sich zu behaupten und ihn in Frage zu stellen, und die Kinder nahmen sie erneut als eine Mutterfigur wahr. Eine Scheidung zog sie nicht in Betracht, da sie in vorgerücktem Alter war und sich nicht vorstellen konnte, den Rest ihres Lebens allein zu verbringen. Aber da sie nunmehr erkannte, daß ihr Mann nicht immer recht hatte, und sich ihm gegenüber behaupten konnte, ohne sich bedroht zu fühlen, machte ihre Beziehung erhebliche Veränderungen durch. Die Behandlung, die er ihr früher hatte angedeihen lassen und die den Anstrich liebevoller Fürsorglichkeit hatte, war ebenso sicher ein Ausdruck der Feindseligkeit und Aggression wie körperliche Mißhandlung und die Bestrafung durch Schweigen. Es schadete ihr und untergrub ihr Selbstvertrauen ebenso wirksam, wie wenn er sie regelmäßig geschlagen hätte. Und der Zweck war derselbe; nur die Mittel waren verschieden. Er hatte sie mit seiner Güte umgebracht.

Es gibt eine Geschichte von Doris Lessing *(To Room Nineteen)*, die sich in besonders berührender Weise mit dem Thema der masochistischen Frau und Mutter auseinandersetzt. Sie erzählt von zwei hochintelligenten, gut aussehenden und erfolgreichen jungen Menschen, die sich ineinander verlieben, heiraten und alles zu haben scheinen. Was immer sie tun, ist richtig und zeugt von Stilgefühl und Lebensart, und eine Zeitlang ist ihr gemeinsames Leben zauberhaft. Als die junge Frau schwanger wird, gibt sie ihre Stelle auf, wie es angebracht erscheint, und sie bekommen das erste von vier entzückenden Kindern. Sie leben in einem schönen Haus. Sie haben eine Haushälterin, um sich das Leben noch leichter zu machen. Dann gesteht der Mann inmitten all dieser Vollkommenheit, daß er sich mit einer anderen Frau eingelassen habe, ein einziger Seitensprung, kein dauerndes Verhältnis. Die Frau sagt nichts – was ist da schon zu sagen, nachdem es passiert ist –, und das Leben geht weiter wie zuvor. Aber unter der glatten Fassade ihrer Existenz denkt die Frau ständig darüber nach. Wie konnte er mit jemand anderem die Lust erleben, die er mit ihr teilte, die er doch liebt? Sie kann nichts tun, das weiß sie. Sie hat keine anderen Möglichkeiten. Aber ihr Leben ist freudlos geworden, und sie empfindet eine Art Gefühllosigkeit in ihrem Herzen.

Eines Tages kündigt die Frau an, daß sie einen Raum in dem Haus benötige, wo niemand sie störe. Sie werde eine Art innerer Ruhe finden, glaubt sie, wenn sie einen Ort für sich allein habe. Sobald sie diesen Raum hat, empfindet sie ihn jedoch als nicht befriedigend, denn jetzt merkt sie, daß die Kinder ohne sie auskommen und daß die Haushälterin sie nicht wirklich benötigt, um den Haushalt zu führen. Sie fühlt sich überflüssig. Statt ihr Leben zu bereichern, scheint der Raum es noch weiter verarmen zu lassen. Sie kommt zu der Überzeugung, daß sie ein Zimmer außerhalb des Hauses brauche.

Sie hat sehr wenig Geld, und das Zimmer, für das sie sich entscheidet, befindet sich in einem kleinen Hotel. Der Hoteldirektor ist argwöhnisch, da er annimmt, daß sie vorhabe, Männer auf ihr Zimmer mitzunehmen. Er überläßt es ihr widerwillig, und die Frau sitzt einen Tag lang da und schaut aus dem Fenster auf die Themse. Als der Hoteldirektor ihr das Zimmer kein zweites Mal geben will, sagt sie ihrem Mann, daß sie genügend Geld brauche, um einmal in der Woche ein Hotelzimmer zu mieten. Er gibt ihr das Geld, und sie fragt ihn, ob er den Verdacht habe, daß sie einen Mann treffe. »Ich bin froh, daß du mir das sagst«, antwortet der Mann, »weil ich mich mit einer anderen Frau eingelassen habe.«

Die Ehefrau geht in ein armes Viertel, wo sie ein Zimmer in einem schäbigen Hotel findet, dessen Geschäftsführer ihr aufdringlich Dinge für das Zimmer anbietet, während sie nichts weiter will, als in Ruhe gelassen zu werden und still in den vier Wänden zu sitzen. Nachdem sie das einen Tag lang getan hat, kehrt sie nach Hause zurück und empfindet noch deutlicher, wie überflüssig sie ist. Niemand hat sie vermißt. Eines Tages geht sie in ihr Hotelzimmer und sitzt einige Stunden lang da. Dann steht sie auf und schiebt einen Teppich unter die Tür, wirft Geld in die Gasheizung und schaltet sie ein, legt sich auf das Bett und wartet auf den Tod.

Diese Geschichte behandelt ein Phänomen, das mir in meiner Praxis oft begegnet ist, das aber in der Psychiatrie und Psychoanalyse nie wirklich behandelt wird. Dieser Frau wurden, wie so vielen anderen, von ihrer soziokulturellen Umgebung bestimmte Erwartungen aufgedrängt. Die Gesellschaft hat ihr verheißen, daß bestimmte Dinge eintreten werden, wenn sie eine gute, loyale, fürsorgliche Gattin und Mutter ist. Wenn sie für ihren Mann sorgt, sich auf ihn verläßt und nach seiner Pfeife tanzt, wenn sie ihm und ihren Kindern das Essen auf den Tisch stellt und den Haushalt gut in Schuß hält, dann wird sie mit bestimmten Vergünstigungen belohnt werden. Die Voraussetzung ist natürlich, daß sie auf ihre eigenen Wünsche und Bedürfnisse verzichtet. Auch diese Frau hält ihren Teil des

Tauschhandels ein und gibt den damit verbundenen masochistischen Tendenzen nach. Als sie sich bei diesem Tauschhandel betrogen sieht, hat dies katastrophale Folgen. Das Leben hat nie wieder denselben Sinn für sie. Wenn der Betrug die Form der Untreue seitens des Mannes annimmt, wie dies so häufig der Fall ist (da männliche Treulosigkeit schließlich gesellschaftlich akzeptabel ist), tötet dies buchstäblich etwas in der Frau, etwas, was nie wieder heil werden kann. Da sie ihren Tauschhandel für diesen Mann gemacht hat, ist seine Treulosigkeit besonders verheerend.

Die masochistische Frau/Mutter ist in einer Situation, in der sie gleich mehrere Personen gegen sich haben kann. Wenn sie eine noch so gute und fürsorgliche Mutter ist, so verliert sie doch an Achtung, wenn ihr Mann sie ständig vor den Kindern kritisiert. Die Machtlosigkeit, die sie empfindet, wird zunehmende und schwächende Realität. Ob es einem gefällt oder nicht, Macht ist das, was Kinder respektieren lernen, und jemand, dem sie fehlt, sinkt sehr rasch in ihrer Achtung. Des Respekts und der Zuwendung sowohl ihres Mannes als auch ihrer Kinder beraubt, leidet die masochistische Frau/Mutter an Gefühlen der Isolierung und Verlassenheit, die ihre Existenz manchmal unerträglich scheinen lassen. Sie ist oft außerstande, dagegen anzukämpfen, und beginnt, sich in verschiedener Weise mehr und mehr zurückzuziehen. Depression ist *eine* Form des Rückzugs. Selbstmord, wie in der Geschichte von Lessing, ist eine andere.

10

Anfälligkeit für Gewalt

In unserer zunehmend gewalttätigen Gesellschaft sind Gewaltverbrechen gegen Frauen im Ansteigen begriffen. Sicher wird ihr Vorkommen heute stärker erkannt. Das öffentliche Bewußtsein von Vergewaltigungen, Verprügeln von Ehefrauen und ehelicher Vergewaltigung hat sich in den letzten Jahrzehnten verstärkt. Und endlich studieren Fachleute diese beunruhigenden Verbrechen und versuchen sie zu verstehen. Aber die Forscher sind sich keineswegs einig darüber, welche Faktoren solche Gewalttätigkeit hervorbringen, welche Persönlichkeitsmerkmale und situativen Elemente sowohl für den Peiniger als auch für das Opfer bestimmend sind. Manche Viktimologen (Viktimologie: Lehre von der Beziehung zwischen Rechtsbrecher und Verbrechensopfer) sind zum Schluß gekommen, daß die Opfer tatsächlich in gewisser Weise zu ihrer eigenen Opferrolle beitragen; andere behaupten, daß Schuldzuweisungen an die Opfer grausam und ungerechtfertigt seien und die Zufälligkeit der meisten gegen Personen gerichteten Verbrechen außer acht ließen.

Ich stimme ohne weiteres zu, daß Schuldzuweisungen weder dem Opfer helfen noch das Verständnis für dieses fördern. *Sie hat es sich selbst zuzuschreiben. Es war ihre Schuld.* Dies sind häufige Reaktionen auf Gewaltverbrechen gegen Frauen, die nicht nur fast immer unzutreffend sind, sondern auch die Untersuchung in eine Sackgasse führen. Ich glaube jedoch, daß die Opfer von Gewaltverbrechen manchmal eine auslösende oder die Lage verschlimmernde Rolle bei diesen Verbrechen spielen. Daß dies besonders auf masochistische Frauen zutrifft, steht außer Zweifel.

Ich möchte betonen, daß ich mit der Feststellung, ein Opfer habe in gewisser Weise zu seiner eigenen Opferrolle beigetragen, nicht sagen will, daß es daran schuld ist, daß es verantwortlich dafür ist oder daß es in irgendeiner Weise ein solches Verbrechen wünschte oder verdiente. Der Mangel an Mitgefühl für das Opfer, der heute in unserer Gesellschaft existiert, entsetzt mich und macht mich traurig. So bizarr dies auch ist, die Leute scheinen eher geneigt, mit dem Gewalttäter zu sympathisieren und sich mit ihm zu identifizieren als mit der Person, auf die der Angriff verübt wurde. Beflissen, sich von der Opferrolle zu distanzieren, und unbewußt wohl auch von der allgemeinen Vorliebe für Gewalt beeinflußt, die unser öffentliches Leben infiziert hat, richten die Menschen heute allzu häufig ihr Interesse und sogar ihre Sympathie auf den Täter eines Gewaltverbrechens und nicht auf dessen Opfer. Ich möchte klarmachen, daß ich, wenn ich die Verhaltensweisen untersuche, wie ein Opfer zu seiner eigenen Opferrolle beitragen kann, dieses nicht als tadelnswert und schuldig betrachte. Ich vertrete vielmehr die Auffassung, daß die Betreffende vielleicht nicht alle ihr offenstehenden Verhütungsmaßnahmen ergriffen hat.

Jedes Gewaltverbrechen stellt ein Drama der Macht und Gefahr dar, das sich zwischen dem Opfer und dem Gewalttäter abspielt. Bei allen Gewaltverbrechen geht es um Fragen der Furcht und Herrschaft, die der offenkundigeren Frage des Gewinns, sei es von Geld oder Sex, zugrundeliegen. Die *raison d'être* des Gewalttäters ist es, sich Macht und Herrschaft zu verschaffen, jene Elemente, deren er in seiner frühen Jugend, als er selbst ein Opfer war, beraubt wurde. In dem Augenblick, in dem er eine Gewalttat begeht, besitzt er beides. Das Opfer eines Gewaltverbrechens ist dagegen von Furcht besessen und von einem Gefühl der Machtlosigkeit und des Mangels an Kontrolle überwältigt.

Diese letzte Beschreibung paßt auf die masochistische Persönlichkeit im allgemeinen, nicht bloß im Augenblick der Krise. Gerade diese Tatsache erhöht das Risiko der Masochistin, wenn es zu einem Gewaltverbrechen kommt. Aufgrund ihrer Tendenz, selbstzerstörerische Ereignisse zu provozieren und sich mutlos einem als mächtig wahrgenommenen anderen zu unterwerfen, ist sie in größerer Gefahr als, sagen wir, eine Frau, der es leichtfällt, ihre eigene Autonomie auszuüben, und die sich nicht davor fürchtet, sich durchzusetzen. Aus diesem Grund lohnt es sich, über diese Frage, so heikel sie ist, nachzudenken. Wie kann eine Frau mit masochistischen Tendenzen verhüten, daß ihr Masochismus eine potentiell gefährliche Situation auslöst?

Die Psychologin Lenore Walker und andere haben kürzlich bestritten, daß weiblicher Masochismus in der Gewalttätigkeit eine Rolle spielt und in Prügel für die Ehefrau mündet. Sie haben den Begriff »Masochismus« als solchen über Bord geworfen – weil er zu stark an Freuds Vorstellung erinnere, daß Frauen instinktiv zum Leiden neigen und dieses genießen – und ihn durch den Begriff der »erlernten Hilflosigkeit« ersetzt. Auch ich widerspreche der Auffassung, daß Masochistinnen Befriedigungen aus ihren Leiden ziehen. Und ich stimme natürlich der Ansicht zu, daß das weibliche Gefühl der Machtlosigkeit gesellschaftlich und entwicklungsmäßig – nicht biologisch – bedingt ist, eine Vorstellung, die aus der Formulierung »erlernte Hilflosigkeit« hervorgeht. Es ist jedoch ein Konzept, das ich nicht besonders nützlich finde. Seine Essenz ist eine Art von amorphem Gefühl überwältigender Ohnmacht. Es scheint fast zu implizieren, daß Frauen sehr wenig tun können, um diesen Mangel zu bekämpfen, der ihnen durch Konditionierung zugefügt wurde.

Auf der anderen Seite gestattet uns mein Konzept des Masochismus und des dazugehörigen Kommunikationsstils, uns auf bestimmte schädliche Verhaltensaspekte zu konzentrieren und zu lernen, etwas dagegen zu tun. Masochistische Frauen tun in der Tat Dinge, die sie noch verletzbarer machen. Sie senden

Botschaften aus, die Unzulänglichkeit, Hilflosigkeit und Furcht signalisieren und die sie in einer gefährlichen Situation noch machtloser erscheinen lassen können. Niemand tut den Frauen einen Gefallen, wenn er dies leugnet. Der Begriff »Masochismus« ist schon so lange im Umlauf, sowohl in der Öffentlichkeit als auch in der Fachwelt, daß ich es für nutzlos halte, ihn eliminieren zu wollen. Es ist besser, ihn neu zu interpretieren und angemessen zu verwenden.

Natürlich spielt der Zufall bei Gewaltverbrechen eine große Rolle. Es gibt Augenblicke, in denen man, gleichgültig, welche Vorsichtsmaßnahmen man ergriffen hat, einer gefährlichen Konfrontation nicht entfliehen kann. Wir müssen uns im klaren sein, daß es Situationen gibt, in denen eine Frau absolut nichts tun kann, um sich selbst zu helfen: sie hat keine Chance. Wenn ich Vorschläge mache, wie sich eine Frau in gefährlichen Situationen am besten verhält, impliziere ich damit nicht, daß diese Empfehlungen notwendigerweise ihr Leben retten. Wohl aber geht es mir darum, ihre Chancen zu verbessern. Wie ich an früherer Stelle sagte, gibt es Menschen, die beim Kartenspiel ständig gewinnen, weil sie so geschickt spielen. Ebenso gibt es Momente, in denen eine Frau angesichts drohender Gefahr ihre masochistischen Tendenzen überwinden und ihre Karten richtig ausspielen sollte, und dies kann die Situation so entscheidend beeinflussen, daß sie ihr Leben dadurch zu retten vermag.

Eines Abends hörte ich in der Nachrichtensendung einen hervorragenden Rat aus dem Munde des Staatsanwalts von Monmouth County in New Jersey, Alexander D. Lehrer. »Gehen Sie mit ihrem Leben achtsam um«, sagte er, »und Sie werden nicht zu einem Opfer werden.« Das mag auf den ersten Blick allzu simpel erscheinen, aber es sagt tatsächlich eine Menge aus.

Sich und ihr Leben mit Umsicht zu behandeln zählt für die Masochistin zu den schwierigsten Dingen. Auf ihr eigenes enges Gesichtsfeld fixiert und unter der ständigen Angst leidend, die ihr Denken verwirrt, ist sie schlecht dafür gerüstet, angemessen auf ihre Umwelt zu reagieren. Sie neigt dazu, wirkliche Gefahrensignale zugunsten der eingebildeten Bedrohungen zu übersehen, die auf ihren Projektionen aus der Kindheit basieren. Sie ist so damit beschäftigt, diese Phantomgefahren abzuwenden, daß sie echte Gefahren oft nicht wahrnimmt oder nicht darauf reagiert, eine leichtsinnige Art der Lebensführung.

Eine Frau wartet z.B. in einem Hochhaus allein auf den Fahrstuhl. Ein Mann kommt hinzu und wartet neben ihr. Obwohl etwas an ihm sie beunruhigt und die Aussicht, mit ihm im Lift zu fahren, sie nervös macht, bleibt sie stehen, weil sie befürchtet, er sei sonst beleidigt und nehme an, daß sie ihm mißtraue. Diese Frau geht mit ihrem eigenen Leben nicht achtsam um. Sie mißt sogar der Meinung eines vollkommen Fremden über sie größeren Wert bei als ihrer eigenen Sicherheit. Sie riskiert, sich selbst zu gefährden, nur damit ein Mann, den sie nicht kennt und nie wiedersehen wird, sie für einen »netten Menschen« hält. Damit ist die Psychologie des masochistischen Opfers auf eine kurze Formel gebracht.

Oder, um ein anderes Beispiel zu nehmen, eine Frau geht abends durch eine verlassene Straße, und ein Mann nähert sich ihr und fragt sie nach dem Weg oder bittet sie um Feuer oder Kleingeld. Sie fühlt sich unbehaglich, bleibt aber trotzdem stehen, um ihm zu helfen. Tut sie das nicht, glaubt sie, er werde sie für unfreundlich oder kleinlich halten. Auch diese Frau bringt sich in Gefahr, Opfer eines Überfalls zu werden.

Es ist bedauerlich, daß wir in einer Welt leben, in der es notwendig ist, gegenüber unseren Mitmenschen so argwöhnisch zu sein. Ich gebe nicht gern den Rat, daß Menschen einander nicht helfen sollten, und wo es verantwortbar – und gefahrlos – ist, finde ich natürlich, daß wir unsere Unterstützung freigebig anbieten sollten. Ich trete nicht gern für eine Haltung ein, die egoistisch erscheinen mag. Aber ich spreche nicht von Egoismus; ich spreche von Selbsterhaltung – und Selbsterhaltung ist etwas, was der Masochistin nicht leichtfällt. Sie rangiert sogar am unteren Ende ihrer Prioritätenliste, weit unterhalb ihrer Sorge um die Meinung, die jemand anderer von ihr hat (jemand, der in ihren Augen automatisch mächtig ist), und ihrer Bereitschaft, seine Prämisse zu akzeptieren (daß er Feuer oder Geld oder was auch immer braucht).

Der Psychologe J. Selkin, der eine Untersuchung über Frauen durchführte, die Vergewaltigungsversuche erfolgreich abwehrten, berichtet, daß der erste Akt des Widerstands die Weigerung ist, stehenzubleiben und mit einem fremden Mann zu reden, eine Weigerung, ihm zu helfen oder sich von ihm helfen zu lassen. Er stellte auch fest, daß die Frauen, die einer Vergewaltigung entgingen, viel flexibler waren als diejenigen, denen das nicht gelang. Flexibilität zeichnet eine autonome Persönlichkeit aus, während Rigidität – eingeschränkte Optionen, die Unfähigkeit, selbständig zu denken oder ihren eigenen Wahrnehmungen zu trauen, zwanghafte Abwehrreaktionen auf jede bedrohliche Situation – die Masochistin daran hindert, mit ihrem eigenen Leben sorgsam umzugehen. Sie bringt sich selbst in Schwierigkeiten, weil sie es nicht wagt, unfreundlich oder unliebenswürdig zu erscheinen, weil sie unfähig ist, sich durchzusetzen, und weil sie nicht bereit ist, ihre eigenen Prämissen zur Basis der Begegnung zu machen statt der Prämissen des Gewalttäters.

Einmal lud ich Laura, eine Patientin von mir, zu einem Vortrag ein. Es ging um ein Thema, das sie speziell interessierte. Sie saß neben einem sympathisch aussehenden und gut gekleideten Mann, der ihr am Ende meines Vortrags erzählte, daß er vor einigen Jahren ebenfalls bei mir studiert habe und daß ich ihn auch zu dem Vortrag eingeladen hätte. Sie hatte keine Möglichkeit, das zu überprüfen, glaubte jedoch seinen Worten. Es war ein kalter Winterabend, und der Vortrag hatte ziemlich spät geendet.

»Darf ich Sie nach Hause bringen?« sagte der Mann zu Laura. »Wir könnten unterwegs einen Kaffee trinken.«

»Es ist schon spät, ich muß gleich nach Hause«, antwortete sie zögernd. »Ich kann ohne weiteres ein Taxi nehmen.«

»Nicht doch«, insistierte er, »es ist mir ein Vergnügen. Außerdem ist es sehr kalt, und wir könnten unterwegs einen Kaffee oder ein Glas Wein trinken.«

An diesem Punkt zeigte sich bereits seine Hartnäckigkeit, und die Tasse Kaffee hatte angefangen, sich in ein Glas Wein zu verwandeln. Laura hätte ein entschiedenes Nein sagen und sich ein Taxi nehmen können. Aber das tat sie nicht. Aus Angst, ihn vor den Kopf zu stoßen, fuhr sie fort, herumzudrucksen, und ließ sich schließlich überreden, in sein Auto einzusteigen.

Sobald sie im Auto war, fuhr sie fort zu protestieren, daß sie nicht anhalten wolle, aber ihre Proteste waren ebenso wie ihre anfänglichen Einwendungen schwach und wirkungslos.

»Es ist schon spät«, sagte sie. »Ich sollte wirklich so rasch wie möglich nach Hause.« »Ach, kommen Sie«, setzte er ihr zu, »trinken wir bloß ein Viertel, und dann fahre ich Sie sofort nach Hause.«

Sooft er insistierte, gab sie nach.

Im Restaurant bestellte er ein Viertel Wein und sie eine Tasse Kaffee. Während er trank, redete und redete er, und sie machte sich zunehmend Sorgen, weil es immer später wurde.

»Hören Sie«, sagte sie schließlich, »es war sehr freundlich von Ihnen, mich bis hierher mitzunehmen; von hier kann ich leicht ein Taxi bekommen. Warum bleiben Sie nicht und trinken Ihren Wein aus, und ich fahre allein nach Hause?«

Das komme nicht in Frage, antwortete er. Er habe ihr angeboten, sie nach Hause zu bringen, und das werde er auch tun. Er trank seinen Wein aus, und sie stiegen wieder ins Auto. Inzwischen war sich Laura deutlich bewußt, daß sie sich in einer Lage befand, in der sie sich keinerlei Gehör mehr verschaffen konnte, und sie fand die Hartnäckigkeit ihres Begleiters höchst beunruhigend.

Als sie sich ihrem Wohnblock näherten, sagte er: »Ich begleite Sie zur Tür, damit Ihnen nichts geschieht.«

»Nicht nötig«, erwiderte sie scharf. »In dem Haus gibt es einen Portier, da brauche ich mir keine Sorgen zu machen.«

Sie legte ihre Hand auf die Türklinke, und als das Auto vor ihrem Haus vorfuhr, stieß sie hervor: »Vielen Dank, ich muß jetzt gehen«, drückte die Tür auf und lief ins Haus.

Wie sich herausstellte, kannte ich den Mann, mit dem Laura diese Begegnung hatte, tatsächlich, und ich bezweifle, daß er ihr etwas getan hätte. Aber sicher hatte seine Hartnäckigkeit unheimliche Untertöne und ließ vermuten, daß er es auf ein sexuelles Abenteuer abgesehen hatte. Vielleicht kann man sagen, daß immer ein Gefahrenpotential besteht, wenn jemand so hartnäckig ist. Es kann jedoch keinen Zweifel geben, daß Lauras Verhalten masochistisch war.

Erstens akzeptierte sie die Prämisse, daß er mich kenne, obwohl sie diese Behauptung nicht überprüfen konnte. Er war ein völlig fremder Mensch für sie, dem sie nichts schuldete, aber sie war darauf bedacht, daß er gut von ihr denken sollte, deshalb ließ sie sich von ihm begleiten. Es gab so viele Momente während dieser Begegnung, in denen sie sich ihm hätte entziehen können, aber sie fügte sich seinen Wünschen, statt für die ihren einzutreten. Ihre Reaktionen waren mit Ausnahme der letzten immer hinhaltend, niemals entschieden. Sie brauchte lange, um zu erkennen, wie vollständig er sich über ihre Wünsche hinwegsetzte. Wenn der Mann wirklich gefährlich gewesen wäre, hätte die Sache für Laura in der Tat schlecht ausgehen können.

R. J. Gelles gibt in seinem Buch *The Violent Home* eine detaillierte Darstellung der Faktoren, die zur Entstehung von Gewalttätigkeit in der Familie beitragen. Dazu zählt in erster Linie die *Identität des Gewalttäters*, die durch ein verletzbares Selbstbild und geringe Selbstachtung gekennzeichnet ist. Die *Orientierungs- und Sozialisationsfamilie* (einschließlich Gewalt, der der Gewalttäter selbst ausgesetzt war, gewalttätige Rollenvorbilder und selbstentwertende Erlebnisse) zählen zu den Faktoren, die die *Identität des Gewalttäters* prägen; auf diese werde ich in meinem Kapitel über den Peiniger noch näher eingehen. Gelles nennt auch noch andere gewalterzeugende Faktoren wie *Familienstruktur, soziale Isolierung, strukturelle Belastungen* (Arbeitslosigkeit, finanzielle Probleme, Gesundheitsprobleme) und *situative Faktoren* (wie Spielen, Trinken usw.). Aber es gibt einen entscheidenden Faktor, den er in seinem Konstrukt nicht berücksichtigt: die Persönlichkeit und Identität des *Opfers*. Diese kann dazu beitragen, sowohl in der Gesellschaft insgesamt als auch in der Familie gewalttätige Reaktionen hervorzurufen.

Die Masochistin kann Machtbeziehungen nicht richtig deuten. Für sie sind praktisch alle mächtiger als sie, und sie fürchtet sich automatisch vor ihnen. Jedes potentielle Opfer neigt in einer gefährlichen Situation dazu, von Furcht und einem Gefühl der Machtlosigkeit überwältigt zu werden. Aber um wieviel schlimmer ist eine solche Konfrontation für die Masochistin, deren tägliches Leben von diesen Gefühlen beherrscht ist! Um aus einer schlechten Situation das Beste zu machen, ist es notwendig, Autonomie auszuüben und selbstsicher aufzutreten. Dies fällt der Masochistin äußerst schwer. Aber es ist *nicht* unmöglich; die Masochistin kann lernen, in einer potentiell gefährlichen Situation entschiedener aufzutreten.

Ich habe bereits Vorsicht als wichtiges Element erwähnt, um die eigene Anfälligkeit für Gewalt zu verringern (»Vorbeugen ist besser als heilen«). Begeben Sie sich *nicht* nachts allein auf eine dunkle Straße. Bleiben Sie *nicht* stehen, um auf das Ansinnen fremder Männer einzugehen. Steigen Sie *nicht* mit einem Mann, der Ihnen unheimlich ist, allein in einen Lift ein. Begeben Sie sich *nicht* in Situationen, in denen Sie potentiell gefährdet sind.

Wenn ein Vulkan anfängt, Lava zu speien, und Sie sich in der Nähe befinden, würden Sie sich rasch in Sicherheit bringen. Wenn Sie sich einem potentiellen Angreifer gegenübersehen, dann laufen Sie davon, wenn Sie können. Wenn Hilferufe Sie retten können, dann schreien Sie. Kümmern Sie sich nicht darum, was der andere über Ihr Verhalten denken wird. Zerbrechen Sie sich nicht den Kopf, ob Sie seine Absichten vielleicht falsch deuten könnten. Wenn schon, was macht das? Es ist auf jeden Fall besser, auf Nummer Sicher zu gehen. Wenn Sie die Chance haben zu fliehen, dann nutzen Sie sie schnell und entschlossen. Unentschlossenheit bewirkt, daß Sie sich nicht von der Stelle rühren, und signalisiert dem anderen, daß er mit Ihnen leichtes Spiel hat. Entschiedenes Handeln macht Sie als potentielles Opfer weniger attraktiv. So wie sich ein Dieb vielleicht von einem Einbruch abhalten läßt, wenn er sieht, daß er in ein Haus nur hineingelangt, wenn er mit großem Krach die Fenster einschlägt, so wird auch ein Angreifer eher zögern, sich mit jemand einzulassen, der sich nicht bereitwillig unterwirft.

Ich möchte hier auf einen Punkt hinweisen, der in Erörterungen dieses Themas nie erwähnt wird. Furcht und Erregung wirken sich häufig auf Körperfunktionen aus und lösen bei manchen Menschen den Drang zum Wasserlassen, bei anderen zu Stuhlgang aus. Wir sind gesellschaftlich konditioniert zu glauben, daß es zu den schlimmsten Dingen zählt, die uns überhaupt zustoßen können, im unpassenden Moment die Kontrolle über unsere Ausscheidungsfunktionen zu verlieren. Aber wir tun gut daran, uns zu erinnern, daß es nicht schlimmer ist, als getötet zu werden. Wenn Sie sich also in einer gefährlichen Lage befinden, dann lassen Sie sich nicht durch Ihre Rücksicht auf die Anstandsformen davon abhalten, klar zu denken. Lassen Sie sich nicht ablenken. Machen Sie notfalls in die Hose. Halten Sie sich den Kopf frei, um sich mit den Anforderungen der Krise auseinanderzusetzen, in der Sie sich befinden, statt kostbare Denkzeit mit der Sorge um Ihre körperlichen Bedürfnisse zu vergeuden.

Wenn Flucht unmöglich ist und Sie sich tatsächlich einem Gewalttäter gegenübersehen, dann brauchen Sie immer noch nicht die Idee zu akzeptieren, daß alles verloren ist. Die Wahrscheinlichkeit ist groß, daß Sie in der Tat verloren sind, wenn Sie diese Vorstellung akzeptieren. Sie haben immer noch Gelegenheit, die Lage zu Ihren Gunsten zu verändern. Vielleicht erhöht sich Ihre Chance dadurch nur von 1 : 100 auf 1 : 10, aber dieser Unterschied könnte entscheidend sein. Vielleicht gewinnen Sie eine kleine Atempause, in der jemand auftauchen könnte, der Ihnen hilft. Ihr Angreifer könnte dadurch vorübergehend abgelenkt sein und Ihnen eine neue Möglichkeit bieten, zu entfliehen. Ihr Verhalten in einer solchen Konfrontation wird natürlich weitgehend davon abhängen, ob der Angreifer bewaffnet ist oder nicht und wie Sie seine Motive einschätzen. Wenn Ihnen jemand einen Revolver an die Schläfe hält, werden Sie eine andere Form des Widerstands wählen, als wenn er unbewaffnet ist. Wenn es klar ist, daß er nur Ihr Geld will und keinen körperlichen Schaden beabsichtigt, dann wird Ihr Verhalten durch diese Umstände bedingt sein. Flexibilität und der Glaube an Ihre eigenen Wahrnehmungen werden Ihnen sehr zustatten kommen.

Es stellt sich hier die Frage nach körperlicher Selbstverteidigung. Ich bin der Ansicht, daß es für Frauen nicht ratsam ist, Karate oder andere Selbstverteidigungsmethoden zu erlernen, und daß Sie vielleicht nur gefährliche Illusionen nähren, wenn Sie das tun. Diese Techniken in einem Kurs zu meistern ist ganz etwas anderes, als sie im Augenblick eines Angriffs wirksam einzusetzen. In einem Kurs führt die Teilnehmerin ein bekanntes Ritual aus. Im Augenblick der Konfrontation mit Gewalt ist alles unbekannt. Das Opfer wird überrumpelt. Sie kann nicht wissen, welche Wirkung eine solche Situation auf sie haben wird. Untersuchungen haben tatsächlich gezeigt, daß Personen (sowohl Männer als auch Frauen), welche Selbstverteidigungstechniken erlernt hatten, diese im Augenblick einer Krise oft nicht anwenden konnten. Die Überzeugung, gewappnet zu sein und sich selbst verteidigen zu können, kann einen dazu verleiten, sich auf einen Kampf einzulassen – mit katastrophalen Folgen. Sie kann einen daran hindern, eine Gelegenheit zur Flucht zu ergreifen.

Wenn Sie einem Missetäter nicht entkommen, wie können Sie dann die Lage zu Ihren Gunsten verändern? Unterlassen Sie es vor allem, eine der im vierten Kapitel angeführten masochistischen Botschaften zu übermitteln. Diese wirken auf Ihren Angreifer genauso provozierend wie auf Ihren Chef, Ihren Liebhaber oder Ihren Ehemann. Wenn Sie zu erkennen geben, daß Sie verletzbar und furchtsam sind, dann löst dies bei Ihrem Angreifer Furcht und Angst aus und macht ihn vielleicht noch gewalttätiger.

Aber denken Sie daran, einem potentiell gefährlichen Menschen niemals zu drohen. Deuten Sie niemals an, daß Sie ihn nicht für fähig halten, Gewalt anzuwenden. Appellieren Sie an seine Macht, aber stellen Sie sie nie in Frage. Werten Sie sein Ich auf, versuchen Sie nicht, es zu reduzieren. Der Gewalttäter ist voll Haß und Aggressionen, unter denen sich ein Gefühl äußerster Wertlosigkeit verbirgt. Alles, was Sie tun und sagen, das sein Gefühl der Minderwertigkeit verstärkt, bringt Sie einem Todesurteil näher. Alles, was Sie tun, um sein Selbstbild aufzuwerten, verbessert Ihre Chance, mit dem Leben davonzukommen. Wenn Sie den Täter herausfordern oder degradieren, dann fühlt er sich wahrscheinlich noch mehr bedroht. Ihre Herausforderung kommt der Beschuldigung gleich, daß er nicht Manns genug sei, seine Drohung wahrzumachen. Wenn Sie seine Macht in Frage stellen, untergraben Sie seine ohnehin schwache Selbstachtung noch weiter, deshalb ist eine solche Taktik so gefährlich. Jetzt *muß* er seine Gefährlichkeit beweisen, indem er seinen Aggressionen vollen Lauf läßt. Ich wiederhole: Ich behaupte nicht, daß man, wenn man dies oder jenes tut, mit heiler Haut davonkommt. Ich spreche lediglich davon, wie man seine Chancen erhöhen und Zeit gewinnen kann.

Vor einigen Jahren fand ein Mord statt, der ein besonders brutales, sinn- und zweckloses Verbrechen zu sein schien.

Eine begabte und attraktive junge Geigerin, Mitglied eines Orchesters in Manhattan, wurde von einem Bühnenarbeiter der Metropolitan Oper vergewaltigt und ermordet. Es ist unsagbar traurig, sich vorzustellen, daß ein solches Leben auf diese Weise ausgelöscht wird, und in meinen Spekulationen darüber, was zwischen diesem Opfer und seinem Mörder geschehen sein könnte, impliziere ich nicht, daß die Ermordete in irgendeiner Weise mitschuldig an dem war, was ihr zustieß. Das Schicksal hielt für diese junge Frau ein wahrhaft entsetzliches Ende bereit. Sobald sie ihrem Vergewaltiger gegenüberstand, hätte dieses brutale Verbrechen vielleicht durch nichts mehr aufgehalten werden können. Ich ziehe diesen Fall einfach als Modell heran, um diejenigen Elemente zu veranschaulichen, die bei allen gewalttätigen Auseinandersetzungen vorhanden sind, um die Reaktionen aufzuzeigen, die in solchen Situationen häufig auftreten, und um alternative Verhaltensweisen vorzuschlagen, die lebensrettend sein *könnten*. Ich möchte betonen, daß die folgende Darstellung rein spekulativ ist.

In der Pause der Vorstellung dieses Abends wartete diese junge Frau in dem labyrinthartigen Bühnenraum hinter den Kulissen der Metropolitan Oper zusammen mit dem Bühnenarbeiter auf einen Lift. Es schien legitim, daß er sich dort befand, und als der Lift kam, stiegen sie zusammen ein. Angesichts der Tat, die er später beging, ist davon auszugehen, daß dieser junge Mann verstört, entfremdet und in einer sehr gefährlichen Stimmung war. Berichten zufolge hatte er an diesem Abend auch viel getrunken. Nichts von all dem mag der jungen Frau aufgefallen sein. Meine Vermutung ist, daß er, sobald sie im Lift waren, eine obszöne Bemerkung zu ihr machte und daß sie so reagierte, wie viele andere Frauen auch reagiert hätten, mit Empörung. Was auch immer sie gesagt haben mag, ihr Ton drückte wahrscheinlich ein Gefühl der Überlegenheit aus. Und dieser Ton wirkte möglicherweise als Auslöser für das folgende. Warum? Weil dies ein bösartiger junger Mann war, dessen Selbstachtung unbeschreiblich gering war und der starke Furcht gegenüber Frauen empfand; eine verächtliche Reaktion trieb ihn nur noch weiter zu Furcht und Wut. Sie betonte die Diskrepanz zwischen ihm und der jungen Frau. »Ich bin eine Dame, du bist ein Stück Vieh«, das war wahrscheinlich die Quintessenz ihrer Bemerkung. Das kam bei ihm an, und er reagierte aus dem großen Aggressionsstau heraus, der sich in ihm angesammelt hatte, und schlug zu.

Hätte diese junge Frau irgend etwas tun können, um den Ausgang dieser Konfrontation zu ändern? Vielleicht nicht. Vielleicht hatte sie nicht die geringste Chance. Aber gestatten Sie mir dennoch, über Reaktionen zu spekulieren, die *vielleicht* verhindert hätten, daß diese Situation zu einem heimtückischen Mord eskalierte. Er macht eine obszöne Bemerkung.

Statt sein ohnehin schon schwaches Selbstbewußtsein zu lädieren, gibt sie eine Antwort, die ihn aufbaut. »Sie sind ein so nett aussehender junger Mann«, hätte sie sagen können, »ich kann nicht glauben, daß Sie das wirklich sagen wollten. Vielleicht ist es Ihnen nur so rausgerutscht. Oder vielleicht habe ich gar nicht richtig gehört.« Wenn sie etwas gesagt hätte, um sein Selbstgefühl zu stärken, statt es zu schwächen, dann hätte sie *vielleicht* die paar Sekunden gewonnen, in denen sich das Blatt hätte wenden oder eine neue Chance auftauchen können. Vielleicht hätte sie im nächsten Stockwerk den Liftknopf drücken und dann aussteigen und davonlaufen können. Vielleicht wäre der Lift von selbst stehengeblieben und hätte sich geöffnet. Mit jedem Zeitgewinn erhöht sich die Möglichkeit, daß jemand oder etwas dazwischenkommen könnte.

Eine andere Taktik hätte darin bestanden, die Voraussetzungen der Begegnung zu verändern und sie in ein neutraleres Fahrwasser zu steuern. »Sie sind doch hier beschäftigt«, hätte sie sagen können, »machen Sie sich eigentlich was aus Musik?« Sie hätte weiter fragen können, welche Art von Musik er bevorzuge oder ob er ein Instrument spiele. Das hätte sein Selbstgefühl gestärkt, statt es zu untergraben. Sie hätte sich dadurch mit ihm auf eine Stufe gestellt, hätte ihn quasi als Kollegen behandelt. Dadurch hätte sich der Schauplatz von der brisanten Sphäre des Sexuellen auf das relativ harmlose Terrain des musikalischen Geschmacks verlagert. Auf diese Weise hätte sie vielleicht Zeit für eine mögliche Intervention gewonnen, Zeit, in der das Schicksal ihr vielleicht einen Ausweg eröffnet hätte.

Selbst wenn er an ihr herumgefummelt hätte, statt sich auf eine obszöne Bemerkung zu beschränken, hätte es ihr vielleicht gelingen können, ihn einige kostbare weitere Sekunden lang hinzuhalten und abzulenken. »Bitte lassen Sie das«, hätte sie direkt an seine Macht appellierend sagen können. Sie gibt ihre eigene Hilflosigkeit zu und appelliert an das Gute in ihm, bittet ihn um Gnade. Normalerweise wäre es sicher nicht empfehlenswert, äußerste Hilflosigkeit zu verraten. Aber wenn man in einem Lift einem Gewalttäter ausgeliefert ist, wird man sich ganz anders verhalten als bei einer Konfrontation auf der Straße, wo man die Chance hat zu entkommen.

Ich bin mir klar darüber, daß diese Fluchtmöglichkeiten äußerst windig sind. Ich räume auch ein, daß keine der Reaktionen, die ich vorgeschlagen habe, leicht über die Bühne zu bringen sind. Sie setzen voraus, daß die Frau einen kühlen Kopf bewahrt, nicht in Panik gerät, eine Flexibilität beweist, die es ihr gestattet, konditionierte Reflexe abzulegen und autonom und selbstsicher auf die Situation zu reagieren. Dies ist viel verlangt, wenn sie unerwartet in eine gefährliche Situation gerät, insbesondere als Masochistin. Aber bloß, weil dies geringe Chancen sind, heißt das nicht, daß es sich nicht lohnt, darüber nachzudenken. Zumindest kann ich als Frau meine Lage dadurch verbessern, während ich mich durch Verachtung oder Arroganz nach meiner Überzeugung jeder Möglichkeit zu entkommen beraube.

Ich möchte über eine Reihe von Vorfällen im Leben einer meiner Patientinnen berichten, die ich Estelle nennen will. Jeder dieser Vorfälle hätte dazu führen können, daß sie ein Opfer der Gewalt geworden wäre, aber sie kam vorwiegend dank ihres eigenen Verhaltens in all diesen Fällen mit heiler Haut davon. Der erste Vorfall ereignete sich, als sie zwölf Jahre alt war und mit einer Freundin von der Schule nach Hause ging. Sie hatten beschlossen, eine Abkürzung durch ein ziemlich menschenleeres, heruntergekommenes Viertel zu machen, sicher ein unkluges Verhalten. Als sie etwa den halben Weg zurückgelegt hatten, bemerkte Estelle etwa ein Dutzend Jungen auf der Treppe eines Hauses vor ihnen. Sie sah, daß sie anzüglich grinsten, und ihr schwante nichts Gutes, als sie sich der Gruppe näherten. Sicher wäre es am besten gewesen, wenn Estelle und ihre Freundin kehrtgemacht und in Richtung der Schule zurückgelaufen wären, aber das taten sie nicht, und plötzlich wurden sie von den Jungen eingekreist, die Obszönitäten schrien und nach ihren Brüsten und Genitalien grapschten. Estelles Freundin gelang es irgendwie zu entkommen, aber sie war noch von den Jungen umringt. Sie merkte, wie ihr

Adrenalinspiegel aus Zorn über diesen Überfall stieg, und sie schrie: »Verschwindet!« und schwang dabei ihre schwere Schultasche mit einer kreisförmig ausholenden Bewegung um sich, wodurch sie ihre Peiniger genügend abschütteln konnte, um in Richtung auf eine belebte Straße davonzulaufen.

Estelle machte einen Fehler, als sie sich für diese Abkürzung entschied, und einen zweiten, als sie nicht sofort kehrtmachte, sobald sie die Jungen erblickte. Aber in der gefährlichen Situation spielte sie ihre Karten richtig aus. Sie ließ sich nicht durch die Idee in Panik versetzen, daß alles verloren sei, als sie umringt war. Sie gab sich gegenüber ihren Angreifern nicht geschlagen und provozierte sie auch nicht noch mehr, indem sie ihnen antwortete oder sie in irgendeiner Weise reizte. Sie schrie nur ein markiges Wort (»Verschwindet!«), handelte entschieden (schwang ihre Schultasche) und lief davon. Alle ihre Handlungsweisen waren bestimmt.

Einige Jahre später, als Estelle Anfang Zwanzig war, mußte sie wieder eine ziemlich verrufene Gegend von New York durchqueren, und es schien, als ob sich der frühere Vorfall wiederholen würde. Auf ihrem Weg sah sie einen Tunnel vor sich, eine Fußgängerunterführung, und in dem Block davor saß eine Schar höhnisch grinsender Halbwüchsiger auf der Treppe vor dem Haus. Der Anblick, der Erinnerungen an die frühere Episode in ihr weckte, versetzte sie in Angst und Schrecken. Ihr erster Gedanke war, kehrtzumachen und davonzulaufen; aber sie wußte, wenn sie ihr nachliefen, würde sie nicht schnell genug sein, um ihnen zu entkommen. Deshalb ging sie weiter, und als sie sich der Treppe näherte, löste sich einer der Typen aus der Gruppe und ging auf sie zu. »Sie ist meine Freundin, und ihr laßt sie in Ruhe«, befahl er seinen Kumpeln. Dann streckte er Estelle die Hand hin. Im Bruchteil einer Sekunde schätzte sie ihre Optionen ab: Sollte sie sein Angebot ignorieren und vorwärtslaufen, sollte sie ihn verbal zurückweisen, oder sollte sie ihn als Eskorte durch dieses gefährliche Terrain akzeptieren? Sie beschloß zu riskieren, diesem jungen Mann zu vertrauen. Sie ergriff seine Hand, und er führte sie von den anderen Jugendlichen weg durch den Tunnel. Auf der anderen Seite gut angekommen, dankte sie ihm. »Du bist in Ordnung«, meinte er zu ihr.

Auch in diesem Fall schwankte Estelle nicht, sondern handelte entschieden. Sie sagte nichts Gehässiges, nichts Provozierendes zu ihren potentiellen Angreifern. Und sie vertraute ihren eigenen Wahrnehmungen: Sie spürte etwas Anständiges in dem Hilfsangebot des jungen Mannes und entschloß sich, die riskante Probe zu machen, ob es ehrlich gemeint sei.

Der dritte Vorfall ereignete sich, als Estelle mit ihren zwei kleinen Kindern, von denen sich das eine noch in einem Sportwagen befand, einen Ausflug machte. Sie waren in einem nahegelegenen Wäldchen und pflückten Heidelbeeren. Die Büsche hingen voller Beeren, und Estelle und die Kinder pflückten emsig und füllten ihre Körbe mit den Früchten. In ihr Tun vertieft, merkte Estelle nicht, daß sie vom Weg abgekommen und ins Unterholz vorgedrungen waren. Plötzlich trat knapp vor ihnen ein Mann aus dem Gebüsch hervor und machte eine unflätige Bemerkung. Estelle kehrte um und sagte ruhig und entschieden: »Kinder, kommt.« Gefolgt von den Kindern entfernte sie sich rasch von dem Mann – der ihnen zum Glück nicht folgte. Der letzte Zwischenfall ereignete sich Jahre später, als Estelle in New York an einer Zusammenkunft in der Nähe der Columbia Universität teilnahm. Auf dem Nachhauseweg stieg sie in die falsche U-Bahn und landete in einer ihr völlig unbekannten Gegend, die wenig vertrauenerweckend schien. Es war später Nachmittag, und die wenigen Leute auf den fast verlassenen Straßen waren, wie Estelle mir erzählte, »die gräßlichsten Typen«, die sie je gesehen hatte. Sie war besorgt und fürchtete sich. Als sie sich umsah, erblickte sie eine Bushaltestelle, an der ein Polizeiauto parkte. Sie ging zu dem Polizeiwagen hinüber, sagte den Beamten, daß sie sich verfahren habe, und fragte sie, ob sie sie in eine sicherere, vertrautere Gegend mitnehmen könnten. Nein, sagten sie, sie solle den Bus nehmen; sie könnten ihren Posten nicht verlassen. Unmittelbar danach fuhren sie jedoch weg, und Estelle blieb allein bei der verlassenen Haltestelle zurück. Kurz danach sah sie einen wild aussehenden, bedrohlich wirkenden Mann aus einem Gebäude treten und geradewegs auf sie zukommen. Sie wußte, daß sie nicht so schnell laufen konnte wie er. Das einzige, was ihr ratsam erschien, war, weiter auf die Straße hinauszutreten, wo sie besser sichtbar sein würde; vielleicht würde ein Auto oder Bus daherkommen. Das tat sie, wobei sie ihre Handtasche und ihren Aktenkoffer fest umklammerte. Plötzlich bog der Mann ab, kurz bevor er sie erreichte, er machte eine scharfe Kehrtwendung, ging in die Richtung zurück, aus der er gekommen war, und verschwand wieder im Haus. Als sich Estelle nach einer Erklärung für diese scheinbar wundersame Errettung umsah, erblickte sie an einer gegenüberliegenden Ecke den größten Schutzmann, den sie je gesehen hatte: an die zwei Meter groß, kräftig gebaut und mit prächtigem Schnauzbart. Er schien plötzlich aus dem Nichts aufgetaucht zu sein – wenn er nicht aus irgendeinem Operettenhimmel gefallen war. Er wachte schweigend über sie, bis einige Minuten später der Bus kam.

Man könnte sagen, daß Estelle in jedem dieser Fälle außerordentliches Glück hatte, daß das Schicksal auf ihrer Seite war, und tatsächlich spielte das Schicksal, das Glück oder der Zufall – wie immer man es nennen will – bei all diesen Ereignissen vermutlich eine Rolle. Aber ich glaube, es ist wichtig, auch auf den Part hinzuweisen, den Estelles Verhalten spielte. Obwohl sie sich in jeder dieser gefährlichen Situationen fürchtete, geriet sie nicht in Panik. Sie blieb cool, dachte klar, ging rasch ihre Möglichkeiten durch und handelte entschlossen. Zögern hätte in allen diesen Fällen tödlich sein können, aber Estelle verhielt sich nicht abwartend. Sie entschied schnell, welche Handlungsweise in einer bedenklichen Situation am sichersten für sie war, und dann handelte sie resolut. Sie sandte keine masochistischen Signale aus, die zu weiteren Angriffen hätten einladen können. Ganz im Gegenteil. Ihr selbstsicheres Verhalten wirkte abschreckend. Das war besonders interessant, weil Estelle tatsächlich eine masochistische Frau war und es ihr nicht immer gelang, diese Autonomie in anderen Bereichen ihres Lebens zum Tragen zu bringen. Aber sie hatte die seltene Fähigkeit, sich in Notsituationen zu bewähren. Diese bewirkten, daß sie Zugang zu Selbstbehauptungsreserven fand, die ihr normalerweise verschlossen waren.

Es ist wichtig zu erkennen, daß tatsächlich ein Zusammenhang zwischen Masochismus und Opferrolle besteht, obwohl sicher nicht jedes Opfer von Gewalt masochistisch ist. Wenn man diesen Zusammenhang leugnete, würde man den Frauen einen schlechten Dienst erweisen, so gern ihn manche von ihnen als Teil der patriarchalischen Erblast abtun würden, die über Bord geworfen werden muß, wenn Frauen ihre Unabhängigkeit erringen und uneingeschränkt ausüben sollen. Ein Beispiel dafür bot die Bemerkung, die eine Frau mir gegenüber machte, nachdem sie mir erzählt hatte, daß sie am Strand von einem Mann belästigt worden sei. Sie hatte allein einen der vielen Strände aufgesucht, von denen New York umgeben ist, und ihn verlassen vorgefunden. Da niemand zu sehen war, beschloß sie, ihr Hemd und ihren BH auszuziehen und sich halbnackt in den Sand zu legen. Bald erschien ein Mann, der sie in ein Gespräch verwickelte. Obwohl sie ihm klarmachte, daß sie allein sein wollte, weigerte er sich, wegzugehen. Er begann dann, anzügliche Bemerkungen zu machen. Obwohl es ihr schließlich gelang, ihre Kleider anzuziehen und den Ort zu verlassen, ohne daß ihr etwas geschah, beunruhigte sie dieser Vorfall und machte ihr Angst. »Aber ich werde mir jetzt nicht einreden, daß ich dafür mitverantwortlich war«, sagte sie zu mir, »denn das führt bloß zu ›selber schuld‹, und davon haben wir alle schon genug.«

Diese Frau hielt es für konstruktiv und selbstschützend zu leugnen, daß sie bei diesem Vorfall irgendeine Rolle gespielt hatte. Sie glaubte, ihr Leugnen repräsentiere ein Abstreifen alter, negativer Konditionierungen. Faktisch verstärkte sie damit jedoch bloß ihre Unwissenheit in bezug auf ihr eigenes Verhalten, und diese Unwissenheit verdammte sie höchstwahrscheinlich dazu, ihr Verhalten zu wiederholen. Um wieviel besser wäre es gewesen, sich klarzumachen, daß es zunächst einmal leichtsinnig von ihr war, sich in die Lage zu bringen, als Frau allein an einem völlig menschenleeren Strand zu sein. Zweifellos stellte diese Situation – halbnackt im Sand zu liegen, ohne ihr Hemd griffbereit zu haben und ohne zu merken, daß sich ein Fremder näherte – ein masochistisches Verhalten dar, das sie völlig wehrlos machte. Seinen eigenen Masochismus zu erkennen und bereit zu sein, sich damit auseinanderzusetzen, ist nicht dasselbe wie zu sagen: »Selber schuld«.

Dieses Selber-schuld-Syndrom wird in dem Artikel »Der Mörder und sein Opfer« von David Abrahamsen ganz klar herausgearbeitet. Der Autor ist ein brillanter Gerichtspsychiater, mit dem ich in diesem Punkt stark differiere, obwohl ich ihm in anderen Dingen häufig zustimme. Er zitiert den Fall einer Frau, die Nachtlokale frequentierte, um Männer kennenzulernen, und die schließlich ihren eigenen Mr. Goodbar fand und ermordet wurde. Abrahamsen schreibt, daß diese Frau von einer Neurose dazu getrieben worden sei, Nachtlokale aufzusuchen, daß sie getötet werden wollte und nach einem Mittel zu diesem Zweck suchte. Mit anderen Worten, er sagt: »Es ist ihre eigene Schuld«. Ich glaube im Gegenteil, daß sich diese Frau aus ihrem Lebenswillen heraus in diese Lage begab, wenn der eingeschlagene Weg vielleicht auch nicht der richtige, sondern eher bemitleidenswert war. Es handelte sich um eine ältere Frau, die unter Einsamkeit und dem Mangel an Möglichkeiten litt, Männer kennenzulernen, und unter dem mangelnden Interesse, das Männer an älteren Frauen haben. Sie war ziemlich verzweifelt, wie es viele Opfer sind, und ihre Verzweiflung trieb sie dazu, Risiken einzugehen und sich in potentiell gefährliche Situationen zu bringen. Aber nichts von all dem entsprang dem Wunsch zu sterben. Ich würde sagen, ihr Verhalten entstammte dem Wunsch zu leben.

Das Selber-schuld-Syndrom schiebt dem Opfer die Schuld zu. Für meine Auffassung, wonach Frauen dazu beitragen, daß sie in die Opferrolle geraten, weil sie sich machtlos fühlen und eine Botschaft der Wehrlosigkeit übermitteln, gilt dies nicht.

Selbstanklagen erhöhen nur die Summe des Leidens, das durch das masochistische System der Selbstbestrafung bedingt ist, und haben keinerlei Nutzen. Die eigenen Handlungen zu überprüfen und herauszufinden, wo wir uns durch Angst, Hilflosigkeit und Leichtsinn selbst in Schwierigkeiten bringen, lohnt sich dagegen – aus dem einfachen Grund, daß wir dadurch eine Wiederholung verhindern können.

Dr. F. Pepitone Rockwell von der Davis Medical School der Universität von Kalifornien befragte verurteilte Vergewaltiger, wie sie ihre Opfer auswählten, und stellte die genannten Merkmale den Charakteristika von Frauen gegenüber, die sich erfolgreich gegen einen Vergewaltigungsversuch zur Wehr gesetzt hatten. Die von ihm zusammengestellten Befunde sind wertvolle Hilfen, um Frauen zu raten, wie sie sich weniger anfällig für Vergewaltigungen oder andere Gewaltverbrechen machen können.

Die Vergewaltiger wählten Opfer, die unschuldig oder unsicher wirkten. Sie mieden Frauen, die sie als »grob« bezeichneten, eine Beschreibung, die ich als »bestimmt« oder »resolut« interpretieren würde. Die Vergewaltigungsopfer waren in der Regel höflich, freundlich und entgegenkommend, die Nichtopfer mißtrauisch. Frauen, die einer Vergewaltigung entgingen, dachten an Widerstandsmethoden und erinnerten sich an Ratschläge über Vergewaltigungsverhütung, sobald sie mit einem Angreifer konfrontiert waren; die Vergewaltigungsopfer konzentrierten sich auf Überleben und Tod. Sie waren so von Angst und Verwirrung geschüttelt, daß sie unfähig waren, an etwas anderes zu denken als daran, ob sie getötet werden würden oder nicht. Frauen, die der Vergewaltigung entgingen, leisteten am Beginn des Überfalls mehr verbalen und körperlichen Widerstand als die späteren Vergewaltigungsopfer.

Es ist wichtig für Frauen, daran zu glauben, daß sie sich gegen einen gewalttätigen Überfall zur Wehr setzen können. Es ist wichtig für sie, ihrer Sozialisation entgegenzuarbeiten, die sie veranlaßt, sich höflich und nachgiebig, d.h. masochistisch zu verhalten. Sobald sie mit einem Angreifer konfrontiert sind, müssen sie glauben, keine andere Wahl zu haben, als nachzugeben. Diese Einstellung hat zur Folge, daß sich Frauen nach einer Vergewaltigung depressiv fühlen. Sie verwandeln ihr Unvermögen, sich zu verteidigen, in die Überzeugung, daß sie etwas getan haben müssen, um zu dem Angriff herauszufordern.

In dem Buch *The Assertive Woman* bemerken S. Phelps und N.A. Austin in bezug auf geprügelte Ehefrauen, daß diese Frauen nicht die herrschsüchtigen Drachen sind, als die sie männliche Psychiater leider lange Zeit dargestellt haben. Den Leiterinnen von Frauenhäusern zufolge sind sie im allgemeinen gehemmt, passiv und hilflos. »In angsterregenden Situationen sind sie unfähig zu handeln«, berichten Phelps und Austin. »Es fällt ihnen schwer, eine wirksame Reaktion zu zeigen – ja überhaupt eine Reaktion.« Debra Dalton und James Kantner bekräftigen dies in ihrem Artikel »Aggression bei geschlagenen und nichtgeschlagenen Frauen gemessen am Handtest«. Nichtgeschlagene Frauen, bemerken sie, weisen höhere Aktivitätswerte auf, während geschlagene Frauen eine geringere Fähigkeit zeigen, ihre Umwelt konstruktiv zu beeinflussen, und durch eine passivere und gleichzeitig feindselige Abhängigkeit und Hilflosigkeit auffallen. Dies ist natürlich eine Beschreibung der masochistischen Frau. Sie weist diese Merkmale in allen ihren Lebenssituationen einschließlich potentiell gefährlicher Lagen auf, und diese masochistischen Eigenschaften erhöhen ihre Anfälligkeit für Gewalt.

Welche Tendenzen haben Sie, die Sie in Schwierigkeiten bringen und Sie in einer gefährlichen Konfrontation verwundbarer machen könnten als andere? Könnte sich Ihr Masochismus negativ auswirken und die Dinge noch schlimmer machen, als sie sind? Wie können Sie sich vorbereiten, um mit einer Situation, die zu körperlichem Schaden führen könnte, angemessener umzugehen? Wie können Sie lernen, Ihre Chancen zu erhöhen?

Die Reaktionsweisen, die ich vorgeschlagen habe, sind keine Garantie, daß Sie ungeschoren davonkommen. Geschickt reagieren zu können mag keine Frage von Leben oder Tod sein. Aber es wird Ihre Chance, heil davonzukommen, erhöhen, statt sie zu senken. Alles, was diesem Ziel dient, ist es wert, daß man darüber nachdenkt und es ausprobiert. Die Bereitschaft dazu kann der Beginn des Lernens sein, sein eigenes Leben mit Umsicht zu führen.

11

Der Peiniger

Peiniger treten in vielen verschiedenen Formen und Dimensionen auf. Manche sind leicht erkennbar, andere weit weniger auffällig. Sie existieren in allen Schichten der Gesellschaft. Der Grad, in dem sie ihre Opfer verletzen, ist höchst unterschiedlich. Und natürlich wird jede Interaktion zwischen Peiniger und Opfer nicht nur durch den Peiniger, sondern auch durch sein Opfer gestaltet. Die Persönlichkeit und der Charakter beider Beteiligten prägen und beeinflussen jedes Zusammentreffen. Man kann jedoch drei große Kategorien unterscheiden, denen die meisten Peiniger zuzurechnen sind.

Der erste Typus ist sicherlich der harmloseste, und die Verletzungen, die er zufügt, sind nicht gewalttätiger, sondern fast prosaischer Natur. Er ist derjenige, von dem die harmlosen Beleidigungen ausgehen, die der Masochistin im Laufe des Tages widerfahren. Er kann jemand sein, der keinerlei Beziehung zu seinem Opfer hat, jemand, mit dem sie nur in flüchtige Berührung kommt: der Verkäufer, der sie im Laden ignoriert, der Bankangestellte, der sie mit Verachtung behandelt, der Versicherungsvertreter, der ihr herablassend begegnet. Oder es kann jemand sein, der in ständigem Kontakt mit dem Opfer steht, z.B. ihr Gynäkologe oder ihr Steuerberater oder vielleicht auch ein flüchtiger Bekannter. Wenn sich eine dieser Personen schroff, ungeduldig oder intolerant verhält, dann fügt sie dem Opfer eine kleine Kränkung zu. In diese Kategorie fallen jene täglichen Vorkommnisse, bei denen sich die Masochistin, die sich machtlos fühlt, der Macht eines anderen Menschen ausliefert, der sie dann in irgendeiner Weise angreift. Viele dieser Peiniger, das sollte ich hinzufügen, mögen durchaus anständige Menschen sein. Aber wenn ihnen die Masochistin quasi ihre blanke Kehle darbietet, können sie nicht widerstehen, zuzubeißen, da sie so verdammt unterwürfig ist.

Die zweite Art von Peiniger ist jemand, der eine Beziehung zu seinem Opfer hergestellt hat, eine Beziehung, die als sadomasochistisch bezeichnet werden könnte. Die Masochistin tut sich häufig mit jemandem zusammen, der sadistische Tendenzen hat, wie ich angedeutet habe. Er neigt zur Grausamkeit, zu dem Gefühl, Macht über seine Partnerin zu haben, und zu einer ausgeprägten Egozentrik, d.h. seine Bedürfnisse haben Vorrang vor denen aller anderen. Sein Opfer ist ihm nützlich, es bietet ihm gewöhnlich einen funktionierenden Haushalt, vielleicht zusätzliches Einkommen und sexuelle Befriedigung. Sie glaubt, er liebe sie, aber in Wirklichkeit beutet er sie bloß aus. Die Paradoxie seiner Bindung an sie besteht darin, daß er sie sowohl besitzen als auch beseitigen möchte. Das eigentliche Ziel des Sadismus ist die vollständige Niederlage des anderen. Bei der Verfolgung dieses Ziels kann der Sadist immer brutaler werden. Tatsächlich sind viele Selbstmorde auf diese zunehmende Grausamkeit zurückzuführen, obwohl die Psychiatrie im allgemeinen dazu tendiert, der Selbstmörderin die Schuld zu geben. In den Jahren meiner Praxis habe ich Dinge erlebt, die mich zur Auffassung bewogen, daß es oft der Peiniger ist, der die Masochistin durch seine fortgesetzte zerstörerische Grausamkeit in den Selbstmord treibt.

Ich habe diese beiden erstgenannten Typen des Peinigers bereits in den vorangegangenen Kapiteln ziemlich eingehend erörtert. Die dritte Kategorie ist diejenige, über die wir allzu häufig in den Schlagzeilen unserer Zeitungen lesen, und denen die Nachrichtensendungen des Fernsehens so außergewöhnlich viel Zeit widmen. Das ist der Mörder, der Vergewaltiger, der Mann, der beide Gewaltverbrechen begeht, der Massenmörder, der Mann, der in Verfolgung seiner eigenen pathologischen Ziele unschuldige Menschen als Geiseln hält. Dieser Täterkreis leidet an einem Größenwahn, der in den beiden anderen Kategorien nicht so vorherrschend ist, ein Wahn, der durch die immer größer werdende Isolierung von der Gesellschaft und anderen Menschen zustandekommt. Diese Gewalttäter sind gemeingefährlich; ihre Aggressionen nehmen in dem Maße zu, wie ihre Isolierung zunimmt. Während Angst bewirkt, daß wir uns hilflos und verletzbar fühlen, verleiht uns Wut ein Gefühl der Macht und Unbesiegbarkeit. Diese Gewalttäter fühlen sich schließlich vor allem überlebensgroß. Sie glauben, nicht mehr denselben Gesetzen, denselben Kräften unterworfen zu sein, die gewöhnliche Menschen steuern. Ohne irgendeinen Ballast sozialer Bindungen, die sie zügeln könnten, existieren sie in einer Stratosphäre, die ein Produkt ihres eigenen Wahns ist. Viele dieser Täter sind Soziopathen oder Psychopathen, Menschen ohne Gewissen, die keine Reue oder Scham über ihre Handlungen empfinden. Allgemein anerkannte gesellschaftliche Überzeugungen und Werte sind bei ihnen nicht vorhanden. Sie leben in Konflikt mit der Gesellschaft, nicht als Teil derselben. Wie Haie bewegen sie sich in den gesellschaftlichen Gewässern auf der Suche nach Beute, um ihre Bedürfnisse zu stillen, wobei es ihnen ganz gleich ist, wie sie sie erlangen. Dies sind die Peiniger, mit denen ich mich jetzt auseinandersetzen möchte.

Seelische Eigenschaften werden auf Mutters und Vaters Schoß erworben. Kinder werden durch die Behandlung geformt, die sie von ihren Eltern oder sonstigen Pflegepersonen erfahren, durch die Beispiele, die ihnen gegeben werden, durch die Werte, die vertreten werden. Und ohne Zweifel haben nach meiner Überzeugung die Menschen, die zu gewalttätigem Verhalten neigen, in ihrer Kindheit selbst unter Gewalttätigkeit gelitten. Der Peiniger ist selbst in der Lage des Opfers gewesen; das ist mehr als alles andere verantwortlich für die Entstehung der Aggressionen, die er an anderen ausläßt, wenn er erwachsen ist.

Das Klischeebild des grausamen Kindes ist der kleine Junge, der einer Fliege methodisch die Flügel ausreißt. Dies wird gelegentlich als das erste Anzeichen wissenschaftlicher Neugier, eines jungen Geistes, der die Umwelt erforscht, wegrationalisiert. Ich möchte behaupten, daß erwachende Wißbegierde niemals diese Form annimmt. Der kleine Junge, der einer Fliege die Flügel ausreißt, ist ein Kind, das selbst mißhandelt wurde. Er weiß, daß sein Tun der Fliege wehtut und ihr schadet. Er weiß das, weil er selbst das Opfer grausamer Behandlung war. Seine Grausamkeit gegenüber der Fliege sagt eines laut und deutlich: Ich tue der Fliege an, was mir angetan wurde – ich möchte auch über jemand oder etwas Macht haben.

Ein Patient schrieb mir einmal einen Entschuldigungsbrief, der eine sehr prägnante Beschreibung dieses Elements der Persönlichkeit des Peinigers enthielt. »Ich bin ein Menschenschinder gewesen«, hieß es in dem Brief, »und habe zwanghaft Menschen, die ich gern habe, und Menschen, die mich gern haben oder die anfingen, mich zu mögen, oder die mir helfen wollten, Dinge angetan, die mir von anderen angetan wurden, als ob mir meine Verletzungen das Recht dazu gäben, als ob meine Verletzungen geringer würden, wenn ich andere verletze ... Wenn ich mir das Schlamassel ansehe, in das ich mich gebracht habe, wie ich es jetzt tue, dann frage ich mich, wieweit dieser Kampf darauf zurückzuführen ist, daß ich die Verletzungen, die mir zugefügt wurden, nie vergeben habe.«

Der Psychologe Stanley Rosenman weist in seiner Erörterung des Antisemitismus auf wesentliche Elemente der Psychologie des Peinigers hin. Individuen tragen ebenso wie Nationen durch die unmittelbare oder stellvertretende Teilnahme an der Dezimierung anderer zum Aufbau ihrer Selbstachtung und zur Festigung ihres Ichs bei, erklärt Rosenman. Der gewalttätige Peiniger gewinnt durch sein Verhalten ein verlorengegangenes Gefühl der Allmacht zurück. Häufig selbst abhängig und untüchtig, sucht der Peiniger seine Furcht vor Schwäche oder Tod zu überwinden, indem er sein Opfer tötet. Wenn er tötet oder vergewaltigt, ist er der gottähnliche Schöpfer. Indem er, gewöhnlich symbolisch, die mächtige Person vernichtet, der er die Schuld an seiner Schwäche gibt, hofft er, die Herrschaft über sein eigenes Schicksal wiederzugewinnen.

Sowohl der Sadist als auch die Masochistin wachsen in großer Furcht auf; beide werden in der Kindheit das Opfer von Mißhandlungen. Aber beim Peiniger, der im allgemeinen krasseren Mißhandlungen ausgesetzt war – Mißhandlungen, die häufiger körperlicher als verbaler Art waren –, wird Wut über die Mißhandlung zum beherrschenden Gefühl und verdrängt die Furcht. Die Masochistin bleibt dagegen in der Furcht stekken. Aber beide Typen, die oft in einer schrecklichen Konstellation aufeinandertreffen, sind die Produkte einer ähnlichen Kindheit.

Die schlechte Behandlung, die einem späteren Peiniger von seinen Bezugspersonen zuteil wird, kann körperlicher oder seelischer Art, beabsichtigt oder unbeabsichtigt sein. Unbeabsichtigter seelischer Schaden kann beispielsweise einem Kind von einer Mutter zugefügt werden, die in einer Rolle gefangen ist, die sie sich nicht wünschte, und die darüber wütend ist. Ihre Aggressionen werden sich bedauerlicherweise gegen das Kind richten. Eine Frau, die gegen ihren Willen Mutter wird, beschädigt zwangsläufig ihr Kind, sosehr sie sich auch bemühen mag, liebevoll zu sein (ein gewichtiges Argument für Abtreibung, wie ich glaube).

Man kann drei Grundhaltungen oder -einstellungen zur Mutterschaft unterscheiden, die sich im Laufe der Entwicklung eines Kindes immer wieder zeigen. Sie basieren auf der reproduktiven Erfahrung als solcher, der Motivation für die Schwangerschaft und schließlich auf der fundamentalen Annahme oder der Ablehnung des Kindes. Zwei dieser Haltungen können für das Kind sehr schädlich sein. Zwei davon können einen potentiellen Peiniger hervorbringen.

Die erste Haltung ist durch Leugnung gekennzeichnet: Du bist nicht wirklich geboren worden, du bist immer noch ein Teil von mir und kannst ohne meine ständige Fürsorge nicht wachsen. M.J. Zemlick und Robert I. Watson führten eine

Untersuchung durch, die einen Zusammenhang zwischen mütterlicher Ablehnung und der Entstehung von überbeschützendem Verhalten als Abwehrmechanismus ergaben, der dazu dient, die wahren Gefühle der Mutter gegenüber ihrem Kind zu verleugnen. Die Mutter, die das Kind als Teil von sich selbst betrachtet, verlangt, daß es so aufwächst und sich entwickelt, wie sie das wünscht. Zu diesem ausbeuterischen Zweck benutzt sie verschiedene Manipulative, nötigende und verführende Techniken, die für das Kind äußerst schädlich sein können.

David Levy setzt sich mit der Entwicklung des Verbrechers auseinander und geht in diesem Zusammenhang auch auf die Frage der mütterlichen Überbesorgtheit ein. Wenn diese mit einem abwesenden oder grausamen Vater kombiniert ist, stellte Levy fest, dann ist sie ein Faktor, der zur Entstehung einer kriminellen Persönlichkeit beiträgt. Diese mütterliche Haltung erzeugt eine Anfälligkeit für Verführung sowie eine Wut darüber, und sie fördert auch den Aspekt des charmanten Jungen, den soviele Peiniger zu besitzen scheinen. Sie lernen früh, wie sie ihre Mütter umgehen können, wie sie sie um den Finger wickeln können, um ihre Ziele zu erreichen. Diesen Charme lassen sie gegenüber ihren Müttern spielen, obwohl sie wegen des halsstarrigen, besitzergreifenden oder verführerischen Verhaltens der Mutter gleichzeitig von Haß auf sie erfüllt sind.

Die zweite mütterliche Haltung könnte man so ausdrücken: Du wurdest geboren, aber ich kann es nicht ertragen. Hier ist weniger Verleugnung und mehr offene Aggression seitens der Mutter vorhanden. Sie beteiligt sich so wenig wie möglich an der Fürsorge für ihr Kind, sie ist unaufmerksam, abgelenkt, sie isoliert sich und benutzt verschiedene andere distanzschaffende Techniken. In extremen Fällen kann diese Frau zur mißhandelnden Mutter werden und ihr Kind mit Grausamheit und mörderischem Zorn behandeln. Der potentielle Schaden für das Kind liegt auch hier auf der Hand.

Die dritte und ideale Haltung sagt dem Kind: Ich werde dir

helfen, in der Art und Weise aufzuwachsen, wie es am besten für dich ist. Dies hat im allgemeinen ein psychisch und emotional gesundes Kind zur Folge.

Wenn ein Kind schlecht behandelt wird, kommt es zur Überzeugung, von seinen Eltern nicht geliebt zu werden. Diese wandelt sich zu dem Glauben, nicht liebenswert zu sein. Da es nicht liebenswert ist, muß es wertlos und schlecht sein. Andernfalls würde es nicht schlecht behandelt werden. Um diese Gefühle der Minderwertigkeit zu kompensieren, beginnt es, ein Gefühl seiner eigenen Macht auf negative, gefährliche Weise zu formulieren und den Größenwahn zu entwickeln, den ich bereits erwähnt habe. »Ich werde besser sein als ihr alle miteinander«, beginnt dieser junge Mann zu denken. »Ich bin stärker, wichtiger, potenter.« Dieser Größenwahn, der bei fast allen gewalttätigen Peinigern vorhanden ist, ist vielleicht beim Präsidentenmörder am augenfälligsten: »Wenn ich den Präsidenten ermorde, dann bin ich wichtiger als er.«

Die Aggressionen, die sich in einem Kind anstauen, das sehr schlecht behandelt wird, führen dazu, daß es zunächst seine Peiniger und dann alle anderen Menschen als Feinde betrachtet. Und es bringt kein Mitgefühl für seine Feinde auf. Es kümmert sich nur um sich selbst, seine eigenen Bedürfnisse, seinen Wunsch, weiteren Verletzungen zu entgehen und selbst nicht zum Opfer zu werden. Der Feind hat es verletzt; deshalb spielt es keine Rolle, auf welche Weise es Vergeltung übt. Es stellt sich gegen die Gesellschaft, und während seine Isolierung und sein Antagonismus zunehmen, ist es außerstande, die Rolle zu sehen, die es in diesem Prozeß spielt. Jetzt ist es der Peiniger und schindet andere Menschen, so wie es einst geschunden wurde. In einer Perversion der goldenen Regel ist es jetzt derjenige, der Gewalt ausübt und anderen das antut, was ihm angetan wurde.

Ohne Frage trägt der Peiniger in seiner Kindheit schlimme Wunden davon. Aber ich möchte wiederholen, daß mir dies nicht als ausreichender Grund erscheint, um ihn zu bemitleiden. Es ist tragisch, daß sein Leben ruiniert wurde. Aber noch tragischer ist der Schaden, den er Unschuldigen zufügt. Seine Opfer sind es, die wahrhaft unser Mitgefühl verdienen.

Alle gewalttätigen Peiniger sind mit Haß und Wut erfüllt. Bei Vergewaltigern gilt dieser Haß den Frauen; er gilt der Mutter. Vergewaltiger sind keine sexbesessenen Lustmolche. Es sind Männer, bei denen Impotenz in gewöhnlichen sexuellen Situationen verbreitet ist und ein starkes Bindeglied zwischen Sex und Gewalt, Sex und Nötigung besteht. Es kann sein, daß sie sexuelle Befriedigung nur in Verbindung mit Gewalt erleben können. Es wurde vor kurzem festgestellt, daß Vergewaltigung kein sexueller Akt, sondern ein Akt der Aggression ist. Richtiger wäre es zu sagen, daß Vergewaltigung ein sexueller Akt ist, bei dem die gewaltsame Erniedrigung des anderen das primäre Ziel ist.

Freud lieferte uns die erste wichtige Einsicht in diese Zusammenhänge. In einer Abhandlung mit dem Titel »Ein Kind wird geschlagen« stellte er fest, daß manche Patienten mit geäußerten Phantasien des Geschlagenwerdens Lustgefühle verbanden und daß dieses Empfinden beträchtliche Scham und Schuldgefühle auslöste. Er bemerkte auch, daß auf das nackte Gesäß geschlagen werden ein häufiges Element dieser Phantasien war und daß sich in diesen Phantasien manchmal echte Kindheitserlebnisse spiegelten. Schläge auf den nackten Po bewirken zwangsläufig eine Stimulierung des Penis, insbesondere, wenn das Kind entweder übers Knie gelegt wird oder auf dem Bauch liegt. Diese Phantasien verraten die Verbindung zwischen Schmerz und erotischer Stimulierung. Es bedurfte in der Folge keines sehr großen Sprunges, um zu erkennen, wie Haß und sexuelle Stimulierung zusammentreffen. Gewalt und Grausamkeit in der Kindheit können als bleibende Folge Ressentiments und Haß und die Verknüpfung von sexueller Erregung mit Schmerz zurücklassen. Der Vergewaltiger sagt sogar: Ich war das geschlagene, machtlose, sexuell erregte Kind; jetzt bin ich der mächtige, sexuell aktive, strafende Vater.

Diese Art der Umkehrung zeigt sich in den Verhaltensweisen vieler Verbrecher. Die Form, die ihre Gewalttaten annehmen, ist nicht willkürlich. Sie agieren an ihren Opfern das aus, was ihnen nach ihrem Gefühl angetan wurde. Erwürgen ist ein recht verbreitetes Beispiel dafür. Männer, die ihre Opfer erwürgen, hatten aller Wahrscheinlichkeit nach sehr strenge, beherrschende Mütter, die ständig Dinge (Nahrung, Ideen, Meinungen) in sie hineinstopften. Das gab ihnen das Gefühl zu ersticken. Solche Männer wachsen mit einem ungeheuren Haß gegen Frauen auf, und sie lassen an ihren Opfern das Gefühl aus, das sie früher hatten, nämlich, von ihren Müttern erwürgt zu werden.

Ich habe erwähnt, daß der Peiniger oft über einen beträchtlichen Charme verfügen kann. Den mußte er entwickeln, um im Leben durchzukommen; er mußte eine Verhaltensweise finden, die es ihm gestattet, die Härte von sich abzuwenden, die er erwartet, und seine wahren Gefühle des Hasses zu verbergen. Er kann dies durchaus zufällig entdecken, gewöhnlich in der Beziehung zu seiner Mutter, wenn ihm eines Tages ein Verhalten Anerkennung statt Strafe einträgt. Er merkt sich dieses gewinnende Verhalten; er begreift, daß er dadurch erreicht, was er will. Und er beginnt, seinen Charme in derselben Art zu entwickeln, wie jemand anderes darangehen würde, neue Werkzeuge gebrauchen zu lernen. Er merkt, daß dies eine Fähigkeit ist, die ihm gute Dienste leisten kann.

Charme ist etwas, was der Peiniger studiert und sich aneignet, wenn auch nicht unbedingt bewußt, um damit die Hürden zu nehmen, die sich ihm entgegenstellen; er ist etwas, was ihm hilft, sich durchzumogeln. Dieser Charme beschränkt sich natürlich, so hochentwickelt er ist, auf die Oberfläche. Ein autonomer, scharfsichtiger Mensch wird diesen oberflächlichen Charme vielleicht durchschauen und die Anzeichen der dahinter verborgenen Aggressionen bemerken, die sich an irgendeiner Stelle trotz der Bemühungen des Peinigers, sie zu verbergen, zeigen werden. Der Masochistin wird es weniger leicht gelingen, hinter diese Maske zu blicken, sie wird sich eher vom Charme täuschen lassen und daher auch leichter in die Opferrolle geraten. Chaplins Film *Monsieur Verdoux* enthielt ein ausgezeichnetes Porträt des Sadisten als Charmeur. Verdoux ist ein Mann, der ältere Frauen völlig für sich einzunehmen versteht, bevor er sie erwürgt.

Es gibt drei andere Typen von Triebtätern, die ebenfalls in die dritte Kategorie gehören: der Voyeur, der Exhibitionist und der obszöne Anrufer. Was diese Männer mit dem Vergewaltiger verbindet, ist, daß ihre feindseligen Gefühle einen sexuellen Ausdruck finden. Sie besitzen dieselben seelischen Elemente wie der Vergewaltiger, aber diese Elemente nehmen bei ihnen eine andere Form an. Der Voyeur haßt Frauen ebenso wie der Vergewaltiger; er kann keine echte sexuelle Beziehung eingehen, sondern muß seine Distanz wahren. Der Exhibitionist leidet zweifellos an derselben Art von Wut gegenüber Frauen, und er hat dasselbe Bedürfnis, sie zu demütigen, wie der Vergewaltiger. Der obszöne Anrufer bleibt seinem Opfer ferner, aber sein Akt ist trotzdem ein Angriff, eine Form der symbolischen Vergewaltigung.

Unter Fachleuten bestand bisher die Auffassung, daß diese Typen im wesentlichen harmlos seien und daß sie keine Vergewaltigung versuchen würden. Aber ich bin da nicht so sicher. Ich halte es für durchaus möglich, daß einer dieser Tätertypen tatsächlich zu einer Vergewaltigung fähig wäre; unter den richtigen Umständen könnte er leicht von der symbolischen zur faktischen Vergewaltigung übergehen. Tatsächlich ist mir mehr als ein Fall bekannt, in dem ein Exhibitionist zum Vergewaltiger wurde.

Der Nekrophile sollte ebenfalls hier erwähnt werden. In »Die Anatomie der menschlichen Destruktivität« erklärt Erich Fromm, daß der Nekrophile auf den Tod fixiert sei, daß es ihn dazu treibe, das Leben in Tod zu verwandeln. Dies zeigt sich eindringlich in dem französischen Film *Le Bonheur*, der die Geschichte einer Näherin erzählt, die mit einem sadistischen Charmeur verheiratet ist. Eines Tages, auf einem Picknick, verschwindet der Ehemann, ohne sich um die Gefühle seiner Frau zu kümmern, und verführt eine andere Frau. Die Ehefrau ertränkt sich, und als der Mann zurückkehrt und ihre Leiche, die aus dem Wasser gezogen wurde, auf dem Boden liegen sieht, wirft er sich über sie und beginnt, einen Koitus zu mimen. Ihr Tod erweckt in ihm Potenz. Im Tod kann er sie in gewissem Sinn lieben, weil er es jetzt nicht mehr mit einer Person zu tun hat, sondern nur noch mit einem Leichnam.

Ich glaube, es wäre an diesem Punkt aufschlußreich, einen genaueren Blick auf einen Mann zu werfen, der als Gewaltverbrecher entlarvt wurde. Man kann sich kein besseres Beispiel dieser Spezies vorstellen als Ted Bundy, der gegenwärtig in einer der Todeszellen des Staatsgefängnisses von Florida einsitzt, des Mordes an zwei Frauen überführt ist und der Tötung von vielleicht Dutzenden weiterer verdächtigt wird. Es war Bundy, der 1978 in das Chi Omega Studentinnenheim der Florida State University in Tallahassee eindrang, innerhalb weniger Minuten zwei Frauen durch Keulenhiebe tötete und zwei weitere bewußtlos schlug. Eine der getöteten Frauen erlitt einen so brutalen Schlag auf die Stirn, daß ihr Gehirn bloßgelegt wurde. Die andere war mit einer Haarspraydose anal penetriert worden; eine ihrer Brustwarzen war fast abgebissen. Eine weitere tiefe Bißwunde hatte sie im Gesäß. Unmittelbar nach Verlassen der Szene dieses Massakers überfiel Bundy in einer benachbarten Wohnung eine weitere schlafende Studentin; sie überlebte nur, weil die dumpfen Schläge, mit denen Bundy auf sein Opfer eindrosch, die Nachbarn aufweckten und er verscheucht wurde. Als man ihn einen Monat später verhaftete, wurde er auch der Entführung und Ermordung eines zwölfjährigen Mädchens sechs Tage vor seiner Festnahme angeklagt. Er hatte schon mehrere Jahre zuvor, als Jurastudent, zu morden begonnen. Mindestens sechzehn junge Frauen fielen ihm zum Opfer, die aus vier verschiedenen Staaten stammten: Washington, Oregon, Utah und Colorado.

Nachdem Bundy in Florida verurteilt und als wahrscheinlicher Täter der rätselhaften Mordserie an der nördlichen Pazifikküste entlarvt worden war, erschien eine Reihe von Büchern und Artikeln über ihn. In allen diesen Veröffentlichungen wurde hervorgehoben, wie weit entfernt Ted Bundy vom Klischeebild des Massenmörders sei, ja daß er als Antithese aller Vorstellungen erscheine, die diese Rolle heraufbeschwöre. Bundy hatte offenbar nichts von einem Scheusal an sich. Er sah gut aus und war gebildet; Zeugen beschrieben ihn als intelligent, fürsorglich und mitfühlend, den anhänglichen Sohn einer ihn vergötternden Mutter, charismatisch und politisch versiert; manche meinten sogar, er hätte Chancen gehabt, Gouverneur des Staates Washington zu werden. Es fehlte nicht viel, und er wäre zum Leiter des Beratungsausschusses für Verbrechensverhütung von Seattle ernannt worden, eine Vorstellung von fast unerträglicher Ironie. In diesen Berichten wurde er als fabelhafter, begabter und unerhört sympathischer Typ beschrieben, dessen Leben in unerklärlicher und entsetzlicher Weise plötzlich aus der Bahn geraten war. Ich bin der Auffassung, daß dieses Bild weder so einfach noch so rosig sein kann.

Obwohl ich keine Informationen aus erster Hand über Bundy besitze und die Kenntnisse, die ich über seinen Hintergrund habe, begrenzt sind, sagt mir das, was ich weiß, daß die Keime zu seiner Psychopathie früh gelegt wurden, wie das immer der Fall ist. Das beginnt damit, daß er oft als Abgott seiner Mutter beschrieben wird; das allein kann eine gefährliche Position für ein Kind sein. Es deutet gewöhnlich darauf hin, daß die Mutter aus ihrem Sprößling Ersatz für eine Befriedigung zieht, die sie von einem Erwachsenen, ihrem Lebenspartner, erhalten sollte. Im Fall von Bundys Mutter existierte keine solche Figur. Sie und ihr uneheliches Kind Ted lebten bei ihren Eltern, wobei seine Unehelichkeit durch die Fiktion vernebelt wurde, daß Ted das Kind ihrer Eltern sei, daß er und seine Mutter Geschwister seien. Man kann sich die Konflikte, Spannungen und Ängste vorstellen, die in diesem Haushalt herrschten. Die Eltern müssen Groll und Scham über ihre Tochter empfunden haben, die sich über sie und ihre religiösen Wertvorstellungen hinweggesetzt hatte; die Tochter muß sich über ihre Verurteilung und das Kind geärgert haben, das sie am Halse hatte, und sie leugnete diese Gefühle, indem sie ihren Sohn zu vergöttern vorgab.

Wogen des Hasses, der Wut, der Schuldgefühle und Ressentiments müssen ständig über die Erwachsenen und das Kind hinweggeschwappt und schließlich unerträglich geworden sein, denn als Ted vier Jahre alt war, übersiedelten seine Mutter und er zu anderen Verwandten nach Tacoma im Bundesstaat Washington. Selbst nach dieser Übersiedlung wurde die Fiktion aufrechterhalten, daß Ted und seine Mutter Geschwister seien. Ohne mehr darüber zu wissen, kann ich sagen, daß dies ein Kind aus schwer gestörten Familienverhältnissen ist. Man füge dem hinzu, daß Ted, als seine Mutter schließlich einen Mann namens Bundy heiratete, zwar dessen Namen annahm, ihn aber nicht als Vaterfigur akzeptierte, daß er in der Grundschule die Zielscheibe demütigender Hänseleien seitens seiner Klassenkameraden war (Hänseleien richten sich sehr häufig gegen gestörte Kinder) und daß er als Halbwüchsiger keinerlei Beziehungen zu Mädchen hatte – und das Bild weicht beträchtlich von dem Eindruck völliger Normalität ab, der gewöhnlich erweckt wird.

Daß Bundy charmant ist, bezweifle ich nicht. Wie ich sagte, verstehen es Psychopathen häufig, Charme zu entwickeln. Das ist ihr Rüstzeug, ihr Passierschein, und wird als solcher zu dem einen, überdeterminierten Charakterzug, der fast überwältigend sein kann. Dies erklärt, glaube ich, die Schilderungen Bundys als charismatisch, einnehmend und »kennedyhaft«. Aber trotz seines beträchtlichen Charmes muß es Anzeichen der dahinter verborgenen Störung gegeben haben, die für scharfsichtige Beobachter erkennbar waren. Bedauerlicherweise besaßen anscheinend weder seine Opfer noch die Personen, die ihn in seinem »normalen« Leben kannten, diesen Scharfblick.

Bundy hat immer behauptet, an allen Morden unschuldig zu sein, sowohl an jenen, deren er angeklagt wurde, als auch an jenen, deren er verdächtigt wird. Die Journalisten Stephen G. Michaud und Hugh Aynesworth suchten seine Mithilfe für ein Buchprojekt, wurden aber enttäuscht von Bundys beharrlicher Weigerung, sich mit seiner Schuld auseinanderzusetzen, bis sie schließlich einen Ansatzpunkt fanden, von dem sie glaubten, daß er Bundys Ego schmeicheln und sein Leugnen durchbrechen könnte. Als der Verdächtige in diesen Fällen habe er doch eine Menge Wissen angesammelt, sagten sie zu ihm. Er habe auch Psychologie studiert und besitze sichtlich einen scharfen Verstand. Warum, legten sie ihm nahe, *spekulierte* er also nicht darüber, welche Art von Mensch solche Verbrechen begehen würde, und über seine Motive dafür? Bundy war dazu bereit, sogar erpicht darauf. Psychiater, die die von Michaud und Aynesworth angefertigten Tonbänder gehört haben, sagen, es gebe keinen Zweifel, daß Bundy über sich selbst spreche.

Bundy schildert, wie in »dem Killer« nach und nach ein »Etwas«, ein »deformiertes Selbst«, ein »bösartiges Wesen« herangewachsen sei. Am interessantesten war für mich die Rolle, die die Pornographie bei diesem Wachstum spielte. Die Pornographie, sagt Bundy, habe ihn in Richtung auf zunehmende Gewalt getrieben. Seine Gedanken über Sex hatten angefangen, sich auf Vorstellungen sexueller Gewalttätigkeit zu konzentrieren. Die Pornographie gab ihm die Erlaubnis, diese Gedanken zu verfolgen und sich vorzustellen, danach zu handeln. Im Grunde gewalttätig gegenüber Frauen, drückte die Pornographie, die von der Gesellschaft und sogar auch von vielen Fachleuten geduldet wird, den bösartigen Tendenzen Bundys das gesellschaftliche Siegel der Billigung auf. Sie beseitigte die Hemmungen, die er noch besaß; sie ließ die letzten Schranken fallen.

Der verstorbene Alexander Pickel, Professsor für Verfassungsrecht an der Yale Universität, zählte zu den wenigen mutigen Stimmen unter den Juristen, die bereit waren, Pornographie uneingeschränkt zu einer Gefahr zu erklären. In seinem Buch *Morality of Consent* führte er aus, daß es zwar nicht immer möglich sei, die Intentionen unserer Gesetze zu verwirklichen, daß unsere Gesetze aber dennoch einen Konsens unserer Empfindungen darstellten; sie drücken die allgemeinen Überzeugungen der Gesellschaft aus, was richtig und was falsch ist. Die Abschaffung der Antipornographiegesetze, sagte er, habe eine Erklärung bedeutet, daß Pornographie für uns als Gesellschaft akzeptabel sei.

In dem Buch *Understanding Sexual Attacks* von Dr. West, Dr. Roy und Dr. Nichol berichten die Autoren, daß die Gruppentherapie unter inhaftierten Vergewaltigern gezeigt habe, wie unglücklich und innerlich zerrissen Vergewaltiger seien. Ihr zwanghaftes Verhalten sei in allen seinen Aspekten aggressiv und gewalttätig; im Mittelpunkt ihres Interesses stehen pornographische Materialien, und sie neigen zu entsprechenden Phantasien. Diese Fixierung kann natürlich als Abwehrreaktion auf ihre Entfremdung und ihre Beziehungslosigkeit gesehen werden. Aber sie führt zu weiterer Entfremdung durch Gewalt. Bundy entnahm zweifellos der Pornographie die Botschaft, daß Gewalt gegenüber Frauen akzeptabel sei, und aufgrund dieser Botschaft eskalierte seine Krankheit.

Diana Scully und Joseph Marolla, Professoren an der Virginia Commonwealth Universität, glauben, daß Vergewaltiger in vieler Hinsicht nicht anders sind als die meisten Männer, daß sie Produkte einer Gesellschaft sind, die den Eindruck vermittelt, daß sexuell aggressives Verhalten in Ordnung und Vergewaltigung bloß der Extremfall dieser erlernten Haltung sei. Diese Männer lernen nicht nur sexuelle Gewalttätigkeit von der Gesellschaft, behaupten Scully und Marolla, sie eignen sich auch ein Vokabular an, das dazu dienen kann, Gewalt gegen Frauen in gesellschaftlich akzeptablen Begriffen zu erklären.

Bundy schildert, wie Gewalt gegen Frauen und sexuelle Aktivität im Bewußtsein »des Killers« miteinander verschmolzen, wie er seinen Opfern auflauerte und wie er zu morden begann. Er macht klar, daß die Euphorie des Killers durch die Eroberung und Demütigung von Frauen zustande kam. Detailliert einen Mord beschreibend, erzählt er, wie er eine junge Anhalterin mitnahm, sie zu einer Party in seiner Wohnung einlud, ihr auf dem Weg dorthin schmeichelte und sie unterhielt (»um die ganze Begegnung harmlos erscheinen zu lassen und zu verhindern, daß sie Verdacht schöpfte«). In der Wohnung angekommen, gab er ihr nach den Drinks, die sie an diesem Abend bereits gehabt hatte, noch mehr Alkohol, trank selbst eine Menge und erwürgte sie schließlich nach dem Geschlechtsverkehr. Welch ein vollkommenes Beispiel dafür ist dies doch, wie eine Frau zu ihrem eigenen Ruin beitragen kann. Sie begab sich selbst in eine gefährliche Lage, als sie per Anhalter fahren wollte, insbesondere, nachdem sie einiges getrunken hatte. Sie war bereit, Bundy – einen ihr fremden Menschen – in sein Haus zu begleiten, wobei sie seine Prämisse akzeptierte, daß dort eine Gesellschaft im Gange sei. Sie vernahm keine dissonanten Töne in seinen Äußerungen im Auto, obwohl diese vorhanden sein mußten. Als sie bei seinem Haus ankamen und sie sah, daß da keine Party war, machte sie nicht sofort kehrt, falls dies noch möglich war. Sie sprach weiterhin dem Alkohol zu. Sie ließ sich »mehr oder weniger freiwillig« auf Sex mit ihm ein.

Ein zweiter Vorfall, den Bundy recht ausführlich beschreibt, enthält eine weitere warnende Botschaft. Verstört über die Morde und nach jedem an Reue leidend, entschloß sich der Killer gewissermaßen zu einem Kompromiß: Er würde sein Opfer vergewaltigen, statt es zu ermorden, und würde dafür sorgen, daß es keine Möglichkeit der Entdeckung gab, um nicht gezwungen zu sein, es zu töten. Zu diesem Zweck begab er sich eines Abends auf die Pirsch und durchstreifte in seinem Auto die Vororte der Stadt, in der er wohnte. Als er eine junge Frau allein in einer dunklen Straße gehen sah, parkte er sein Auto in einiger Entfernung hinter ihr, näherte sich ihr dann mit gezücktem Messer und drängte sie von dem Gehsteig in ein Gebüsch. Er befahl ihr, sich zu fügen und zu tun, was er wollte. Sie begann mit ihm zu streiten und sagte, sie glaube nicht, daß er ihr etwas antun werde. Er bemühte sich sehr, bei seiner Absicht zu bleiben, ihr nichts zuleide zu tun; sie fuhr fort, mit ihm zu streiten, und begann schließlich zu schreien. Er geriet in Panik, fürchtete, jemand werde sie hören, legte ihr die Hände um den Hals und drückte zu, »nur um sie bewußtlos zu machen, damit sie nicht mehr schrie«. Dann vergewaltigte er sie, wobei er erst nachher erkannte, daß sie tot war. Meine Vermutung ist, daß dies ein echter Akt der Nekrophilie war, daß Bundy wußte, daß sie tot war, und es genoß, weil sie tot war und er sie getötet hatte.

Als diese junge Frau Bundy herausforderte, indem sie erklärte, sie glaube nicht, daß er ihr etwas antun werde, stellte sie sich ihr eigenes Todesurteil aus. Ein Vergewaltiger oder Mörder widerlegt seine eigene Unzulänglichkeit durch seine Gewalttat. Jeder Zweifel an seiner Glaubwürdigkeit ist äußerst gefährlich, da er die Andeutung enthält, daß er nicht Manns genug sei, das auszuführen, was er angedroht habe. Wirft man ihm Schwäche vor, dann wird er mit Sicherheit beweisen wollen, daß er es ernst meint, und die Chancen steigen, daß seine Gefährlichkeit eskaliert. Wenn man es mit einem Gewalttäter zu tun hat, dann ist es, wie bereits bemerkt, wichtig, alles zu unterlassen, was seine schwache Selbstachtung bedroht. Man sollte sich im Gegenteil darauf konzentrieren, alles mögliche zu tun, um diese zu stärken. Wie Bundy zeigt, ist es ratsam, sich daran zu erinnern, daß auch der Täter Angst hat und darum ringt, die schwierige Balance zu halten zwischen der Furcht, erwischt zu werden, und dem Bedürfnis, seinen barbarischen Drang auszuagieren.

Gegen Ende seiner »spekulativen« Sitzung mit Michaud und Aynesworth bemerkte Bundy, wie anfällig die Gesellschaft gegenüber Angriffen von Menschen wie ihm sei. »Das wirklich Erschreckende«, sagte er zu ihnen, »ist, daß es viele Leute gibt, die nicht im Gefängnis sitzen, *viele*, die viel erfolgreicher waren als ich.« Das ist der Grund, warum es sich lohnt, über Massenmörder wie Bundy nachzudenken. Diese Leute existieren. Ihre vorherrschenden Emotionen sind Wut und Haß, und ihre Fixierung auf die eigene Person ist enorm. Andere Menschen dienen ihnen nur als Nahrung für ihre Bedürfnisse. Isoliert und entfremdet, sind sie ohne Kontakt zu anderen Menschen, die sie aber ständig studieren. Und sie werden in gewisser Hinsicht recht scharfsichtig in ihren Urteilen über Menschen. Sie sammeln einen großen Fundus an Wissen über ihre Opfer an. So wie ein Fischer die Routen der Fischschwärme kennenlernt, die Strömungen, in denen sie schwimmen, die Tages- und Jahreszeiten, zu denen sie zu finden sind, und die Köder, auf die sie ansprechen, so lernt auch ein Gewalttäter, wo er seine Opfer antrifft, wer sich als Opfer eignet und wer nicht und wie man sich an sein Opfer heranmacht. Bundy verwendete mehr als einmal den Trick, seinen Arm einzugipsen, an einen Urlaubsort zu fahren, mit einem kleinen Boot segeln zu gehen und dann eine junge Frau um Hilfe zu bitten, wenn es Zeit war, das Boot aus dem Wasser zu ziehen und auf seinem Auto zu verstauen. Mehr als eine Frau ging auf seine Bitte ein, fuhr mit ihm mit, um ihm beim Entladen zu helfen, und endete dank ihrer Bereitschaft, dem gutaussehenden Fremden beizustehen, als Mordopfer.

Auf einer Juristenkonferenz hörte ich vor kurzem die Beschreibung, die ein Richter von dem Modus operandi eines bestimmten Gewalttäters gab. Dieser Räuber/Vergewaltiger wählte sorgfältig die Umstände, die günstig für ihn sein würden. Er trieb sich bevorzugt in Stadtrandvierteln herum, wo es große Einkaufsmärkte, aber auch eine beträchtliche Zahl von Wohnblöcken gibt, und lauerte auf eine Frau, die mit Tüten beladen in ihr Haus zurückkehrte. Er betrat nach ihr das Gebäude, und wenn der Lift kam, fragte er sie, welche Etage er für sie drücken könne. Dann drückte er das Stockwerk unter ihrem, um sich den Anschein zu geben, daß er in das Haus gehöre, und auch um den Eindruck zu erwecken, daß er vor ihr aussteigen werde, um etwaige Befürchtungen zu zerstreuen. Sobald sich die Lifttür schloß, überfiel er sie und entriß ihr die Handtasche. Falls sie noch Schwierigkeiten machte, wenn sich die Lifttür öffnete, stellte er seinen Fuß in die Tür, so daß der Lift nicht funktionierte. Wenn er sah, daß niemand in der Nähe war, vergewaltigte er sie. Der Vorteil war hier eindeutig auf seiten des Täters. Er hat die Situation und die Umgebung selbst gewählt. Er weiß, daß er aus einer Position der Stärke heraus operiert, weil er auf eine Frau gewartet hat, die allein ist, deren Arme voll sind und die ihm Vertrauen entgegenbringt, weil er ihr seine Hilfe anbietet. Er weiß mit anderen Worten, wo die Beute zu finden ist und auf welche Lockmittel sie anspricht.

In diesem Zusammenhang fällt mir einer meiner Patienten ein, ein Akademiker, so adrett und gutaussehend wie ein erwachsener Chorknabe. Er hatte die Gewohnheit, in einer Singles-Bar eine junge Frau anzusprechen, sie in seine Wohnung einzuladen, mit ihr zu schlafen und sie danach aus seinem Bett und seinem Haus zu werfen. »Zieh dich an und verschwinde blitzartig, oder du wirst es bereuen«, pflegte er dann zu sagen. Sobald sie weg war, nahm er eine Dusche, um sich wieder »sauber« fühlen zu können. Dieser Mann war potentiell sehr gefährlich, und die jungen Frauen, die ihn nach Hause begleiteten, gingen ein großes Risiko ein, aber er schien keine Schwierigkeiten zu haben, willige Partnerinnen zu finden. Die Frauen begleiteten ihn nach Hause, ohne irgend etwas über ihn zu wissen und ohne daß jemand wußte, wo sie waren.

Obwohl dieser Mann den Frauen auf den ersten Blick als ein Geschenk des Himmels erschienen sein muß, bin ich sicher, daß er bei seiner Annäherung an die ins Auge gefaßte Frau Anzeichen seines wahren Wesens erkennen ließ. Eine selbstsichere Frau würde diese Anzeichen erkennen, seine Opfer dagegen (angesichts der völlig egoistischen Weise, wie er die Frauen benutzte, muß man tatsächlich von Opfern sprechen), lauter Masochistinnen, waren dazu offenbar leider nicht imstande. Sein Auftreten war zweifellos arrogant und großspurig, er konzentrierte sich ausschließlich auf sich selbst und zeigte wenig oder kein Interesse an der Frau. Er brachte den Frauen keine natürliche Neugier entgegen, da er sie nicht wirklich als eigenständige Personen ansah. Sie waren für ihn bloß die Beute, die es zu erlegen galt. Und warum sollte er sich die Mühe machen, Interesse an ihr zu heucheln, wenn das gar nicht nötig war? Schließlich wußte er, daß es sich nur um ein flüchtiges Abenteuer handelte.

Ich bin sicher, daß er seine Ziele mit einer Hartnäckigkeit verfolgte, die einem aufmerksamen Beobachter ebenfalls verdächtig erscheinen würde. Und ohne Zweifel deckte er die

Frauen mit Schmeicheleien ein. Die Komplimente, die er ihnen machte, waren nach meiner Überzeugung offenkundige Versuche, die Frauen für sich einzunehmen, und hatten wahrscheinlich sehr wenig mit seinem jeweiligen Gegenüber zu tun. Aber eine Person mit masochistischen Tendenzen merkt dies nichts; sie läßt sich von dem Gefühl einlullen, wie angenehm es ist, diese Komplimente zu hören. Falls ihr Zweifel kommen, neigt sie dazu, diese zu ignorieren. Auf oberflächliche Schmeicheleien hereinzufallen ist bezeichnend für Masochistinnen.

Das einzige, was ein Gewalttäter braucht, um seine Tat ausführen zu können, ist die Gelegenheit. Und er wird sie ergreifen, wann und wo auch immer sie sich bietet. Er sucht immer nach einer Chance, um zuzuschlagen. Dies ist der Grund, warum der Gedanke des Selbstschutzes und der Überwindung der masochistischen Tendenzen, die ihn untergraben, so wichtig ist. Jedes potentielle Opfer kann an der Gestaltung ihres eigenen Schicksals entscheidend mitwirken, indem sie durch ihr eigenes kluges Verhalten dem Gewalttäter keine Gelegenheit zur Tat gibt.

12

Traumwelten, Phantasieleben

Die Tagträume oder Phantasien masochistischer Menschen werden durch ein Gefühl allgemeiner Erfolglosigkeit genährt; wie zu erwarten, weisen sie deutliche Unterschiede zwischen den Geschlechtern auf, da Jungen und Mädchen eine so unterschiedliche Konditionierung seitens der Eltern und der Gesellschaft erhalten. Der masochistische Mann, der sich als hilflos und passiv empfindet, tendiert zu Phantasien à la Walter Mitty: Er stellt sich vor, in eine andere Person verwandelt zu sein, die sich durch große Attraktivität und Leistungen auszeichnet – ein Pilot, ein Politiker, ein mathematisches Genie, ein Filmstar. Er gleicht dann dem Helden von Woody Allens Film *Mach's nochmal, Sam*. Dieser hatte in allen Lebenslagen Humphrey Bogart an seiner Seite, der ihm soufflierte, wie man sich als hartgesottener Bursche zu verhalten hat.

Masochistische Frauen träumen hingegen davon, ihre Hilflosigkeit und Passivität zu überwinden, indem sie *jemand kennenlernen*, der Macht besitzt, und sich *an ihn binden*. Es ist geborgte Macht, wovon sie phantasieren. Sie werden sich in den Piloten, den Politiker, das Genie, den Filmstar *verlieben*. Und sie arrangieren den Beginn dieser Liaison oft mit einem Minimum an Initiative oder Energieaufwand ihrerseits: Sie stellen sich vor, auf der Straße dem Traummann in die Arme zu laufen, der sich auf der Stelle für sie interessiert, worauf eines zum anderen führt, und bald ist die Liebesgeschichte in voller

Blüte. Eine meiner Patientinnen, eine Masochistin, stellte sich vor, die Fifth Avenue entlangzugehen und leicht von einem Auto angefahren zu werden oder sich den Knöchel zu verstauchen und hinzufallen. Ein fabelhaft aussehender Mann würde auftauchen und sie dann entweder ins Krankenhaus bringen oder, falls sie nicht schlimm verletzt war, sie zu einer Tasse Kaffee einladen, und daraus würde sich eine Romanze entwikkeln.

Diese Rettungsphantasie ist sehr verbreitet. Zufälle und Unfälle zählen zu den wichtigsten Mitteln, durch die die Masochistin ihr Gefühl der Unzulänglichkeit und Inkompetenz überwindet. Es handelt sich natürlich um Geschichten vom Märchenprinzen und dem Aschenputtel. Die Verwandlung, die erfolgt, vollzieht sich für die Masochistin fast ausnahmslos durch das Eingreifen eines anderen. Es ist bedauerlich, daß sich Frauen oft nicht einmal in ihren Phantasien als mächtige Menschen fühlen; sie stellen sich vor, an mächtige Personen *gebunden* zu sein.

Dieselbe Frau, die sich den Unfall auf der Fifth Avenue vorstellte, erzählte mir von einem Tagtraum, den sie in ihrer Kindheit hatte und der einige der gleichen Elemente enthielt. Sie und ihre Familie lebten in New York, und ihre Mutter erlaubte ihr nicht, in ihrer Stadtwohnung ein Haustier zu halten. Als sie die Ferien in einer schönen, waldigen Gegend von New Jersey verbrachten, war das Mädchen besonders von den Eichhörnchen mit ihrem buschigen Schweif entzückt und wünschte sich eines davon als Haustier. Sie phantasierte, daß sich ein Eichhörnchen auf einen brüchigen Ast vorwagen werde, der Ast werde abbrechen, das Eichhörnchen zu Boden fallen und sich verletzen, und sie werde es dann gesundpflegen, für es sorgen und es in der Wohnung halten. Ihr Masochismus zeigt sich daran, daß sie sich keinen anderen Weg vorstellen konnte, um zu einem Tier zu kommen, als durch einen Unfall. Obwohl der Unfall dem Eichhörnchen zustößt und nicht ihr, geht es um dasselbe Grundgefühl.

Erich Fromm bemerkte, daß Tagträume, bei denen es sich ja

weitgehend um Wunscherfüllungen handelt, oft etwas billig wirken. Sie seien stark vereinfachend und unausgeführt, fast pubertär in ihrer Betonung leichter Befriedigung und ließen erkennen, daß Masochisten nicht ganz erwachsen seien.

Selbstmord ist eine häufige masochistische Phantasie, die auch bei Halbwüchsigen ziemlich oft vorkommt, ein weiteres Zeichen des gemeinsamen Nenners der Machtlosigkeit in diesen beiden Gruppen. Die Halbwüchsige beginnt zwar schon, sich frei zu fühlen, ist aber noch von ihren Eltern abhängig, die gehässig oder unfreundlich sein oder eine negative Beziehung zu ihr haben können. Die Masochistin ist in einem Gefühl der andauernden Abhängigkeit steckengeblieben und neigt dazu, in fast jedem eine strenge Autoritätsfigur zu erblicken, die die Fähigkeit hat, sie schlecht zu behandeln.

Der Zweck dieser Selbstmordphantasien besteht für beide Gruppen darin, ihren Gegnern mitzuteilen: Es wird euch noch leid tun, daß ihr mich so behandelt habt; wenn ich tot bin, werdet ihr es bedauern, wie ihr mit mir umgegangen seid. Die Selbstmordphantasie der Masochistin ist fast immer auf jemanden gerichtet und enthält somit ein Element der Nötigung gegenüber der Bezugsperson, auf die sich die Phantasie konzentriert.

Träume drücken Zusammenhänge in einer viel komplexeren Weise aus als Tagträume oder Phantasien. Viele Menschen betrachten die Welt der Träume als Blendwerk, erfüllt von rätselhaften Bildern, die größere Verwandtschaft mit dem absurden Theater haben als mit dem täglichen Leben des Träumenden. Der Trauminhalt erscheint ihnen geheimnisvoll, inkohärent und dazu bestimmt, in undurchdringlichen Nebel gehüllt zu bleiben. Wir haben alle schon Leute sagen hören: »Ich hatte den verrücktesten Traum. Niemand könnte den je deuten.« Oder: »Du wirst es nicht glauben, was ich gestern träumte! Das war vollkommen sinnlos.« Aber trotz dieser Einschätzung des Träumenden können wir sicher sein, daß ein Sinn darin steckte, denn die Traumwelt ist weder so geheimnisvoll noch so unzugänglich, wie sie erscheint. Montague Ullman, ein Psychoanalytiker, der sich viel mit Träumen befaßt hat, formuliert es folgendermaßen: Träumen ist nichts weiter als Denken unter den Bedingungen des Schlafs.

Träume geben dem Bewußtsein Gelegenheit, sich zu erleichtern und zu befreien, sie bieten einen Schauplatz für die Inszenierung von Wunscherfüllungen und sind ein Forum, in dem wir an den Problemen unseres wachen Lebens arbeiten können. Aber welchem Zweck sie auch dienen mögen, Träume sind mit den Ereignissen des vorangegangenen Tages verknüpft. So unergründlich sie auf den ersten Blick erscheinen mögen, sind Träume doch keine willkürlichen Erscheinungen aus einem Geisterreich. Sie stammen von uns und gehören zu uns. Es sind Berichte aus dem Unbewußten über Dinge von größter Bedeutung.

»Warum sieht der Geist im Schlaf klarer als die Einbildungskraft des Tages?« fragte Leonardo da Vinci. Seine Frage spiegelt zutreffend die fundamentale Qualität des Traums, die Destillation des Wesentlichen, die sich im Schlaf vollzieht, wenn alle Ereignisse des Tages versunken sind. In unseren Träumen werden wir nicht durch Eindrücke des Auges oder Ohrs abgelenkt. Es ist die Zeit, in der sich der Träumende allein und schweigsam intensiv auf die Themen konzentrieren kann, um die sich seine Träume drehen.

Die Sprache der Träume ist anders als die Sprache, die wir im Wachzustand gebrauchen. Der Traum macht seine Aussagen in metaphorischen oder symbolischen Bildern, ein Faktum, das deren scheinbare Unverständlichkeit erklärt. Aber man kann die Traumsprache in derselben Weise verstehen lernen, wie man eine Fremdsprache meistert, durch Studium und Auseinandersetzung damit. Das wird schon im Alten Testament anerkannt, in dem der Aufstieg Josephs vom Gefangenen zum Berater des Pharao aufgrund seiner zutreffenden Traumdeutungen und der darauf basierenden Voraussagen beschrieben wird. Alle Träume sind insofern Voraussagen, als sie Ausdruck der Gegenwart im Lichte der Vergangenheit und im Hinblick auf die Zukunft sind.

Traumsprache kann oft sehr individualistisch sein. So bin ich z.B. sicher, daß ich, wenn man mir Berichte von Träumen meiner Patienten zeigte, wissen würde, welche Träume von welchem Patienten stammen. Alle Träumer haben ihre eigene Sprache, ihren eigenen Stil. Und es ist wichtig, darauf hinzuweisen, daß ein Traum, um verstanden zu werden, nicht bis in alle Einzelheiten untersucht werden muß; wir brauchen nicht jede kleinste Facette zu analysieren und zu erklären wie die Anhaltspunkte in einem Krimi (obwohl manchmal auch dies nötig sein kann). Träume können durch eine Art von Synthese erklärt werden. Wenn man die Metapher ergründet, begreift man den Traum. »Ein kluger Mensch deutet seine Träume um der Selbsterkenntnis willen«, bemerkte Emerson, »wobei es nicht auf das Detail, sondern auf den Gesamteindruck ankommt.«

Ein wunderbares Beispiel für den metaphorischen Charakter der Träume stammt von einer meiner Patientinnen, einer Masochistin, die sich im Klimakterium befindet. Ihr Traum enthielt ein einziges Bild: einen Koffer, der ihrem Mann gehört hatte und der sich jetzt auf einem Regal in ihrem Schrank befand. Sie träumte, daß sie diesen Koffer erblickte, und erwachte sehr verstört. Träume werden bekanntlich durch die Assoziationen verständlich, die der Träumer zum Material des Traumes herstellt, und sie sagte über den Koffer, daß er sehr teuer und ganz aus Leder gewesen sei, und als ihr Mann ihn kaufte, habe er ihn unheimlich geliebt und ihn ständig benutzt. Mit der Zeit wurde er zerkratzt und verschlissen, und es kam schließlich der Punkt, an dem ihr Mann ihn nicht mehr benutzen wollte und sich einen neuen kaufte. Er musterte den alten aus, aber sie konnte sich nicht von ihm trennen, deshalb rettete sie ihn. Dieses einzige Bild des Koffers enthielt eine Rekapitulation der gesamten Ehe dieser Frau: Sie war dieser ursprünglich geliebte und geschätzte Koffer; wie dieser wies sie allmählich Anzeichen der Abnutzung auf und wurde schließlich verstoßen und durch die viel jüngere Frau ersetzt, um derentwillen ihr Mann sie verlassen hatte; trotz alledem rettete sie sich jedoch und setzte ihr Leben fort, obwohl sie immer noch das Gefühl hatte, »auf dem Regal« zu stehen.

Träume sind der sinnbildliche Ausdruck der Dinge, die uns im täglichen Leben beschäftigen, und zwar ins Licht gerückt und kondensiert. Wie es Alexander Pope formulierte: »In unseren Träumen essen wir die Speisen des Tages.« Und die Träume einer Masochistin sind erfüllt von Bildern der Verfolgung und Lähmung. Sie wird oft gejagt, gehetzt und verfolgt; Menschen haben es auf sie abgesehen. Angesichts dieser Bedrohung erweist sie sich als völlig wehr- und hilflos; sie ist unfähig, sich zu bewegen, unfähig zu hören, unfähig zu schreien oder zu sprechen und manchmal unfähig zu sehen.

Ein Beispiel: Eine junge Frau wird von Räubern in einem Auto entführt, das mit großer Geschwindigkeit eine Straße entlangrast; sie kommen zu einer Kreuzung mit Rotlicht; das Auto hält an, und die junge Frau fühlt die Erregung des Sieges, da es ihr gelingt, das Auto zu verlassen; aber sobald sie draußen ist, merkt sie, daß ihre Beine gelähmt sind und sie sich nicht bewegen kann; sie wacht in Schweiß gebadet auf. Stärke oder deren Mangel ist ein Schlüsselproblem für die Masochistin, und praktisch alle ihre Traumbilder haben mit dieser Erkenntnis zu tun. Sie versucht in ihren Träumen das Problem der Hilflosigkeit zu lösen: Wie kann ich schreien? Wie kann ich gehen? Wie kann ich entkommen? Wie kann ich mein Leben erfolgreicher meistern?

Bei der folgenden Erörterung masochistischer Träume oder, vielleicht richtiger, Alpträume mögen die Deutungen, die ich anbiete, einigermaßen willkürlich erscheinen. Aber das ist auf die räumlichen Begrenzungen zurückzuführen. Ich kann selbstverständlich nicht das vollständige Hintergrundmaterial über jeden Patienten ausbreiten, das geeignet wäre, jede Deutung zu untermauern. Ich konzentriere mich deshalb auf die zentralen Metaphern der Träume, jene Metaphern, die die masochistischen Tendenzen beleuchten, und werde nicht versuchen, mich mit allen Einzelheiten der Träume auseinanderzusetzen. Sobald ein Problem klarer wird, verlieren die Träume, die dieses

Problem spiegeln und sich mit ihm auseinandersetzen, an Komplexität. Und oft drücken sie in einer einzigen Metapher komplizierte Dinge aus, die der Patient inzwischen begriffen hat. Dies galt für den Koffertraum ebenso wie für die folgenden Träume.

Ein Mann träumte, daß er in sein Geschäft kam und dort drei Männer sah, die miteinander verwachsen, gleichsam zu einem Block erstarrt zu sein schienen. Er empfand, daß dies gefährlich war und daß sie ihn angreifen könnten. Bevor er erschrocken aufwachte, sah er auch, daß seine Tochter die drei Männer beobachtete. Dieser Traum drückt klar das Problem eines sehr masochistischen Mannes aus. Er betreibt sein Geschäft zusammen mit zwei Brüdern, die ihn kritisieren und verspotten und es ablehnen, ihn seine eigenen Entscheidungen treffen zu lassen. Er fühlt sich zwischen ihnen in der Klemme, in einer Position der Machtlosigkeit festgehalten und gleichzeitig ihren Angriffen ausgesetzt. Daß seine Tochter dabei zuschaut, verschlimmert die Situation noch weiter, da auch sie ihn verächtlich behandelt und oft »frech« und unfreundlich zu ihm ist.

Der nächste Traum umreißt in einem einzigen Bild sowohl das Problem einer Patientin als auch ihre Bemühungen, es zu bewältigen. Sie träumte, daß sie an der quergeteilten Tür eines Stalles stand. Die obere Hälfte der Tür war offen, und auf der anderen Seite erblickte sie einen Löwen. Sie hatte schreckliche Angst. In der Hand hielt sie eine Schüssel mit Pudding, den sie dem Löwen anzubieten suchte. Als dessen Haupt über der Tür auftauchte, wachte sie in panischer Angst auf. Als sie mir diesen Traum berichtete, sagte sie: »Sicher kann man einen Löwen nicht besänftigen, indem man ihm Pudding anbietet. Löwen haben es auf Fleisch abgesehen; Löwen wollen ihre Beute töten.« Sie redete über ihren Mann, einen passionierten Reiter, der in diesem Fall durch den Löwen hinter der Stalltür symbolisiert wurde. Diese Frau erlebte ihren Mann als furchterregende Figur; sie war nie imstande gewesen, angemessen mit ihm umzugehen. Das beste, was sie tun konnte, war, ihm

Pudding anzubieten, wo offensichtlich etwas Substantielleres angebracht gewesen wäre. Die Frau assoziierte weiter: »Löwen sind gefährlich. Das empfand ich auch bei diesem. Aber männliche Löwen sind so königlich und schön, daß es mir immer schwerfällt zu glauben, wie gefährlich sie sind. Trotzdem, ich möchte es lieber nicht herausfinden.« Diese Assoziationen erhellen den Konflikt im Kern der sadomasochistischen Ehe, in der der Mann brutal ist und die Frau sich in Entgegenkommen übt: Die Frau hält ihren Mann für gefährlich, aber sie findet ihn auch hinreißend, ja in gewisser Weise großartig, und es fällt ihr schwer zu glauben, wie grausam er tatsächlich ist.

Eine typisch masochistische Traummetapher ist eine Frau, die sich nackt inmitten einer Gruppe von Menschen befindet. Eine meiner Patientinnen, eine Konzertsängerin, träumte, daß unzählige Schwierigkeiten sie daran hinderten, am Abend eines Konzerts in den vorgesehenen Saal zu gelangen. Schließlich schaffte sie es doch, betrat die Bühne und wurde sich bewußt, daß sie keine Kleider anhatte. Sie war entsetzt und wachte schweißnaß auf. Ihre Nacktheit drückte verschiedene Dinge aus: die Furcht, sich zu blamieren, ihr Gefühl, durchschaut zu werden, ihre Zweifel an sich selbst als Künstlerin und das Gefühl der Demütigung, das ein konstanter Aspekt ihres Lebens war.

Häufig kommen auch Bilder der Lähmung oder irgendeiner anderen Form der Behinderung vor, wie ich bereits bemerkte, die es der Träumenden unmöglich machen, sich in einer bedrohlichen Situation selbst zu helfen. Eines der eindruckvollsten Beispiele dafür war der Traum einer masochistischen Patientin, in dem sie eine Frau allein in einem leeren Raum stehen sah. Die Frau war gelähmt und konnte sich nicht bewegen. Die trostlose Metapher zeugt nachhaltig von dem Gefühl absoluter Hilflosigkeit und Gehemmtheit, das diese Frau erfüllte, und von der Entfremdung, die sie infolge ihres masochistischen Verhaltensstils empfand.

Eine andere masochistische Frau träumte, daß sie mit ihrem Mann ein Restaurant betrat und im gleichen Augenblick eine

Bande von Dieben in das Lokal eindrang, die Wirtsleute beraubte und die Frau und ihren Mann zwang, mitzukommen, und von ihnen forderte, in ihre Wohnung geführt zu werden. Dort angekommen, räumten die Diebe die Wohnung aus, und als sie drohte, die Polizei zu rufen, lachten sie sie bloß aus und sagten, sie hätten die Leitungen durchschnitten. Schließlich gelang es ihr zu entwischen. Sie wollte zu einer Telefonzelle laufen und die Polizei verständigen, merkte aber, daß sie gelähmt war und sich nicht rühren konnte. Das Thema der Lähmung wird hier von zwei anderen begleitet, die in Träumen von Masochisten häufig vorkommen: von bösen Menschen bedroht oder verfolgt zu werden und die Obrigkeit um Hilfe zu rufen. Der Frau gelingt es in diesem Traum nicht, die Polizei zu rufen, aber diese Vorstellung spielt eine große Rolle. Gute und böse Autoritätsfiguren stehen in masochistischen Träumen häufig im Mittelpunkt. Man beachte auch, daß der Traum mit der Suche nach Nahrung begann – die beiden gingen ins Restaurant, um dort zu essen. Dies verrät den emotionalen Hunger der Frau, der in ihrer Ehe nicht gestillt wurde.

Ein weiterer häufig auftretender masochistischer Traum, der unmittelbar mit geringer Selbstachtung zusammenhängt, betrifft die Kontaktaufnahme mit einer prominenten Persönlichkeit und die Kraft, die aus dieser Beziehung gewonnen wird. Vor einigen Jahren träumte eine meiner Patientinnen wiederholt davon, mit dem einen oder anderen Mitglied des Kennedy-Clans in Verbindung zu treten, ein Ausdruck des Wunsches, an dem Glanz und der Macht teilzuhaben, die mit dem Namen Kennedy verbunden sind. Dieselbe Patientin träumte, das Fleisch einer berühmten Opernsängerin zu essen, ein metaphorischer Ausdruck ihres Wunsches (buchstäblich und in diesem Fall durch kannibalistische Einverleibung des Körpers der Diva), zu einer Persönlichkeit mit Prestige, schöpferischen Gaben und Macht zu werden.

Ein Patient träumt, daß er in einer Menschenschlange darauf wartete, mit dem Bürgermeister von New York, Ed Koch, zu sprechen. All die anderen, die der Reihe nach drankamen, wirkten ganz entspannt, und es schien ihnen nicht schwerzufallen, mit dem Bürgermeister zu reden. Aber diesem Mann wurde bewußt, daß er ihm nichts zu sagen hatte, und deshalb verließ er die Schlange mit dem Gefühl großer Enttäuschung über sich selbst. In dem Traum dachte er: »Was soll das? Alle anderen können mit diesem Mann reden. Warum kann ich es nicht?« Daß er es nicht vermochte, sich an den offenbar sehr zugänglichen Bürgermeister zu wenden, ist ein Zeichen dafür, wie unfähig er sich fühlte, sich zu äußern, und als wie unzulänglich und minderwertig er sich empfand.

Die Träume masochistischer Menschen, auch wenn es sich nicht um leicht erkennbare Metaphern wie Verfolgung, Lähmung, Nacktheit in einer Menschenmenge oder Kontakt mit berühmten Leuten dreht, drücken jedenfalls typische Aspekte der masochistischen Persönlichkeit aus: Furcht vor anderen Menschen, das Gefühl, von ihnen mißbraucht zu werden, Selbstzerstörung, die Wahrnehmung der Welt als gefährlichen Ort und die Unfähigkeit, für sich selbst einzutreten.

Die Furcht vor der Macht anderer zeigt sich auch deutlich im Traum eines Patienten, in dem er von einem Chauffeur in einer Limousine in ein vornehmes Haus außerhalb der Stadt gebracht wurde. Er habe sich mit »anderen Kindern« im Auto befunden, sagte er. Als sie an ihrem Ziel ankamen, stieg er aus, aber dann fiel ihm ein, daß er seinen Mantel und andere Dinge, die er dabei gehabt hatte, im Auto vergessen hatte. Als er schließlich diese Dinge in der Hand hielt, warf er einen Blick auf die Eingangstür des Hauses, und es wurde ihm bewußt, daß der dort stehende Mann darauf wartete, den Namen der Person genannt zu bekommen, die er besuchen wollte. Er konnte sich aber nicht an den Namen erinnern. Während des ganzen Traums fühlt und benimmt sich dieser Mann wie eines der Kinder, mit denen er sich identifiziert. Als er aussteigt, vergißt er, seine Sachen mitzunehmen. Angesichts der Autorität vor der Tür vergißt er den Namen der Person, die er besuchen wollte. Sein Gefühl der Hilflosigkeit lähmt sein Gehirn, und er ist unfähig, sich wie ein Erwachsener zu verhalten.

Eine Frau, die andere Menschen als gefährlich erlebte, berichtete einen Traum, der einem Abenteuerfilm glich. Sie und einige andere Leute wurden von einer Gruppe von Nazis in einem Lager an einem Fluß gefangengehalten, in dem ein großer und furchterregender Alligator hauste. Sie sann auf Flucht, ergriff aber keine Maßnahmen zu diesem Zweck. Schließlich wurden sie und ihr Bruder von einem Hubschrauber gerettet. Das im ganzen Traum vorherrschende Gefühl war, daß sie von Gefahr umgeben sei, aber völlig unfähig, etwas dagegen zu tun. Ihre einzige Hoffnung war zu entkommen, was schließlich geschah, aber ohne eigene Anstrengung ihrerseits. Ein anderes Mal träumte dieselbe Frau, daß sie sich in einem Urlaubsort in der Karibik befinde und am Flughafen auf ihre Maschine warte. In diesem Augenblick ereignete sich ein Militärputsch, sie wurde festgenommen und lange Zeit an einem Ort interniert und von einem Mann verhört, der vorgab, der Polizei anzugehören, und von dem sie fürchtete, gefoltert zu werden. Sie wurde schließlich freigelassen, aber auch hier empfand sie sich als gefährlichen Autoritätspersonen ausgeliefert.

Eine andere stark masochistische Frau träumte, daß sie und ein Mann in der Nähe eines verlassenen Strandes schwammen, als sie einen Hai im Wasser erblickte. Sie schwamm schnell zu einem Felsen, aber bevor der Mann sie auf den Felsen hochziehen konnte, biß ihr der Hai unterhalb des Knies das Bein ab. Der Mann meinte, es sei am besten, bis zum Morgen auf dem Felsen zu bleiben, aber sie fürchtete zu verbluten. Der Hai symbolisiert die Furcht dieser Frau vor anderen Menschen, ihr Gefühl, daß sie gefährlich seien und ihr furchtbar schaden könnten. Dennoch unterwirft sie sich dem Urteil des Mannes, obwohl sie meint, dadurch ihr Leben zu gefährden. (Der Rat des Mannes mag freilich richtig gewesen sein, wen auch immer er repräsentierte, da man sich mit einem blutenden Stumpf wohl kaum in haifischreiches Gewässer wagen sollte.)

Diese Frau hatte auch häufig Verfolgungsträume, in denen sie entweder von Polizei oder Räubern gejagt wurde – beides

Autoritäten, beide gefährlich –, oder sie träumte von schrecklichen Autounfällen mit verstümmelten Opfern, die in weitem Umkreis verstreut lagen. In diesen Träumen trat immer wieder ihr Gefühl der Gefahr und der Wehrlosigkeit und ihre Wut über ihre eigene Hilflosigkeit angesichts der Macht anderer zutage.

Dann war da eine junge Frau, die träumte, mit einem jungen Mann verlobt zu sein, der ihr per Post einen Ring sandte. Zuerst erschien ihr der Ring hübsch, aber dann begann sie ihn häßlich zu finden. Kurz bevor sie ihren Verlobten zum Mittagessen treffen sollte, bemerkte eine ihrer Freundinnen, was für ein merkwürdiger Mensch er sei, und als sie sich trafen, erschien er ihr plötzlich schlampig und verwahrlost, mit offensichtlich schmutzigen Haaren und Fingernägeln. Es war ihr peinlich, mit ihm gesehen zu werden, aber sie hatte nicht den Mut, ihm zu sagen, daß sie ihn nicht heiraten wolle, und wachte mit einem Gefühl starker Bedrückung auf. Der entscheidende Punkt dieses Traums ist, daß sie diesen unattraktiven, unappetitlichen Mann als den Typ ansah, den sie heiraten würde, da er ihrem Bild von sich selbst als unattraktiv und minderwertig entsprach.

Eine junge Akademikerin, die meine Patientin ist, träumte, daß sie an einer Konferenz in ihrem Fachbereich teilnehmen sollte. Als sie am Eingang des Konferenzsaales ankam, verwehrte man ihr den Zutritt. Sie fragte nicht nach dem Grund, sondern machte einfach kehrt und beschloß, auf die Toilette zu gehen. Dort wartete sie in der Schlange, aber als sie an der Reihe war, behauptete eine Frau, sie sei noch nicht dran, sie (die andere) sei vor ihr dagewesen. Sie fügte sich und fuhr fort zu warten. Abgesehen von ihrer offensichtlichen und masochistischen Unfähigkeit, für sich selbst einzutreten, sind in ihrem Traum zwei Arten masochistischer Kommunikation zu erkennen: die Furcht, etwas in Frage zu stellen, und die eng damit verwandte Hinnahme der Prämisse des anderen. Diese Frau war eine legitime Teilnehmerin an der Konferenz, aber als sie abgewiesen wurde, fragte sie nicht, warum, sie kapitulierte einfach. Und auf der Toilette akzeptierte sie, obwohl sie wußte, daß sie an der Reihe war, die Prämisse der anderen, daß sie zuerst drankommen sollte, statt sie in Frage zu stellen oder einen entgegengesetzten Standpunkt zu vertreten.

Der masochistische Rededrang zeigt sich im Traum einer Frau, die sich bei einer Operation erlebte, bei der ein Teil ihres Körpers entfernt werden sollte. Sie wußte nicht, warum diese Operation durchgeführt wurde, aber während sie in Narkose war, redete sie unaufhaltsam. Sie träumte dann, daß sie erwachte und viele Menschen um sie herumstanden, die ihr zugehört hatten. Das war ihr peinlich, weil sie das Gefühl hatte, daß sie sie auslachten und kritisierten. Das wichtigste Element dieses Traums ist, daß diese Frau das Gefühl hatte, ihren Redefluß nicht beherrschen zu können und dadurch anderen ausgeliefert zu sein. Gefühle der Hilflosigkeit zeigen sich auch in der Metapher der Narkose und in dem Eindruck, von anderen behandelt zu werden, von anderen zerschnitten zu werden, ohne auch nur zu wissen, warum.

Hilflosigkeit in Gegenwart anderer verriet auch eine Frau, die träumte, sich für ein Rendezvouz anzuziehen. Ihr Schrank war voller Kleider, aber sie hatte das Gefühl, in jedem Ensemble, das sie anprobierte, schrecklich auszusehen. Schließlich traf sie ihre Wahl, kurz bevor ihr Verehrer kommen sollte, aber er erschien gar nicht. Dieser Traum zeugt von der allgemeinen Angst dieser Frau, symbolisiert durch das wiederholte Umkleiden und ihr Gefühl, von anderen leicht verletzt werden zu können und Kritik abwenden zu müssen, indem sie sich »tadellos anzieht«.

Auch der folgende Traum verrät Gefühle der Hilflosigkeit und des Schlecht-behandelt-Werdens durch andere. Eine Frau träumte, daß sie mit drei anderen Frauen Urlaub machte und einen Bungalow mit ihnen teilte. Die Frauen begannen, mit ihr zu streiten, und schickten sie schließlich fort. Als sie sich weigerte, versuchten sie, sie hinauszuwerfen. Dann bestanden sie darauf, daß sie die gesamte Rechnung bezahle. Außerdem wollten sie Geld von ihr leihen. Das lehnte sie erst ab, händigte ihnen dann aber dennoch das Geld aus. Diese Frau unternahm kleine Anläufe, für sich selbst einzutreten, halbherzige Bemühungen, aber sie war machtlos gegenüber den Angriffen anderer und kapitulierte schließlich.

Masochismus verschlimmert sich in der Regel, wenn er ignoriert wird oder unbehandelt bleibt, in dem Maße, wie sich die Abwehr selbst verstärkt und die Summe des Leidens anwächst. Der Traum einer Frau zeugt von diesem Gefühl zunehmender Schwierigkeiten. Sie nahm mit ihrer Freundin Tennisunterricht, und in der Halle befanden sich Hunderte von Menschen, so daß sie befürchtete, der Lehrer werde sie in der Menge gar nicht wahrnehmen. Die Gruppenmitglieder stellten sich nebeneinander zum Aufschlag an, aber gerade bevor sie an die Reihe kam, pfiff der Lehrer und wies die Leute an, ins Freie zu gehen. Alle begannen aus der Halle zu laufen, aber sie fand den Weg nach draußen nicht. Schließlich geriet sie in einen Tunnel, der leicht bergauf führte, so daß ihr das Laufen immer schwerer fiel. Als sie das Ende des Tunnels erreichte, mußte sie feststellen, daß er versperrt war und sie nicht hinaus konnte. Sie erwachte in einem Angstzustand.

In diesem Traum treten viele Dinge zutage: die Furcht der Frau, übersehen zu werden, sich durch nichts auszuzeichnen, wodurch sie in einer Menge auffällt; ihr Gefühl, nicht den ihr zustehenden Anteil zu erhalten und niemals an die Reihe zu kommen; Gefühle der Ohnmacht und Unzulänglichkeit, der Unfähigkeit, Dinge zu tun, die anderen leichtfallen. Aber die gesamte Atmosphäre des Traums ist das Wichtigste, die Atmosphäre, ständig kämpfen zu müssen, ständig auf Hindernisse zu stoßen, immer wieder aufs neue frustriert zu werden und einen immer beschwerlicheren Weg zu gehen, der ins Nichts führt.

Dieselbe Frau hatte nicht nur starke Selbstzweifel, sondern sie zweifelte auch an mir, wie sich in einem Traum zeigte, in dem wir beschlossen hatten, daß sie den Tag mit mir verbringen und mich auf allen meinen Wegen begleiten würde. Sie freute sich auf diese ihr tröstlich erscheinende Aussicht, aber dann erschien ich ihr ganz plötzlich als Zehnjährige mit Zöpfen, und *ich* folgte *ihr* überall hin. Diese Frau hatte Zweifel, ob ihr Hilfe zur Verfügung stand. Offensichtlich konnte ich ihr nicht nützen, wenn ich ein Kind war. Ihr Bedürfnis nach totaler Abhängigkeit, um zu überleben, und ihre Furcht, daß ich vielleicht nicht die allwissende Figur war, als die sie mich phantasierte, sondern ein Kind wie sie selbst, erschien ihr sehr bedrohlich.

Im folgenden Traum einer masochistischen Frau ist diese sowohl Täterin als auch Opfer. Sie war auf ihrem Weg zu einem Einkaufszentrum, wo ein Ausverkauf stattfinden sollte. Als sie den Parkplatz erreichte, war er mit Leichen übersät und schwamm in Blut. Obwohl sie entsetzt war, ließ sie sich vom Einkaufen nicht abhalten, sie betrat den Laden und raffte so viel zusammen, wie sie tragen konnte. Plötzlich wurde ihr bewußt, daß ihre Kinder allein zu Hause und vielleicht in Gefahr seien, deshalb eilte sie nach Hause und war erleichtert, sie lebend anzutreffen. Diese Frau sah sich von Tod und Zerstörung umringt, ein Ausdruck ihres erbitterten Zorns über das Dilemma ihres Lebens. In gewissem Sinne hatte sie das Gefühl, tot zu sein. Dennoch setzte sie ihr Leben quasi mechanisch fort und raffte so viel Befriedigungen an sich, wie sie konnte. Nur ihren Kindern gelang es, die negative, destruktive Mauer um sie herum zu durchbrechen und in ihr echte Liebe und Anteilnahme zu erwecken. Ihr Traum zeigt, daß sich diese Frau ihrer eigenen Destruktivität und deren Auswirkung auf ihr Leben bewußt war, aber er läßt auch eine gewisse Resignation in dieser Hinsicht erkennen, außer in bezug auf ihre Kinder.

Eine meiner Patientinnen ist eine hochintelligente junge Frau, die ihr Studium erst vor wenigen Jahren beendete, aber bereits eine gute Stelle mit einem sehr anständigen Gehalt innehat. Obwohl sie äußerst attraktiv ist, hat sie erst wenige Beziehungen zu Männern gehabt, da es ihr sehr schwerfällt, auf andere Menschen einzugehen und sich ihnen in irgendeiner Weise zu öffnen. Sie hatte immer geplant, an die Universität zurückzukehren, um einen weiteren akademischen Abschluß zu machen, und in diesem Jahr bewarb sie sich und erhielt an sechs von sieben führenden Universitäten einen Studienplatz angeboten. Gleichzeitig wurde ihr eine höherrangige Position offeriert, die mit einer bedeutenden Gehaltserhöhung verbunden war. Aber da sie bedauerlicherweise stark masochistisch ist, versetzten sie diese beiden ausgezeichneten Optionen nicht in Hochstimmung, sondern in Verzweiflung. Bei ihren Sitzungen schwamm sie in Tränen; sie empfand ihr Leben als gescheitert. Ein Traum, den sie mir berichtete, drückte ihre masochistischen Probleme sehr deutlich aus.

Sie hatte eine Urlaubsreise auf einem Ozeandampfer gebucht, aber am Tag ihrer Abreise ging sie zu spät nach Hause, um zu packen, und als sie schließlich gepackt hatte und zum Schiff eilen wollte, fiel ihr ein, daß sie bestimmte Dinge vergessen hatte, und sie mußte nach Hause zurückkehren. Als sie endlich am Hafen eintraf, fuhr das Schiff eben weg. Sie rief, aber niemand hörte sie. Sie sprang ins Wasser und begann, dem Schiff nachzuschwimmen. Eine Weile schien sie ihm näherzukommen, aber dann fiel sie zurück. Sie versank im Wasser, und als sie hinunterschaute, sah sie sich ertrunken am Meeresgrund liegen. Im zweiten Teil des Traums war sie auf dem Schiff, auf dem sich viele junge Männer und Frauen befanden. Aber statt sich unter sie zu mischen, befaßte sie sich mit organisatorischen Aufgaben, sorgte dafür, daß die Stühle richtig aufgestellt wurden, daß alle die richtige Kabine bekamen usw.

Das Aufschieben im ersten Teil des Traums ist eine Metapher für die Lebensangst dieser jungen Frau: Sie vermeidet, schiebt auf, versäumt Anschlüsse; sie beschäftigt sich mit untergeordneten, nebensächlichen Dingen (auch im Gespräch), um sich nicht auf das Leben einlassen zu müssen. Von Reue und Bedauern gepackt, ringt sie dann darum, ihren Kurs zu ändern, aber es ist zu spät; sie hat zu lange gezögert. In der zweiten Hälfte des Traums, der ein weiterer Versuch ist, das Problem zu lösen, das sich im ersten Teil stellte, versetzt sie sich auf das Schiff. Sobald sie da ist, wird sie jedoch wieder von ihrer Furcht vor den anderen überwältigt und ist außerstande, sich mit ihren Mitpassagieren einzulassen. Sie ist unfähig, sich spielerisch zu verhalten, auf andere zuzugehen, sich zu beteiligen. Sie praktiziert Vermeidung und versucht dies gleichzeitig mit einem Anstrich von Geschäftigkeit zu übertünchen. Man kann im Laufe eines Traums mehrere Rollen übernehmen und Dinge tun, die irrational erscheinen, aber offensichtlich einen wichtigen Zweck im Traum selbst erfüllen. Diese junge Frau konnte sich selbst als ertrunken und dann als auferstanden auf dem Schiff sehen.

Im Traum einer älteren Patientin bildet selbstschädigendes Zuspätkommen ebenfalls ein Schlüsselelement. Diese Frau, eine medizinische Hilfskraft kurz vor den Wechseljahren, erblickte im ersten Teil ihres Traums eine Gruppe von Cheerleaders (eine Art unbezahlte Claque), die auf einem Football-Platz herumstanden und nicht richtig angezogen waren, weil sie keine Zeit gehabt hatten, vor dem Spiel ihre Uniformen anzulegen. Im zweiten Teil des Traums sollte sie an ihrem Institut ein Referat halten, aber sie kam zu spät hin. Draußen stand eine Gruppe trostlos aussehender Frauen, die weinten und zu leiden schienen; manche sahen benebelt aus, einige tranken. Die Träumende war unentschlossen, ob sie sich zu ihnen gesellen oder hineingehen und ihr Referat halten sollte. Sie erwachte in ziemlicher Angst.

Als wir über diesen Traum zu sprechen begannen, sagte ich, dieser erscheine mir symptomatisch für die amerikanische Frau, aber dabei fragte ich mich, ob ich meine Sicht der Dinge auf die Deutung projizierte. Er zeigt, daß für die Frau das Leben damit beginnt, daß sie gut aussehen und eine überflüssige Rolle spielen muß (schließlich kommt es beim Football auf die Spieler an und nicht auf die Cheerleaders). Und daß es ohne Männer in einer geistlosen Gruppe von Frauen endet, die sich selbst zu betäuben versuchen. »Genau so ist es«, rief meine Patientin aus. »Ich war ein Cheerleader, und ich verbrachte oder, besser gesagt, vergeudete einen Großteil meiner Zeit an der Universität mit dem Versuch, auf diese Weise Anerkennung zu finden. Aber ein Cheerleader wird nicht als Individuum anerkannt, nur als Teil einer Gruppe. Und ich fürchte, daß ich, weil ich mit allem, was ich tue, zu spät dran bin, wie eine dieser Jammergestalten enden werde. Ich habe kein Vertrauen zu meinen Handlungen, keine Begeisterung. Ich fürchte, daß alles scheitern wird, was ich anpacke, und daß alles auf dem Müll endet.«

Zuletzt möchte ich mich dem Traum einer Patientin zuwenden, die sich ihrer masochistischen Probleme bereits deutlich bewußt war, aber sie erst überwinden mußte. Die Mutter dieser Frau hatte seit ihrer Kindheit in ihrem Leben eine mächtige und schädliche Rolle gespielt, indem sie sich abwechselnd überbehütend und dann wieder brutal verhielt. Meine Patientin träumte, daß sie mit ihrer Mutter in einem Auto sitze und die Mutter unbedingt chauffieren wolle. »Laß mich fahren, Mutter«, bat die Frau immer wieder. »Du siehst doch nichts.« Aber ihre Mutter weigerte sich, anzuhalten und mit ihr den Platz zu tauschen, und auf einmal kam sie von der Fahrbahn ab und stieß mit einem anderen Auto zusammen. Die Mutter wurde auf die mit Glasscherben übersäte Straße hinausgeschleudert, und dabei wurde ihr ein Bein abgerissen. Als die junge Frau den Beinstumpf ihrer Mutter anschaute, sah sie, daß er hohl war, als ob ihre Mutter eine Puppe aus Papiermaché sei. Wütend und obwohl sie wußte, daß sie ihrer Mutter wehtun könnte, hob die Frau ihre Mutter vom Boden hoch und herrschte sie an: »Warum hörst du nie auf mich? Siehst du jetzt, was passiert ist?«

Diese Mutter gestattete ihrer Tochter nie, Autonomie zu entwickeln: sie ließ sie nie chauffieren. Wenn die junge Frau zu ihrer Mutter sagt, diese könne nichts sehen, dann spiegelt das sowohl das reale Altern ihrer Mutter als auch die Tatsache, daß die junge Frau mit zunehmender Reife eine größere Bewußtheit entwickelte als ihre Mutter. Daß sie diese als hohl sieht und nicht mehr als die mächtige und bedrohliche Figur, als die sie ihr immer erschien, ist ein Fortschritt für die junge Frau. Dennoch fährt sie fort, sich ihrer Mutter zu fügen, und es gibt Anzeichen, daß sie das äußerst wütend macht. Als sie ihre Mutter vom Boden hochreißt, obwohl sie weiß, daß ihr das wehtut, und zu ihr sagt: »Warum hörst du nie auf mich?«, erklärt sie ihr de facto, daß sie jetzt erwachsen sei, aber sich immer noch nicht von ihrer Mutter befreit habe.

Am Tag dieses Traums hatte sich diese Frau aus den schwarzen und weißen Glasperlen zweier alter Halsketten eine neue Kette gemacht. Die auf der Straße herumliegenden Glasscherben deuten darauf hin, daß sie zwar aus den alten Halsketten etwas Neues und Hübsches machen konnte, daß sie jedoch in ihrem Leben nicht zu einer ebenso erfolgreichen Handlungsweise fähig war. Ihr masochistisches Gefühl der Vergeblichkeit kommt in diesem Bild zum Vorschein. Es ist, als sagte sie: Welchen Sinn hat es, mich anzustrengen, wenn meine Mutter alles kaputtmacht, indem sie sich weigert, mich mein Leben selbst in die Hand nehmen zu lassen oder anzuerkennen, daß ich jetzt diejenige bin, die klarsieht?

»Was bedeutet Realität?« schrieb Virginia Woolf. »Es ... ist das, was übrigbleibt, wenn die Haut des Tages auf dem Müll gelandet ist. Das, was übrigbleibt von der Vergangenheit, unserer Liebe und unserem Haß.« Obwohl Woolf hier von der Realität spricht, hatte ich immer den Eindruck, daß diese Definition auch für Träume gilt. Denn sie sind das, was übrigbleibt, wenn die Haut des Tages auf den Müll gewandert ist, sind sie doch nicht Produkte einer fremden und geheimnisvollen Instanz, sondern wesentliche Elemente unseres Selbst, unserer *innersten* Realität.

13

Körperbilder

Vor mehreren Jahren arbeitete ich therapeutisch mit einer jungen Frau, einer Schauspielschülerin, die schon gelegentlich Bühnenrollen bekam. Als mir auffiel, daß sie abmagerte, sprach ich sie darauf an, und sie gab mir einleuchtende Erklärungen, die überwiegend mit ihrer Karriere zu tun hatten. Ich meinte jedoch, daß es an der Zeit sei, zu einer normalen Nahrungsaufnahme zurückzukehren, da ihre Diät offensichtlich solchen Erfolg gehabt habe. Als ich merkte, daß sie weiterhin an Gewicht verlor und allmählich wie ein KZ-Häftling auszusehen begann, äußerte ich meine Besorgnis. Sie antwortete: »Aber ich sehe *dick* aus.«

Dieses deformierte Körperbild ist eines der kennzeichnenden Merkmale der Anorexia nervosa, ein Leiden, von dem in den Vereinigten Staaten mehr als 300000 Menschen (vorwiegend junge Frauen) betroffen sind. Anorexie wurde schon vor hundert Jahren als Krankheit erkannt; sie galt als eine Spielart der Hysterie, die durch Appetitverlust, Verstopfung, Amenorrhöe (Ausbleiben der Periode), Gewichtsverlust und Unruhe gekennzeichnet war, die man aber für selten hielt. Inzwischen ist sie weit verbreitet, was angesichts des ungeheuren gesellschaftlichen Werts, der heute auf Schlankheit gelegt wird, wahrlich nicht wundernimmt.

Unsere Gesellschaft ist diätbesessen, und diese Besessenheit bildet die Spitze des Eisbergs, der aus dem zwanghaften Streben nach Jugend, einem narzißtischen Bedachtsein auf das Äußere, dem Diktum, daß Frauen so hager wie Vogelscheuchen sein müssen, um in Kleidern elegant auszusehen, und der Ablehnung alles Weiblichen in einer zunehmend homosexuellen Gesellschaft besteht. Unser Denken kreist ständig um die Frage, was man essen soll und was nicht, in einem solchen Grad, daß es nicht ungewöhnlich ist, sogar die schlanksten Frauen Entschuldigungen murmeln zu hören, wenn sie einen Keks oder ein Stück Schokolade essen. Kürzlich ist die Meinung laut geworden, daß man Anorexia nervosa besser als »Fettphobie« oder »phobische Furcht vor Fett« bezeichnen sollte. Das erscheint mir berechtigt. Die Furcht vor dem Dickwerden bestimmt unsere Gesellschaft in außerordentlichem Maße. Und bei manchen Menschen erreicht sie einen pathologischen oder phobischen Grad.

In ihrem Buch *The Obsession: Reflections on the Tyranny of Slenderness* schildert Kim Chernin anrührend die Wirkung, die gesellschaftliche Kräfte auf die Gefühle der Frauen gegenüber ihrem Körper haben. »Der Körper ist geladen mit Bedeutung«, erklärt sie. »Eine Frau, die den Wunsch hat, ihre Brüste und Schenkel und Hüften zu verkleinern, ... kann damit ausdrücken, daß sie sich als Frau in unserer Gesellschaft nicht wohlfühlt. Eine Frau, ... die ihren Hunger unter Kontrolle haben möchte, ... kann damit ausdrücken, daß man sie gelehrt hat, ... ihre Leidenschaften und Begierden als etwas Gefährliches zu betrachten, das ... einer sorgfältigen Überwachung bedarf. Eine Frau, die davon besessen ist, ihr Fleisch zu vermindern, verrät vielleicht, daß sie einer natürlichen Quelle weiblicher Macht entfremdet ist und daß ihr nicht gestattet wurde, Gefühle der Ehrfurcht für ihren Körper zu entwickeln.«

Geneen Roth bestätigt die Auffassung Chernins, daß unsere Gesellschaft Druck auf die Frauen ausübt, ihren Körper abzulehnen. »Ich mußte mich nur umsehen, um zu erkennen, daß begehrenswerte Frauen meines Alters extrem schlank waren«, schreibt sie in *Feeding the Hungry Heart: The Experience of Compulsive Eating.* »All die wimpernklimpernden Medienzikken, die verkünden, daß wir aussehen müssen wie sie, um attraktiv zu sein, sind dürr. Ihre hageren Körper sind ein kraftloser Abklatsch der männlichen Figur. Die Mannequins schauen aus wie schwache Männer statt wie starke Frauen.«

Übergewicht, der Ausschlag des Pendels in das andere Extrem, ist ebenfalls im Steigen begriffen. Und auch die Übergewichtigen leiden ebenso wie die Anorektikerinnen an einer verzerrten Wahrnehmung ihres Körperbildes. In beiden Fällen ist die Wahrnehmung des eigenen Körperbildes illusorisch und stellt einen Bruch mit der Realität dar. Ich betrachtete meine anorektische Patientin und erblickte jemanden, der dem Häftling eines Konzentrationslagers glich. Sie betrachtete sich und leugnete, daß sie zu mager sei; im Gegenteil, sie fand sich nicht schlank genug. Die Anorektikerin, ganz egal, wie dürr sie wird, ist in ihren eigenen Augen immer dick. Übergewichtige Menschen leugnen dagegen ihren wahren Umfang, indem sie ihr Gewicht zu verbergen suchen. Eine Patientin, die mindestens 70 Pfund Übergewicht hatte, formulierte es so: »Wenn ich in den Spiegel schaue, betrachte ich nur mein Gesicht, und das erscheint mir so, wie es immer war. Ich empfinde es als schlank.« Die Aufrechterhaltung der Illusion ist jedoch für die Übergewichtigen schwierig; sie verstecken ihren Körper deshalb auf jede mögliche Weise. Oft bevorzugen sie Kleidung, die ihre Konturen verbergen soll. Viele scheuen sich auch davor, fotographiert zu werden, weil sie wissen, daß an dem Ausspruch »die Kamera lügt nie« etwas dran ist. Manche vermeiden es ganz und gar, in den Spiegel zu schauen.

Dem verzerrten Körperbild entspricht ein unrealistisches Bewußtsein der körperlichen Funktionen. Die Anorektikerin nimmt ein paar Bissen zu sich und fühlt sich voll. Die Übergewichtige, soviel sie auch gegessen haben mag, hat immer noch Platz für mehr. Magisches Denken begleitet oft die Täuschungen in bezug auf den Körper, insbesondere bei der Anorektikerin. »Wenn ich schlank genug bin«, denkt sie, »wird mich jemand lieben.« Oder: »Wenn ich schlank genug bin, werden mich die Menschen achten.« Und Anorektikerinnen und Übergewichtige haben noch etwas miteinander gemein: Beide glauben, daß ihr schlankes Selbst ihr »wahres« Selbst sei.

Diese Eßstörungen sind im Grunde zwei Aspekte eines einzigen Problems, die zwei Seiten einer Medaille. Es sind primitive Manifestationen von Masochismus, Äußerungen des Selbsthasses und der Selbstbestrafung, die sich an der Frage des Essens festgemacht haben. Die Anorektikerin bestraft sich, indem sie sich Nahrung vorenthält, häufig auch ein Übermaß an Abführmitteln benutzt und sich zu hektischer Aktivität antreibt, die angesichts ihres Nahrungsmangels äußerst belastend ist. Die Übergewichtige bestraft sich, indem sie ihrem Körper mehr Nahrung aufzwingt, als er verwerten kann, wie einer Gans, die um der Leberpastete willen gestopft wird, eine Sitte, die übrigens verboten wurde, weil sie eine Grausamkeit gegenüber dem Tier bedeutet. Sowohl die Anorektikerin als auch die Übergewichtige können darüber hinaus an Bulimie leiden, dem Hang zu Eßexzessen gefolgt von künstlich herbeigeführtem Erbrechen. Und manchmal sind die Symptome der Anorexie und des Übergewichts in einer einzigen Person vereinigt, die von einem Extrem zum anderen pendelt.

Dies war auch bei der jungen Frau der Fall, die unmittelbar nach ihrer Übersiedlung nach New York zu mir in Behandlung kam, aber nur kurze Zeit blieb und sich bald darauf entschloß, die Stadt zu verlassen und nach Hause zurückzukehren. Als sie zum ersten Mal zu mir kam, war sie unförmig dick. Zwei Jahre später kam sie nach New York zurück und begann aufs neue die Behandlung. Dieses Mal stand zu meiner großen Überraschung eine erschreckend magere, kränklich wirkende junge Frau vor meiner Tür. Sie reagierte auf meinen Gesichtsausdruck, den ich offenbar nicht erfolgreich verborgen hatte, mit der Bemerkung: »Ich weiß, daß Sie überrascht sind, aber sehe ich nicht gut aus?« Sie sah weder gut aus noch wie ein künftiges Fotomodell, die Karriere, die sie einzuschlagen gedachte. Sie hatte sich offensichtlich magischem Denken hingegeben und sich eingeredet, daß sie sich durch bloße Schlankheit für einen solchen Job qualifizieren könne.

Die gesellschaftliche Fixierung auf Nahrung und Essen ist als solche masochistisch. Denn heute bestrafen sich die Menschen schon während der Nahrungsaufnahme, indem sie jeden Bissen gnadenlos analysieren, bis zum Überdruß ihre Figurprobleme erörtern, sich bestimmte Speisen ganz versagen und von Schuldgefühlen geplagt werden, wenn sie diese Verbote übertreten und sich, wie entsetzlich, eine Schwäche gestatten. Rhoda Koenig schrieb vor einigen Jahren einen Artikel für die Zeitschrift *New York* mit dem Titel »Leben, um zu essen«, der diese Obsession auf den Punkt brachte: »Obwohl Mutter immer gesagt hatte, daß es sich nicht gehöre, bei Tisch über Gesundheitsprobleme zu sprechen, geben einem die Tischgespräche der siebziger Jahre über Proteine und Kohlenhydrate und die ›japanische Pritikin-Diät‹ das Gefühl, in einen ernährungswissenschaftlichen Kongreß geraten zu sein.« Die Zunahme an Eßstörungen ereignet sich zu einer Zeit nie dagewesener Aufgeklärtheit in Ernährungsfragen und vor dem Hintergrund des Überflusses, den unsere Wohlstandsgesellschaft erzeugt. Vielleicht wären wir eher imstande, die darin liegende Ironie zu würdigen, wenn diese Störungen nicht so entsetzlich destruktiv wären. Sowohl Anorexie als auch Fettsucht sind lebensgefährliche Krankheiten.

Hilde Bruch, eine Psychiaterin, die berühmt für ihre Arbeiten über Eßstörungen ist, hebt hervor, daß Hunger nicht nur eine Folge *physiologischen* Nahrungsmangels sei, sondern auch eine *psychologische* Komponente habe. In diesem Zusammenhang unterstreicht sie die Bedeutung der frühen Mutter-Kind-Interaktion beim Stillvorgang. Die Mutter ist oft nicht imstande, zu unterscheiden, ob der Säugling nach Nahrung schreit oder nicht, bemerkt Bruch, aber sie offeriert dem Kind in jedem Fall Nahrung oder zwingt ihm diese auf. Nicht selten belohnt sie auch das Kind mit Nahrung, wenn es »brav« (d.h. passiv) ist.

Der ganze Ablösungs- bzw. Individuationsprozeß, der sich zwischen Mutter und Kind vollzieht oder auch nicht, spielt sich in erster Linie im Nahrungsbereich ab. Und sowohl Anorexie als auch Fettsucht, zwei Extreme des körperlichen Masochismus, sind fortgesetzte Inszenierungen dieser frühen Erfahrung. Eine Mutter kann ihr Kind überfüttern oder im Falle einer offenkundigeren Destruktivität (dieselbe Mutter, die etwa ihr Kind verprügelt) es hungern lassen. Eine Mutter kann ihrem Säugling das bieten, was Harry Stack Sullivan als die schlechte, giftige Brustwarze bezeichnet hat. Damit meinte er, daß die Pflegehandlungen, insbesondere das Stillen, von den Gefühlen der Angst, der Wut oder des Hasses gegenüber ihrem Kind oder einer Kombination aus allen dreien geprägt sind. Eine Mutter kann versuchen, die Herrschaft über ihr Kind zu behalten, indem sie ihm Nahrung entweder aufzwingt oder vorenthält. Sie kann auf bestimmten Regeln beharren, beispielsweise, daß der Teller leergegessen werden muß, oder sie kann verlangen, daß das Kind am Tisch sitzenbleibt, bis es ein bestimmtes, ihm verhaßtes Gericht aufgegessen hat. Ersteres könnte die Grundlage für Fettsucht legen; letzteres könnte den wütenden Trotz hervorrufen, der zur Anorexie führt. Dieser Trotz dient der Abwehr, die für den Masochismus typisch ist. Ruth Jean Eisenbud schreibt über die Anorexie, daß die Anorektikerin ihren Trotz somatisiere, indem sie sich von der Position »ich will nichts essen« (ein Ausdruck des Trotzes) zu »ich kann nicht essen« (eine körperliche Erscheinung) hin entwickelt. Sowohl bei der Anorexie als auch bei der Fettsucht bestraft sich das Kind jedoch selbst mit Hilfe eines Instruments, das die Mutter unmöglich in den Griff bekommen kann – dem Magen-Darm-Trakt.

Chernin stellt auch fest, daß die frühen Erfahrungen zwischen Mutter und Kind eine tiefgreifende Auswirkung auf die Einstellung einer Frau zu ihrem Körper haben. Sie vertritt die Auffassung, daß Frauen, die ihre Größe und ihren Umfang zu verringern suchen, von dem Wunsch getrieben sind, die Erinnerung an die ursprüngliche Mutter auszuradieren, die über ihre Kindheit herrschte. Schlankheit erspart es ihnen, mütterlichrundlich auszusehen und sich dadurch die Hilflosigkeit ihrer frühesten Kindheit in Erinnerung zu rufen.

Da ihr Erlebnis des Essens von »giftigen« Umständen umgeben war, hat die Anorektikerin unbewußte Phantasien, daß jede Nahrung Gift sei. Die Anorektikerin befindet sich in einem Dilemma zwischen dem Bedürfnis zu essen, um sich am Leben zu erhalten, und ihrer paranoiden Projektion hinsichtlich der Giftigkeit jeder Nahrung. Ihre hartnäckige Weigerung zu essen ist mehr als ein zwanghafter Wunsch nach Schlankheit. Sie repräsentiert auch eine phobische Vermeidung von Gift.

Übergewichtige Mädchen oder Frauen müssen dagegen ständig Nahrung im Körper haben, da diese für sie eine Verbindung mit der Mutter darstellt. Die Nahrung dient als Nabelschnur, ohne die sie das Gefühl haben zu sterben. In solchen Fällen existiert eine unaufgelöste Symbiose zwischen Mutter und Kind. Fettleibigkeit kann sich aber auch aus einer Haltung des Trotzes gegenüber der Mutter entwickeln. Vielleicht hat die Mutter dem Kind Nahrung aufgezwungen oder als Belohnung benutzt und die Nahrungszufuhr gedrosselt, sobald sie merkte, daß das Kind zu stark zunahm. Fettleibigkeit kann das Mittel sein, mit dem sich das Kind dagegen wehrt, sich Grenzen auferlegen zu lassen.

Dieser Kampf zwischen Mutter und Kind, der sich auf dem Schauplatz der Nahrungsaufnahme abspielt, beginnt in früher Kindheit und wird zunehmend internalisiert und in das Individuum hinein verlagert. Die Anorektikerin kämpft gegen das Gefühl, versklavt und ausgebeutet und unfähig zu sein, ihr eigenes Leben zu führen. Sie kämpft um *Kontrolle*. Ihr zwanghafter Perfektionismus treibt sie dazu, sich selbst bis zum Hungertod zu quälen, um geachtet zu werden. Sie hat keine mittleren Tonlagen: Sie ist entweder vollkommen oder total wertlos und verletzbar. Die Fettsüchtige kämpft darum, ihre Mutterfigur zu *behalten*, indem sie sich Nahrung als Mutterersatz oral einverleibt. Diese Verbindung gibt ihr das Gefühl, ein »braves Mädchen« zu sein und geliebt und beschützt zu werden. In beiden Fällen ist die Fixierung auf Nahrung und Essen monomanisch; sie repräsentiert die einzig reale »Beziehung«

im Leben der Betreffenden. Und am Ende des Kampfes kann der letzte masochistische Akt der Selbstzerstörung stehen, denn sowohl Anorexie als auch Fettsucht stellen passive, schleichende Formen des Selbstmords dar.

Manchmal ist die Neigung zum Selbstmord aktiver als jene, die sich durch Unter- oder Überernährung äußert – Handlungsweisen, die nach einer Weile keinem Entschluß mehr zugänglich erscheinen. Ich denke z.B. an eine fettsüchtige junge Patientin, die eine der fixiertesten und intensivsten Symbiosen mit ihrer Mutter hatte, die ich je gesehen habe. Die Mutter, seit vielen Jahren vom Vater der Patientin geschieden, war in ihrem Auftreten extrem saccharinsüß. Die junge Frau war nicht besonders attraktiv, abgesehen von ihrem wunderschönen, hüftlangen, rotblonden Haar, aber sie war intelligent und hatte Sinn für Humor, Eigenschaften, die ihren relativ großen Freundeskreis erklärten. Sie ergötzte mich wiederholt mit Geschichten über ihre täglichen erbitterten Kämpfe im Badezimmer, wenn sie ihrem Körper die Nahrung wieder abzutrotzen versuchte, mit der sie sich zwanghaft vollgestopft hatte, bevor sie das Bad betrat. Im Laufe unserer gemeinsamen Arbeit begann sie, Fortschritte zu machen, neue Interessen zu entwickeln, sich probeweise mit einigen Männern einzulassen und sich von ihrer Mutter abzulösen. Als die Notwendigkeit dieser Ablösung jedoch zunehmend deutlich wurde, drohte sie mit Selbstmord und wurde in ein Krankenhaus eingeliefert. Ich konnte mich des Gefühls nicht erwehren, als ich sie besuchte, ihr Mona-Lisa-haftes Lächeln signalisiere, daß sie glaubte, gesiegt zu haben. Sie entzog sich jedoch meinen Versuchen, das zu erörtern, und kurz danach brach ihre Mutter die Behandlung bei mir ab.

Ein weiteres masochistisches Element, das diese Eßstörungen begleitet, ist sexuelle Deprivation. Die Anorektikerin, deren Periode infolge ihres Hungerns häufig ausbleibt, verliert häufig auch jedes sexuelle Interesse oder entwickelt erst gar keines. Bei Fettsüchtigen ist die Wahrscheinlichkeit geringer, daß die Periode ausbleibt; wenn das geschieht, dann häufiger aus psychischen als aus physischen Gründen. Auch ihr sexuelles Interesse vermindert sich jedoch.

Ohne Frage ist der Zwang zur Schlankheit in unserer Gesellschaft im Ansteigen begriffen. Es ist mir wiederholt aufgefallen, daß Bekannte von mir, die großen Wert auf Schlankheit legen, mit einer Geschwindigkeit und einer Gier essen, die darauf hindeuten, daß sie von Hunger geplagt sind. Bruch meint, daß diese Betonung der Schlankheit und die damit verbundene feindselige Ablehnung der Körperfülle als beschämend oder böse eine tiefgreifende destruktive Wirkung habe. Ich glaube, solche Einstellungen haben dazu beigetragen, daß Fettsucht zu einem ernsten gesundheitlichen Problem wurde. Die Übergewichtigen erleben die Gesellschaft als Ersatzfigur der Mutter, die erklärt: »Du sollst nicht essen.« Sie fühlen sich dann um so stärker benachteiligt und essen aus Trotz noch mehr. Anorektikerinnen hungern in dem Glauben, daß Schlankheit alles sei, die Lösung für alle Probleme des Lebens, und daß sie ihren Lohn in sich trage. Wenn sich dieses gesellschaftliche Klima mit einer persönlichen Geschichte verbindet, die die Betroffenen veranlaßt, den ursprünglichen Kampf ihrer frühen Kindheit mittels ihres Magen-Darm-Trakts zwanghaft immer wieder neu zu inszenieren, dann kann das Ergebnis die primitivste und am deutlichsten selbstbestrafende Form von Masochismus sein, die es gibt.

Roth vermittelt in der folgenden Passage, einem masochistischen Gefühlsausbruch par excellence, ein erschreckendes Bild der Hartnäckigkeit, des Wiederholungszwangs und des Strafcharakters der Eßstörungen: »Ich habe mich mit Hilfe der geübten Muskeln meines Magens immer wieder zum Erbrechen gebracht. Warum tue ich mir das an? Warum stopfe ich mich mit Selbsthaß und Schande voll, obwohl ich doch weiß, daß ich auf diese Weise niemals die bittere Wut und die Paranoia loswerde, mit der ich mich anfülle? Warum kann ich mich nicht beherrschen? Warum hasse ich mich selbst? Ich weinte, während ich in den Eisschrank griff und wieder zwanghaft zu essen begann.«

Anorexie und Fettsucht repräsentieren masochistische Fluchtwege. Menschen, die an diesen Krankheiten leiden, verlagern die Auseinandersetzung mit zwischenmenschlichen Beziehungen auf den Umgang mit körperlichen bzw. somatischen Funktionen. Insofern gleichen diese Störungen anderen Phobien, die ebenfalls selbstbestrafend und masochistisch sind. Eine Frau, die beispielsweise an Agoraphobie leidet, sperrt sich in eine Art selbstgeschaffenes Gefängnis, wenn sie sich weigert, ihre Wohnung zu verlassen. Sie fürchtet sich vor großen Plätzen, aber dies ist ein symbolischer Ersatz des eigentlichen Kerns ihrer Furcht – nämlich, daß sie draußen im Freien mit größerer Wahrscheinlichkeit Menschen gegenübersteht und mit ihnen zurechtkommen muß.

Eine andere Art der somatischen Äußerung von Masochismus zeigte sich im Verhalten einer Frau, die wegen ihrer Eheschwierigkeiten zu mir kam. In der ganzen Sitzung preßte sie, während sie redete und weinte, die Fingerspitzen in ihr Bein oder in die Armlehne des Sessels. Am Ende der Stunde sagte sie zu mir: »Wissen Sie, ich habe oft Hautprobleme an den Fingerspitzen; ich bin deswegen schon bei mehreren Hautärzten gewesen und habe die verschiedensten Salben ausprobiert, aber nichts scheint mir zu helfen.« Diese Frau, die es nicht wagte, zornig zu werden, ließ alle ihre Aggressionen an sich selbst aus, indem sie sich ständig die Fingerspitzen wundrieb. Nachdem sie Abhilfe dagegen gesucht und nicht gefunden hatte, überhäufte sie sich mit weiteren Strafen, indem sie sich in Ressentiments und Selbstmitleid erging.

Vor einigen Jahren äußerte sich die somatische Selbstablehnung in der außerordentlich hohen Zahl von Amerikanerinnen, die ihre Gebärmutter entfernen ließen. Diese oft unnötigen Operationen stellten eine Art symbolische Kastration dar. Psychologisch betrachtet könnte man sagen, daß diese Frauen in einer sehr tiefen Schicht ihre Weiblichkeit ablehnten und/oder die Mutterschaft aufgrund ihres weiblichen Aspekts von sich wiesen. Heute konzentriert sich dieser masochistische Mangel an Selbstakzeptanz auf die Brust.

In allen Jahrhunderten haben Brüste das sexuelle Interesse der Männer geweckt. In früheren Zeiten sind sie oft durch die Mode betont worden, manchmal fast bis zur völligen Nacktheit. Vor einiger Zeit personifizierte Marilyn Monroe das begehrenswerteste Sexualobjekt; ihr Image basierte zu einem großen Teil auf ihren üppigen Brüsten. Diese galten als Maßstab für sexuelle Attraktivität. In neuerer Zeit begann sich dieser Maßstab unter dem Einfluß der Angleichung der Geschlechter zu verändern. Mit zunehmender Betonung der Schlankheit wurde die ideale weibliche Brust immer kleiner. Eine meiner Patientinnen, die eine Prostituierte gewesen war und später ein Bordell leitete, erzählte mir, daß Brüste früher für Männer bei der Wahl einer Partnerin einen wichtigen Aspekt der Attraktivität einer Frau ausmachten. Heute richten sie dagegen ihr Hauptaugenmerk auf das Gesäß, ein weiteres Anzeichen der gesellschaftlichen Homosexualität.

Welches Schönheitsideal auch gerade vorherrschen mag, die Frauen sind ständig mit Bildern konfrontiert, wie ihre Brüste aussehen sollten, ein Umstand, der sich weitgehend ihrer Kontrolle entzieht. Die Brust ist ein Organ, dessen Größe und Form genetisch festgelegt ist. Bestimmte äußere Umstände mögen sich darauf auswirken (extremes Übergewicht, extreme Magerkeit, das Stillen eines Kindes), aber im Grunde ist die Größe der weiblichen Brust genetisch festgelegt. Das hält masochistische Frauen jedoch nicht davon ab, sich wegen ihrer Brüste selbst zu quälen. Sie beklagen sich, daß sie zu groß, zu klein, mißgestaltet oder falsch plaziert seien.

Eine meiner Patientinnen jammerte ständig, daß sie keine sogenannten »halbe-Grapefruit«-Brüste habe, eine Bezeichnung, die ich mehr als einmal gehört habe, seit sie mich damit bekannt machte. Das sind Brüste mit einem sehr breiten Ansatz, rundlich, aber nicht zu voll, die sich als sanfte Ausbuchtungen auf den Konturen des Körpers abzeichnen, ohne zu stark vorzuspringen. Diese Frau hatte ein reizvolles Gesicht, einen offensichtlich attraktiven Körper und einen Mann, dem ihre Brüste so gefielen, wie sie waren. Aber all dies zählte in ihren Augen nicht. Ihr Narzißmus und Masochismus waren so ausgeprägt, daß sie ihre Brüste ständig als minderwertig verurteilte – insbesondere nach ihren regelmäßigen Besuchen in einem Fitness-Club, wo sie ihren Körper mit dem anderer Frauen verglich. Eine andere Patientin von mir, ebenfalls attraktiv und mit einem Mann verheiratet, der sich nicht über ihren Körper beklagt hatte, bestand darauf, daß sie sich nicht wie eine Frau fühle, weil ihre Brüste nicht groß genug seien. Sie fragte mich wiederholt nach dem Namen eines plastischen Chirurgen. Anfangs äußerte ich Bedenken und beschwor sie, die Sache noch eingehender zu besprechen, bevor sie irgend etwas übereilte. Schließlich merkte ich, daß sie bereits fest entschlossen war. Damit sie nicht zu jemand Unbekanntem ging, nannte ich ihr einen renommierten plastischen Chirurgen. Sie ließ sich Silikon in ihre Brüste implantieren – und fühlt sich jetzt besser, weil sie einer gesellschaftlichen Vorstellung von Attraktivität entsprechen kann!

Bedauerlicherweise ist der weibliche Busen zu einer neuen Quelle des Leidens geworden, seit der Brustkrebs zugenommen hat. Jetzt sind die Brüste nicht bloß ein unbefriedigendes Objekt, das dem gesellschaftlichen Idealbild nicht entspricht, sondern auch eine Gefahrenquelle. Und Frauen werden durch die Selbstuntersuchung, die Ärzte empfehlen, ständig auf diese Bedrohung hingewiesen, auf die Gefahr, die ihre Brüste darstellen können. Diese Angst vor Brustkrebs wird oft in masochistischer Weise benutzt.

Ich glaube, und die neuesten Forschungen bestätigen das, daß Organe zur Entstehung bösartiger Tumoren neigen, wenn sie nicht für den physiologischen Zweck genutzt werden, zu dem sie bestimmt sind. Viele Frauen vermeiden es, ihre Kinder zu stillen, weil sie fürchten, dadurch ihre Brüste zu verunstalten. Ironischerweise kann sich gerade durch die Ablehnung des Stillens die Wahrscheinlichkeit erhöhen, Brustkrebs zu bekommen.

Diese Krebsform stellt die Frauen vor ein schreckliches Dilemma. Ich vermute, daß ständige Selbstuntersuchung der masochistischen Betonung des Unglücks und drohenden Leidens Vorschub leistet. Wenn wir uns dagegen mit einer ärztlichen Untersuchung im Jahr begnügen, erhöht sich das Risiko, daß ein Tumor eine Zeitlang unentdeckt bleibt. Mir ist klar, daß man darüber geteilter Meinung sein kann, aber ich neige dazu, Frauen, die nicht zur Zystenbildung in ihren Milchdrüsen neigen, zu raten, auf Selbstuntersuchungen zu verzichten und sich dagegen auf ihre Gynäkologen zu verlassen, die sie ein- oder zweimal jährlich aufsuchen. Auf diese Weise ersparen sie sich wenigstens die ständige Sorge, daß sie eine bösartige Geschwulst entdecken könnten. Ich will damit nicht sagen, daß es in diesem heiklen Bereich Patentlösungen gibt; vielleicht ist es am besten, wenn jede Frau das tut, was sie am wenigsten belastet.

Ich hatte kürzlich Gelegenheit, anthropologische Filme über einen Stamm in Neuguinea zu sehen, bei dem die weibliche Brust unbedeckt bleibt. Die Brüste vieler älterer Frauen glichen nach jahrelangem Stillen von Kindern ausgeronnenen, leeren Beuteln, während die jungen, mannbaren Frauen volle, rundliche Brüste hatten. Aber es fiel mir auf, daß die Männer den Unterschied zwischen diesen Brüsten nicht zu beachten schienen und daß offensichtlich auch die älteren Frauen wegen der Form ihrer Brüste weder Minderwertigkeitsgefühle hatten noch befangen wirkten. Das veranlaßte mich zum Nachdenken über unsere eigene Gesellschaft und ihre narzißtische Fixierung auf die Einzelheiten der Körperform und ihren Anspruch, daß praktisch jede Frau in allen Stadien des Lebens dem Schönheitsideal von Filmstars zu entsprechen habe.

14

Masochismus in Literatur und Film

Virginia Woolfs Geschichte »Das neue Kleid« enthält ein wirklich bemerkenswertes Porträt der masochistischen Frau. Mabel Waring ist hocherfreut, zu Clarissa Dalloways Party eingeladen zu sein, aber die Einladung stellt sie vor das Problem, was sie anziehen soll. Sie entscheidet sich für ein Kleid, das ihren Verhältnissen entspricht und »originell« ist, wenn es auch nicht die neueste Mode repräsentiert. Aber vom Augenblick ihres Eintreffens bei der Gesellschaft an ist sie von Selbstzweifeln, Befangenheit und Selbsterniedrigung gequält. Ihr masochistischer Größenwahn sagt ihr, daß alle ihr neues Kleid beachten und sich darüber lustigmachen. Als die Garderobefrau bloß ihre Pflicht tut und ihr zu helfen versucht, hat Mabel den Verdacht, daß sie sich ein Urteil über Mabels Aussehen erlaube. Dann sagt eine ihrer Bekannten: »Es ist entzückend«, und Mabel glaubt zu sehen, daß sie dabei spöttisch die Lippen spitzt. Von ihren lebenslangen Gefühlen der Minderwertigkeit überschwemmt, beginnt sie, diese Gefühle auf andere zu projizieren: Alle fällen ein unbarmherziges und bösartiges Urteil über sie; alle sind falsch und verlogen.

Aber es ist natürlich Mabel selbst, die sich als abstoßend empfindet und deren Verhalten unecht ist. Sie vergleicht sich mit den anderen Gästen, als ob die Party ein Wettbewerb wäre: Sie ist hoffnungslos unmodisch und linkisch; alle anderen sind elegant und gewandt. Sie fühlt sich wie eine Fliege, die in einen

Milchtopf gefallen ist und deren Flügel zusammenkleben. Wie soll ein männlicher Gast wohl reagieren, wenn Mabel zu ihm sagt: »Ich fühle mich wie eine schäbige, schmuddlige alte Fliege«? Diese bizarre Bemerkung (ebenso unangebracht wie die jener Frau in Salzburg, die zu mir sagte, sie stütze die Mauer), eine Folge von Mabels ungeheurer Egozentrik, wird ihr kaum Sympathien gewinnen und kann ihre Zuhörer nur vertreiben. Und was wäre gewesen, wenn ihr jemand ein Kompliment gemacht hätte? Hätte sie es für bare Münze genommen? Natürlich nicht. Sie hätte es für eine Lüge gehalten. Immer einen Angriff erwartend, hat sie sich selbst geohrfeigt, sich selbst bestraft, bevor jemand anderer dazu Gelegenheit hatte.

Mabel ist der Prototyp einer Masochistin; wenige Beispiele solcher Frauen in der Literatur sind mit diesem Maß an Einsicht, Sensibilität und Vollständigkeit gezeichnet. Aber wenn die Tiefenschärfe von Mabels Porträt auch nur selten erreicht wird, so befindet sie sich doch in zahlreicher Gesellschaft, wenn man sie als Vertreterin eines Typs betrachtet. Die Literatur ist voll von leidenden Frauen.

Die literarischen Darstellungen von Frauen sind in der Regel vier Kategorien zuzuordnen: (1) Die Frau, die sich dem beengenden Kokon anpaßt, in den die Gesellschaft sie wickelt, die liebe, brave und sehr oft masochistische Frau; (2) die Frau, die diesem Zwang zur Anpassung zu widerstehen sucht und für ihren Widerstand einen Preis bezahlen muß; (3) die Frau, die andere an ihrer Statt leben läßt, indem sie sich mit ihnen identifiziert, da ihr selbst nicht erlaubt ist, frei zu leben; (4) die Ausnahme von der Regel, die autonome Frau, die selbstsicher und mutig auftritt und dafür bestraft wird.

Josephine A. Ruggiero vom Providence College glaubt, daß die meisten Frauen in der Literatur im wesentlichen als Werkzeuge zur Lösung männlicher Dilemmas dienen. Die tugendhafte Frau ist gut und keusch und mit den positiven Aspekten des Lebens eines Mannes identifiziert. Die sinnliche Frau ist schlecht, sexuell erfahren und mit den negativen Aspekten identifiziert. Und den Kern des sentimentalen Klischees der Frauen bildet nach Ruggieros Ansicht das Bild der Frau als primär emotional, hilflos und inkompetent; den Kern bildet mit anderen Worten das Image der masochistischen Frau, die keine eigene Macht hat und kein Problem allein lösen kann.

In einer faszinierenden Untersuchung des französischen Romans arbeitet Kathryn J. Crecelius die vorherrschenden Muster der männlichen Lebensläufe heraus. Die Helden wachsen heran, entwickeln Charakter, lernen die Welt kennen und erringen schließlich einen Platz in der Gesellschaft, der mit mehr oder weniger Ruhm und Wohlstand ausgestattet ist. Der Entwicklungsweg der Frauen steht in krassem Gegensatz dazu. Die Frauen in diesen Romanen sind nicht glücklich oder erfüllt. Selbst in Romanen der letzten zwanzig Jahre, schreibt Crecelius, ist es ungewöhnlich, eine Frau zu finden, die ein Leben führt, das befriedigend ist und kein enormes Opfer von ihrem Herzen oder ihrem Geist fordert. Da diese Frauen (oder ihre Schöpfer) das Gefühl haben, den Verlust ihres bereits errungenen Glücks nicht überleben zu können, scheiden sie in der Blüte ihrer Jugend aus dem Leben.

In ihrem Buch über weiblichen Masochismus in Romanen amerikanischer Autorinnen *(Suffering Women: Feminine Masochism in Novels by American Women)* setzt sich Rosemary Morris mit den Werken von Ellen Glasgow, Willa Cather, Edith Wharton, Gertrude Stein und Mary Johnstone auseinander und analysiert alle Romane dieser Autorinnen, in deren Mittelpunkt eine Frau steht. »Horney glaubte, und das ist auch meine Auffassung«, bemerkt die Autorin zu Beginn, »daß Masochismus bei Frauen keine unvermeidliche Folge der weiblichen Anatomie bzw. der physiologischen Konstitution ist. Er ist vielmehr ein Bewältigungsmechanismus, dessen sich manche Frauen bedienen, wenn die Entwicklung einer angemessenen Aggressivität gehemmt wurde.«

Leiden war das zentrale Thema des Lebens für Glasgow, bemerkt Morris; sie »stellte leidende Frauen in den Mittelpunkt oder Frauen, die eine stoische Abwehr gegen Aggressionen entwickelten.« Cather, »eine knabenhafte Frau«, habe dagegen dazu geneigt, sich mit zwei Arten von Charakteren zu identifizieren: »Starke, tüchtige Frauen wie sie selbst und männliche Charaktere, die bestimmte Frauen mit romantischer Bewunderung ansahen.« Alle Autorinnen, schreibt Morris, schilderten einerseits Frauen, auf die Horneys Beschreibung des Masochismus zutraf, und andererseits starke, unabhängige und selbstbewußte Frauen. Aber nur Johnstone habe sich »konsequent mit Frauen identifiziert und in ihren Romanen Frauen hervorgehoben, die sich durch Zielstrebigkeit und Tüchtigkeit auszeichnen«.

Lady into Fox, eine beeindruckende allegorische Geschichte von David Garnett, schildert die buchstäbliche Verwandlung einer Frau in ein Opfer. Sylvia Fox Teabrick, Angehörige einer alten englischen Familie, verliebte sich leidenschaftlich in einen jungen Mann, den sie kurz darauf heiratete. Er war ein passionierter Liebhaber der Fuchsjagd; sie hatte einmal als Kind eine solche Jagd gesehen; als dem Fuchs das Blut abgelassen wurde, hatte sie sich vor Ekel übergeben. Aber als der Mann von einer Jagd hört, gelingt es ihm dennoch, sie zur Teilnahme zu überreden. Als sie sich dem Ort nähern, von wo die Jagd ihren Ausgang nehmen soll, beschleunigt Teabrick seine Schritte, während seine Frau zurückfällt. Er zieht sie weiter, aber sie entreißt ihm mit einer plötzlichen und heftigen Bewegung die Hand und stößt einen Laut aus, so daß er sich nach ihr umwendet. »Da, wo einen Augenblick zuvor seine Frau gewesen war«, schreibt Garnett, »befand sich jetzt ein kleiner Fuchs mit leuchtend rotem Fell. Das Tier schaute ihn flehentlich an und machte ein oder zwei Schritte auf ihn zu; Teabrick wußte sofort, daß ihn aus den Augen des Tieres seine Frau anblickte.« Jetzt ist die Frau das Opfer, das Beutetier, das Geschöpf, dessen Leben von ihrem Mann abhängt.

Man wird hier einige Elemente der sadomasochistischen Ehe erkennen: die kurze Romanze, während der die masochistische Frau die Illusion hegt, daß seine Skrupellosigkeit und sein Kommunikationsmangel ein Zeichen von Stärke seien und der

Mann den Ton angibt, während sich die Frau fügt – als wehrlose Beute.

Eine der bekanntesten sadomasochistischen Ehen in der Literatur ist natürlich die von Nora und Torvald in Ibsens »Nora – ein Puppenhaus«. Nora ist abhängig, passiv, inkompetent, masochistisch; Torvald ist zu allen übrigen charmant, aber zu seiner Frau kalt und bösartig. Anders als Sylvia Teabrick bringt Nora jedoch den Mut auf, ihren Mann zu verlassen, als ihr Leben unerträglich wird. Sie macht den ersten Schritt, um sich von ihrem Masochismus zu befreien. Aber Nora befindet sich in einem starken Nachteil, auch als sie sich schon in Richtung auf Autonomie bewegt. Denn sie wurde ebensowenig wie Emma Bovary dazu erzogen, authentisch zu sein. Sie hat keine Erfahrung im Umgang mit wirklichen Problemen; sie hat nie gelernt, sie in aktiver und überlegter Weise zu bewältigen. Ruth Crego Benson weist in *Women in Tolstoy* darauf hin, daß die Ambivalenz, die Tolstoi in seinem eigenen Leben Frauen entgegenbrachte, auch in seinen Werken zu finden sei. Im geistigen Leben Rußlands der damaligen Zeit war die Frauenbefreiung ein wichtiges Thema, das lebhaft diskutiert wurde, ein Teil der gesamten Bewegung für soziale Reformen. Die Konsequenzen der Anatomie, das Wesen der Frau, die Zukunft der Ehe, die Möglichkeit echter Gleichberechtigung zwischen den Geschlechtern – all diese Fragen standen im Vordergrund des gesellschaftlichen Bewußtseins jener Zeit. Und Tolstoi bezog eindeutig auf der antifeministischen Seite Stellung. Er lehnte feministische Ideen erbittert ab und setzte sich, wie Benson bemerkt, mit für ihn uncharakteristischer Oberflächlichkeit damit auseinander.

Tolstois Vorstellung von der idealen Ehe sah so aus, daß die Frau von ihrem Mann durch seinen Unterricht und seine Unterweisung praktisch erschaffen wurde, mit der Folge, daß sie sich vollkommen mit seinen Interessen und seinem Wohlbefinden identifizierte. Der Mann sollte seinerseits der Frau einen gesicherten Rahmen für ihre andauernde Abhängigkeit bieten und, so Tolstois Überzeugung, ihrem Bedürfnis, ihr Leben selbst zu gestalten, mit strikter Disziplin entgegentreten. (Tolstois unversöhnliche Feindseligkeit gegenüber Frauen geht aus einer Eintragung in seinem Tagebuch hervor: »Frauen benutzen Worte nicht, um ihre Gedanken auszudrücken, sondern, um ihre Ziele zu erreichen.«)

In »Krieg und Frieden« sagt Natascha nach der ersten Begegnung mit ihrem Freier André zu ihrer Mutter: »Nur, ich habe Angst, wenn ich mit ihm zusammen bin. Ich habe immer Angst in seiner Gesellschaft. Was bedeutet das?« Was auch immer Tolstois Intentionen waren, er drückte in diesen Sätzen etwas aus, was bei Frauen sehr häufig festzustellen ist: Der Beginn ihres Liebeslebens, ihres Sexuallebens, signalisiert für sie das Ende der Geborgenheit und das Ende der Möglichkeit, authentisch zu sein. Wenn einer Frau bei Tolstoi ihre soziologische Identität vorenthalten wird, meint Benson, erleidet sie auch den Verlust ihrer persönlichen Identität. Beides hängt eng miteinander zusammen. »Anna Karenina« zeigt, wie eine Frau von der Gesellschaft geformt wird; Anna begeht am Ende Selbstmord, weil sie, ihrer Identität beraubt, nichts mehr hat, wofür es sich zu leben lohnte.

Es ist unmöglich, sich mit dem Frauenbild in der Literatur auseinanderzusetzen und nicht von dem Unterschied in der Behandlung von Männern und Frauen beeindruckt zu sein, die im Grunde das gleiche getan haben. Medea, die ihre eigenen Kinder ermordete, ist die mythische Figur, die alles personifiziert, was an Frauen schrecklich ist. Das Ausmaß ihrer Leidenschaft, ihrer Empörung und ihres Gefühls der Verlassenheit, das sie dazu veranlaßte, ihre Gefühle auszuagieren, wird nicht wirklich verstanden oder berücksichtigt. Aber Herkules, der Inzest und Päderastie praktizierte und der seine ganze Familie ausgerottet haben soll, wird immer als Inbegriff der Kraft und ewigen Jugend dargestellt. Die Greueltaten, die er beging, werden bei der Erzählung seiner Geschichte ignoriert; Medeas Barbarei bildet dagegen den Mittelpunkt ihrer Geschichte.

In »Der scharlachrote Buchstabe« zeigt uns Hawthorne die konstrastierenden Haltungen gegenüber Männern und Frauen,

die gegen die Normen der Gesellschaft verstoßen. Hester Prynne wird mit außerordentlicher Grausamkeit behandelt, ihre Leiden sind entsetzlich. Dimmesdale, dem Feigling, der nicht den Mund aufmachte, wird dagegen keinerlei Strafe zuteil. Aber dies ist nicht die übliche Geschichte von der leidenden Frau. Dimmesdale ist der passive Schwächling in der Geschichte, Hester die bewundernswerte Figur, die die Kraft hat, ihren Schmerz zu ertragen. Sie widersteht all der Unbill, die ihr angetan wird, und es gelingt Hawthorne mit seiner außerordentlichen Wahrnehmungsgabe sogar, ihr eine Belohnung zu verheißen: Hester ist, weil sie allein ist, ihrem Kind alles; ihre Mutterschaft ist so vollkommen und befriedigend, wie sie nur sein könnte.

Literatur kann von Männern dazu benutzt werden, die Frauen zu unterdrücken, und sie wurde auch dazu benutzt. Sie kann von Frauen dazu benutzt werden (und auch das ist geschehen), ihre Leiden zu beschreiben und ihre Versuche zu schildern, ihren Geist, dieses verbotene Element, einzusetzen. Sie wurde auch dazu benutzt – wenn auch seltener – zu zeigen, daß eine Frau ebenso gewiß wie ein Mann eine mutige Protagonistin sein kann.

Ein herausragendes Beispiel einer mutigen Frau, die es ablehnte, sich von der Gesellschaft einschränken zu lassen, steht im Mittelpunkt von Jane Austens »Stolz und Vorurteil« – Elizabeth Bennett natürlich, die sich von der Albernheit distanziert, die das Markenzeichen ihrer Mutter ist, und es ablehnt, irgendeinen Mann zu heiraten, bloß um verheiratet zu sein. Leser dieses Buches werden sich vielleicht an Mr. Collins erinnern, den aufgeblasenen Pastor, der meint, daß Elizabeth eine geeignete Frau für ihn abgäbe. Als sie seinen Antrag zum erstenmal ablehnt, mißversteht er das, da es ihm unvorstellbar ist, daß irgendeine Frau ihn ablehnen könnte (eine männliche Vorstellung, die auch in unserer heutigen Zeit nicht ungewöhnlich ist). Er scheint sie wie den Gast eines chinesischen Banketts einzuschätzen, von dem erwartet wird, daß er mehrmals höflich dankend ablehnt, bevor er einen Leckerbissen akzeptiert, den ihm der Gastgeber anbietet, und ihre Zurückweisung spornt ihn zu so windigen Dreistigkeiten an wie: »Ich bin sicher, daß Sie erheblich zu meinem künftigen Glück beitragen werden.« Als Elizabeth unerbittlich bleibt, gibt ihr Collins zu verstehen, er sei sich bewußt, daß »eine hochstehende Dame mehrmals ablehnen müsse«. »Ich bitte Sie«, antwortete Elizabeth, »ich bin keine hochstehende Dame, sondern eine rationale Frau.« Köstlich!

Shakespeares Frauen sind außerordentlich: Sie erleiden zwar genügend Schmerzen, aber es gibt keine echte Masochistin unter ihnen. Cordelia leidet, aber sie ist authentisch, nicht masochistisch. Wenn Sprechen ihre Integrität beeinträchtigen würde, bleibt sie stumm. Nur eine Frau, die ein Bewußtsein ihrer Identität erlangt hat, ist zu dieser Art von Selbstbeherrschung fähig. Fordert ihre Integrität es dagegen, daß sie sich behauptet, dann ergreift Cordelia das Wort. Gertrude leidet ebenfalls, aber ihr Verhalten ist nicht durch einen defensiven Stil gekennzeichnet. Selbst Desdemona ist keine Masochistin, obwohl sie zum Opfer wird.

Kate in »Der Widerspenstigen Zähmung« ist ein Beispiel dafür, in welchem Grad Ehefrauen zur Zeit Shakespeares als Eigentum ihrer Männer betrachtet wurden. Aber sie fügt sich nicht bescheiden in ihr Schicksal, und sie entspricht wohl kaum dem Klischee der braven, sittsamen und nachgiebigen Frau. Als sie durch Quälerei und eine Art von Gehirnwäsche schließlich in eine vorbildliche Gattin verwandelt wird, bedeutet das für sie in gewissem Sinn nicht nur eine Niederlage, sondern auch einen Sieg. Sie lernt die Lektionen der Macht gut und erkennt, daß sie sich als Frau eines reichen Mannes selbst verwirklichen kann und den ihr gebührenden Status erlangt, ein Tauschhandel, den viele Frauen eingehen. Auf diese Weise rächt sie sich an ihrem Vater, indem sie ihm beweist, daß er unrecht hatte, so daß er sich schließlich fragt, ob die riesige Mitgift, mit der er sie ausstattete, wirklich nötig war.

In »Die lustigen Weiber von Windsor« sind sich die Frauen ihrer Grenzen bewußt, aber die Art und Weise, wie sie Falstaff zum Narren halten, ist fast maskulin. Auch ihr Verhalten entspricht nicht dem weiblichen Klischeebild.

Alle Frauenfiguren George Bernard Shaws spiegeln verschiedene Facetten der weiblichen Persönlichkeit; sie haben Fehler, aber sie sind alles andere als masochistisch. Im Gegenteil, Shaws Frauen sind Geschöpfe aus Fleisch und Blut, die in allen ihren Kämpfen ihre Authentizität zu erhalten suchen. Shaw porträtierte trotz eigener misogyner Tendenzen viel häufiger Heldinnen als Helden, intelligente, aktive Frauen, die fähig sind, ihr Schicksal in die eigenen Hände zu nehmen, obwohl dieses Schicksal zwangsläufig durch die Beschränkungen der Gesellschaft eingeengt war, in der sie lebten.

In »Frau Warrens Gewerbe« sagt die Titelfigur in einem Gespräch zu ihrer Tochter, daß sie natürlich lieber studiert hätte oder eine Dame gewesen wäre als eine Prostituierte, aber diese Möglichkeiten seien ihr nicht offengestanden. »Ehrbare« Armut, unter der sie andere Frauen in ihrer Umgebung leiden sah, wäre ihre einzige Alternative gewesen: täglich zwölf Stunden für einen Hungerlohn in einer Fabrik zu roboten, um schließlich an Bleivergiftung zu sterben, oder einen Arbeiter zu heiraten, ihm den Haushalt zu führen und praktisch ohne Geld für drei Kinder zu sorgen, und mit noch weniger, falls er zu trinken beginnt. Sie beschreibt eindringlich das Erniedrigende eines solchen Lebens in Mühsal und fragt dann, warum sie nicht die Wahl treffen sollte, die sie traf. Vivie, ihre Tochter, beschwört ihre Mutter, sie nicht auf den Weg der »Ehrbarkeit« zu drängen. »Natürlich nicht«, antwortet Frau Warren ungehalten. »Für was für eine Mutter hältst du mich? Wie könntest du in solcher Armut und Sklaverei deine Selbstachtung behalten? Und welchen Wert hat eine Frau – welchen Wert hat das Leben – ohne Selbstachtung? ... Die einzige Art und Weise, wie eine Frau anständig für sich sorgen kann, ist, indem sie gut zu einem Mann ist, der es sich leisten kann, gut zu ihr zu sein. Wenn sie aus dem gleichen Stande ist wie er, dann soll er sie heiraten. Wenn nicht, kann sie es nicht erwarten, und es würde auch nicht zu ihrem Glück beitragen ... Wenn die Leute die

Welt für Frauen so eingerichtet haben, dann hat es keinen Sinn, so zu tun, als ob sie anders eingerichtet sei.« Dies ist eine nüchterne und realistische Einschätzung der gesellschaftlichen Bedingungen, und von diesen ausgehend hat Frau Warren in der Tat eine Wahl getroffen, die es ihr gestattete, ihre Selbstachtung zu bewahren.

Candida ist aus anderem Holz geschnitzt, aber sie ist genauso offen und direkt. Als Marchbanks sie fragt: »Darf ich dreiste Dinge zu Ihnen sagen?«, reagiert Candida weder ängstlich noch überheblich, und weil sie selbstsicher ist, kann sie auch Respekt für seine Leidenschaft zeigen. »Nein«, antwortet sie. »Aber Sie können alles sagen, was Sie wirklich und wahrhaft empfinden. Wirklich alles ohne Einschränkung. Ich habe keine Angst, solange es Ihr wahres Selbst ist, das spricht, und keine bloße Pose – eine galante Pose oder eine dreiste Pose oder auch eine poetische Pose. Ich packe Sie bei der Ehre, und ich will die Wahrheit hören. Sagen Sie jetzt alles, was Sie wollen.« Eine Masochistin wäre niemals zu einer so klaren Definition der Prämissen fähig. Und gegen Ende des Stückes beschreibt Candida Marchbanks ihre Ehe mit Pastor James Morell. Ihr klarer Blick dafür, wie die Welt für Männer und Frauen eingerichtet ist und wie ihr eigener Platz darin aussieht, erinnert sehr an Frau Warren. Nachdem sie Marchbanks James' Kindheit als »Hahn im Korb« beschrieben hat, sagt Candida: »Sie wissen ja, wie stark er ist ... wie klug er ist – wie glücklich! Fragen Sie James' Mutter und seine drei Schwestern, was es gekostet hat, James die Mühe zu ersparen, etwas anderes als stark und klug und glücklich zu sein. Fragen Sie mich, was es mich kostet, James' Mutter und drei Schwestern und seine Frau und die Mutter seiner Kinder in einem zu sein ... Fragen Sie die Ladeninhaber, die James Schwierigkeiten machen und seine schönen Predigten stören wollen, wer sie davon abbringt. Wenn es darum geht, Geld zu spenden, dann spendet er es; wenn es darum geht, Geld zu verweigern, dann verweigere ich es. Ich baue eine Burg der Behaglichkeit, des Wohllebens und der Liebe für ihn, und ich stehe immer Wache, um kleine, banale

Probleme von ihm fernzuhalten. Darin mache ich ihn zum Herrn, obwohl er es nicht weiß und Ihnen vorhin nicht sagen konnte, wie es dazu kam.«

Wenn Shaw auch in den meisten seiner Stücke anerkennt, daß Frauen bestenfalls ein Leben aus zweiter Hand durch die Männer, die sie wählen, führen können, gibt es eines – »Die Heilige Johanna« –, in dem er offen dafür eintritt, daß Frauen an der Gestaltung der Angelegenheiten der Welt mitwirken. Seine Johanna ist kein einfaches Bauernmädchen, das von Visionen geleitet wird, sondern eine intelligente, gebieterische junge Frau, die gern mit den Soldaten redet, von Geschichten über Schlachten fasziniert ist und »niemals ein Wort [äußert], das darauf schließen läßt, daß sie eine Frau ist«. Shaw gibt der Heiligen Johanna auch die letzten Worte: »O Gott, der diese schöne Erde geschaffen hat – wann wird sie bereit sein, ihre Heiligen zu empfangen – wie lange, Herr, wie lange?« Vielleicht will Shaw andeuten, daß Frauen am Ende Besseres leisten könnten als Männer, wenn sie die Führung innehätten.

In ihrem Roman »Orlando« tritt Virginia Woolf entschieden gegen die Beschränkungen auf, die Frauen auferlegt werden, als sich der Held Orlando mitten im Roman in eine Frau verwandelt. Die beiden sind nicht voneinander zu unterscheiden, denn die Frau ist genauso frei, sinnlich und sympathisch wie der Mann. Mar, mit der Orlando, die Frau, eine Liebesbeziehung hat, fragt sie: »Bist du sicher, daß du kein Mann bist?« Orlando antwortet: »Wäre es möglich, daß du keine Frau bist?« »Beide waren überrascht über die Spontaneität der Sympathie der anderen«, schreibt Woolf, »und für beide war es eine Offenbarung, daß eine Frau ebenso tolerant und freimütig sein konnte wie ein Mann – und ein Mann so seltsam und subtil wie eine Frau.« Das Geschlecht ist irrelevant oder sollte es sein, wollte Woolf sagen. Frauen und Männer haben *alle* menschlichen Eigenschaften, Fähigkeiten und Möglichkeiten miteinander gemein.

Die Bilder, die im Film von Frauen gezeichnet werden, dienen ebenfalls als Vorbilder, als Quellen informellen Lernens, und sie spiegeln und beeinflussen gleichzeitig die Vorstellungen, die Frauen von sich selbst haben. Molly Haskells bemerkenswertes Buch *From Reverence to Rape* (wörtlich: Von der Verehrung zur Vergewaltigung), eine Untersuchung der Filme von den dreißiger bis zu den siebziger Jahren, vermittelt schon durch seinen Titel, wie sich die Haltung gegenüber Frauen in diesem Zeitraum verändert hat. Früher seien mehr unabhängig denkende Heroinen dargestellt worden als heute, bemerkt die Autorin, fügt jedoch hinzu, daß auch diese relativ starken Frauen immer an einer gewissen Verletzbarkeit gelitten hätten. Sie hatten meist Schuldgefühle in bezug auf ihre Eigenständigkeit und glaubten, sich dafür entschuldigen zu müssen, daß sie es wagten, für sich einzutreten. Heute, erklärt Haskell, sind wir dazu regrediert, Frauen entweder als nichtssagende junge Modepuppen oder gesichtslose, anonyme Sexualobjekte darzustellen. Über die Garbo schreibt Haskell: »Ihr Geist tat den ersten Sprung, und ihr Körper folgte ihm in vollkommener Harmonie nach.« Von wem könnten wir dies heute sagen? Von niemandem, glaube ich. Die Anziehung, die von einer Frau ausgeht, ist heute fast ausschließlich physischer Natur.

Generell, schreibt Haskell, wurden die Frauen im Film, insbesondere im »Frauenfilm«, »einem regelrechten Ventil für das Selbstmitleid«, dazu aufgerufen, um der Liebe willen auf alles zu verzichten, sie wurden in das Haus mitsamt allen seinen Pflichten zurückverbannt und erhielten keine Gelegenheit zu Heldentum. Sie haben niemals eine Liebe erlebt, »die das Getrenntsein bejaht, mit den Widerständen wächst und, als sie schließlich reif genug ist, um ihre Abhängigkeit einzugestehen, sich der Herausforderung gewachsen zeigt, zwar verschieden, aber gleichwertig zu sein«. Im Gegenteil, ihre Beziehungen waren gekennzeichnet von Passivität, Abhängigkeit, Machtlosigkeit und Benachteiligung. Es handelte sich mit anderen Worten um Masochistinnen.

In der *Psychoanalytic Review* schrieb Ralph Luce gewissermaßen ein Gegenstück zu Haskells Buch; sein Artikel trägt den Titel »Vom Helden zum Roboter: Männlichkeit in Amerika,

Klischees und Realität«. Luce spürt amerikanischen Männerklischees vom Cowboy-Helden zum Kriegshelden, Popsänger-Helden und Geschäftemacher-Helden bis schließlich zum heutigen Roboter-Helden nach, dessen primärer Wert die äußere Erscheinung ist. Zu dieser Entwicklung sei es durch die Glorifizierung des Computers und der in den Himmel gehobenen Astronauten gekommen, meint Luce, für die technisches Können und Abspaltung der Gefühle in gefährlichen Situationen die höchsten Werte darstellen. Marshall McLuhan habe die elektronischen Medien als nach außen gestülptes Nervensystem bezeichnet, bemerkte, Luce, und ohne ein Nervensystem im Inneren sei der Mensch wahrhaft leer und ohne Gefühl. Könnte dies einer der Gründe sein, weshalb der Mann das Bedürfnis zu haben scheint, die Frau ständig in eine unterlegene, nicht bedrohliche, masochistische Position zu drängen?

Der Film *Rebecca* zeichnet ein höchst überzeugendes Porträt einer Masochistin in Gestalt der jungen Frau, die von Joan Fontaine gespielt wird. Als Begleiterin einer reichen, aggressiven, gehässigen Witwe, die den Sommer an der Riviera verbringt, lebt sie in ständiger Furcht vor den Vorwürfen der Witwe und tadelt sich außerdem ständig selbst. »Ach, ich bin so ungeschickt«, sagt sie, wenn sie zufällig eine Blumenvase umstößt. »Warum kann ich bloß nichts richtigmachen?« fragt sie sich immer wieder. Die Witwe verletzt ständig die Selbstachtung der jungen Frau; diese beugt sich ihrerseits bereitwillig und regelmäßig den Forderungen der Witwe. Als Gattin des von Laurence Olivier dargestellten Mannes, der zugibt, gerade ihre Ungeschicklichkeit anziehend zu finden (jedenfalls stellt sie keine Bedrohung dar), ist sie äußerst empfindlich für Kritik und hat das Gefühl, ein völlig unzulänglicher Ersatz für Oliviers verstorbene erste Frau, die Rebecca des Titels, darzustellen. Die von Fontaine dargestellte Figur macht interessanterweise im Laufe des Films eine gewisse Entwicklung durch, so daß sie am Ende eine ausgeprägtere Persönlichkeit ist als zuvor.

Die Heldin von »Gaslicht« ist eine weitere klassische Masochistin. Sie wird von einem Vater großgezogen, der sie haßt, unendlich grausam zu ihr ist, ihr das Gefühl völliger Wertlosigkeit gibt und alles tut, um sie am Aufblühen zu hindern. Es liegt auf der Hand, daß sie dem ersten Mann auf den Leim gehen wird, der des Weges kommt, ihr Aufmerksamkeit schenkt und den Wiederholungszwang in Gang setzt. Als sie ihrem Vater zum Trotz heiratet, wählt sie einen Mann, der genau wie der Vater ist – der sie in den Wahnsinn zu treiben und schließlich zu töten versucht.

In dem Film »Die Erbin«, der auf Henry James' *Washington Square* basiert, wurde die Tochter ebenfalls von ihrem Vater aufgezogen. Die Mutter starb in diesem Fall im Wochenbett, ein Ereignis, das früher häufig vorkam und bei dem überlebenden Mann und Vater oft eine schreckliche unterschwellige Wut hinterließ: Er hatte die Frau verloren, die er liebte, und sein Kind war schuld daran. Es überrascht vielleicht nicht, daß die Männer dazu neigten, ihre Wut auf das Kind zu projizieren. In »Die Erbin« vermittelt der Vater seiner Tochter das Gefühl ihrer eigenen Minderwertigkeit, Häßlichkeit und Reizlosigkeit. Er macht ihr klar, daß kein Mann sie je begehren wird; er bestraft sie sadistisch für ihre Mitschuld am Verlust seiner vergötterten und vollkommenen Frau. Die Tochter verinnerlicht seine Urteile über sie und seine hypnotischen Suggestionen. Als sie einen Mann kennenlernt, der ein Mitgiftjäger ist, faßt dieser rasch die masochistischen Botschaften auf, die darauf hindeuten, daß sie sich hervorragend für die Opferrolle eignet. Sie ist eine leichte Beute. Sie wurde dazu *erzogen*, ausgenutzt zu werden.

Das symbiotische Band zwischen Mutter und Tochter ist von größter Bedeutung in *Separate Tables*. Die extrem masochistische Tochter hat unter der Behandlung zu leiden, die ihr von der Mutter zuteil wird, einer reichen und ehemals schönen Frau, die sich über alle Hindernisse – einschließlich ihre Tochter – hinwegsetzt. Sie übt eine absolute Herrschaft aus, und man braucht nur die Körperhaltung der Tochter als Erwachsene zu sehen, um zu wissen, daß sie ihr ganzes Leben lang wegen ihres Aussehens, ihrer Sprache und ihres Verhaltens herabgesetzt und kritisiert wurde. Als sich Mutter und Tochter in einem Seebad aufhalten und die Mutter sieht, daß sich eine Freundschaft zwischen ihrer Tochter und einem pensionierten Obersten zu entwickeln beginnt, dem das Leben ebenfalls übel mitgespielt hat, geht sie sofort daran, diese im Keim zu erstikken. Das Bestreben der Mutter, ihre Tochter in einer Position masochistischer Unterwerfung zu halten, schiebt alle Regungen des Anstands oder der Fairneß beiseite. Sie *braucht* ihr Opfer. Und so fädelt sie es ein, daß die Vorstrafe des Obersten wegen eines Sexualdelikts ans Licht kommt. Aber sie hat sich verrechnet; ihre masochistische Tochter schafft es diesmal, ihrer Mutter entgegenzutreten und für den Oberst Partei zu ergreifen, ein Schritt in Richtung auf die Befreiung.

Die Frau, die Marlene Dietrich in »Zeugin der Anklage« spielt, ist fähig, für sich einzutreten, ihre eigenen Entscheidungen zu treffen und ihre Absichten für sich zu behalten. Ruhig und selbstsicher, wie sie ist, verläßt sie sich lieber auf ihre eigene Kraft als auf unsympathische Männer und wird als eine entschieden verdächtige Figur geschildert, deren Weiblichkeit suspekt ist. Und warum? Weil sie sich wie ein Mann benimmt.

Ingmar Bergmans »Wilde Früchte« spielen in einer Welt, in der Männer die Entscheidungen treffen, aktiv sind und Erfolg haben, in der sie die Maßstäbe setzen und ihnen gedient wird. Was wird aus den Frauen in einer Welt, wo sie entweder Objekte oder Dienstboten sind, wo sie innerhalb oder außerhalb der Ehe buchstäblich oder symbolisch von Männern vergewaltigt werden, wo ihnen die Möglichkeit der Selbstverwirklichung vorenthalten wird und sie gezwungen sind, Kinder zu bekommen, die sie vielleicht gar nicht wollen. Bergman zeigt, daß sie haßerfüllte Ehefrauen und haßerfüllte, rachsüchtige Mütter werden, die ihrerseits ihren eigenen Kindern Schaden zufügen.

Summer Wishes, Winter Dreams schildert die trostlosen Folgen für eine Frau, die aus Verzweiflung heiratet oder, genauer gesagt, in der Hoffnung, dadurch ihre Probleme lösen zu können. Dieser als Geschichte einer »modernen Schneekönigin«, d.h. einer frigiden Frau (gespielt von Joanne Woodward) bezeichnete Film enthält verstörende Bilder von Frauen. Woodwards Mutter, ein Typ, der der Werbung entstiegen zu sein scheint, ist eine geschmack- und hirnlose, egozentrische Frau, mumifiziert unter dicken Schichten von Kosmetika und mit grotesk falschen Wimpern klimpernd. Woodwards Tochter ist dagegen häßlich, aggressiv, anspruchsvoll und übermäßig von sich eingenommen, eine kleine »neue Frau«. Und Woodward selbst ist die Verliererin in der Mitte: eine Frau, die eine sinnlose Verbindung mit einem Mann einging, den sie nicht liebte, nur um versorgt zu sein und ein eigenes Heim zu haben; mit anderen Worten, sie ist eine sexuelle Dienstmagd.

Haskell stellt fest, daß Filme in der Behandlung der Altersfrage durch eine grundlegende Ungerechtigkeit gekennzeichnet sind. Frauen zählen schon mit 40 zum alten Eisen (diese Altersgrenze ist in letzter Zeit vielleicht sogar noch niedriger geworden), während Männer desselben Alters als in den besten Jahren stehend gelten. Dieser unterschiedliche Maßstab zeigt sich deutlich in dem ruhmlos untergegangenen und mißverstandenen Film *Ash Wednesday*, dessen Protagonistin von Elizabeth Taylor gespielt wird. Sie unterzieht sich einer vollständigen chirurgischen Gesichts- und Körperbehandlung, um ihren Mann zurückzugewinnen, der sich mit einer jüngeren Frau eingelassen hat. Ihr Mann, der alternde, aber immer noch attraktive Henry Fonda, hat es nicht nötig, sich in einer so künstlichen und grotesken Weise zu verjüngen. Er kann neuen Lebensmut aus seiner Verbindung mit einer jüngeren Frau schöpfen, und er hat eine gefunden, die bereit ist, genauso fest zu ihm zu halten wie seine Frau dreißig Jahre zuvor.

Während ich dieses Kapitel schrieb, sah ich eines Abends im Fernsehen einen Teil eines billigen Hollywood-Films, der mir durch die Kontraste zu dem Frauenbild auffiel, mit dem ich mich beschäftigt hatte. Der Film war in seiner Grundtendenz anspruchslos männlich-chauvinistisch, dennoch enthielt er zwei verschiedene Szenen, in denen sich eine Frau in deftiger und unmißverständlicher Weise behauptet. Sie ist eine bildschöne junge Frau, und als sie ihren Liegestuhl im Sand aufstellt, nähert sich sofort ein Mann mit einer Anmache: »Haben Sie Probleme?« fragt er sie. Sie schaut ihn ausdruckslos an und gibt zurück: »Bisher nicht.« Er ändert die Taktik: »Es ist lange her«, bemerkt er. »Ich kenne Sie nicht«, bürstet sie ihn ab. Nach einem Blick auf das Sonnenöl neben ihrem Stuhl macht er einen dritten Versuch: »Soll ich Ihnen den Rücken eincremen?« »Nein«, antwortet sie, »aber Sie können etwas anderes tun. Rufen Sie die Polizei. Ich werde von einem Mann belästigt.«

In einer späteren Szene fragt ein Mann dieselbe Frau nach ihrem Namen, und sie antwortet, daß sie Margaret heiße. »Darf ich Sie Maggie nennen?« fragt er sie, bestrebt, die Formalität zwischen ihnen abzubauen. »Maggie gefällt mir nicht«, antwortet sie ruhig; damit ist das Thema erledigt.

So auffallend und außergewöhnlich waren diese Fälle, in denen eine Frau selbst für sich eintritt, daß ich mich fragte, ob es einem zweitklassigen Film vorbehalten ist, etwas so Subversives zu zeigen.

15

Das Übel an der Wurzel packen

Daß im Kielwasser der Frauenbewegung bald zahlreiche Kurse in Selbstsicherheitstraining angeboten wurden, zeugte von der Erkenntnis, daß Frauen unfähig waren, in bestimmten Situationen für sich einzutreten. Diese Trainingsgruppen zeigten Mittel und Wege, um mit diesen Situationen fertigzuwerden, und boten einen Rahmen, in dem Frauen das Verhalten üben konnten, das sie später in ihrem Leben praktizieren wollten. Trotz der intensiven Konzentration auf Selbstsicherheit schien man sich jedoch wenig oder gar nicht mit der Frage auseinanderzusetzen, warum Frauen einen so gravierenden Mangel an Selbstvertrauen aufweisen.

In den letzten zehn Jahren wurde in vielen Veröffentlichungen auf die eigentlichen Ursachen der weiblichen Unfähigkeit zu autonomem Handeln eingegangen. Die Verfasser sprechen von Streß, Angst und Depression. In einem Artikel in *Vogue* definierte Barbara Langstern Sorge als ein »Gefühl in der Magengrube«, daß etwas Schlimmes geschehen könnte, ein Gefühl, das greifbarer als Angst, aber weniger definitiv als Furcht sei. Langstern gibt den klassischen Rat zum Thema Sorgen: Sortieren Sie Ihre Probleme in solche, an denen Sie etwas ändern können, und solche, über die Sie keine Kontrolle haben. Dieser Rat macht sich das bewährte Mittel gegen Sorgen zunutze: Zeigen Sie, daß Sie die Fähigkeit haben, Dinge zu beeinflussen.

Carol Tavries, eine Psychologin, die ich sehr schätze, hat über ein Phänomen geschrieben, das sie als »die Sprache der Tränen« bezeichnet, über die Auswirkung des Weinens auf die Psyche. Sie hat sich auch mit dem sogenannten »Hochstapler-Phänomen« auseinandergesetzt. Frauen hegen, Tavries zufolge, negative Gefühle sich selbst gegenüber und fürchten, daß man ihnen auf die Schliche kommen wird. Selbst wenn sie nicht genau wissen, wobei man sie ertappen könnte, leiden sie unter einem Gefühl der Unechtheit.

In »Die selbstsichere Frau« bemerken die Autorinnen Bloom, Coburn und Pearlman, daß Weiblichkeit seit Generationen mit Fügsamkeit, Passivität und mangelndem Durchsetzungswillen gleichgesetzt wurde. Und welchen Preis haben die Frauen dafür bezahlt? Der Preis ist nach ihrer Meinung, daß Frauen ängstlich, gehemmt und emotional unehrlich wurden.

Keiner dieser Behauptungen würde ich widersprechen, welche Schlüsse man auch daraus ziehen mag. Aber sie betreffen Symptome und nicht Ursachen. Sich-Sorgen-Machen, Weinen, das Gefühl der Unechtheit, Angst und emotionale Unehrlichkeit sind alles Symptome des Masochismus. Dieser ist die eigentliche Ursache der weiblichen Unfähigkeit, sich zu behaupten. Er ist das tiefsitzende Erbübel, von dem alle diese Symptome ausgehen.

Sich-Sorgen-Machen ist die masochistische Selbstquälerei mit irrationalen Befürchtungen und Ängsten; weil sie irrational sind, ist es der Masochistin nicht möglich, die lösbaren von den unlösbaren Problemen zu trennen. Sie ist außerstande, diese Unterscheidung zu treffen, weil sie sich in bezug auf fast alles schuldig und im Unrecht fühlt. Die Botschaft, die die Masochistin mit ihren Tränen übermittelt, ist die, daß sie bedauernswert sei und deshalb, wie sie hofft, vor Angriffen sicher. Masochistische Menschen werden in ihren Interaktionen mit anderen nicht durch ihre natürlichen, wahren Gefühle motiviert; *ihr primäres Ziel ist Abwehr*. Sie sind in dem Sinne Schwindler, als sie den Zugang zu ihrem echten Selbst verloren haben. Sie geben vor, Menschen zu mögen und zu respektieren, vor denen sie panische Angst haben; sie stimmen regelmäßig Menschen zu, denen sie lieber widersprechen würden, und je trügerischer ihr Verhalten, desto ängstlicher und unbehaglicher ist ihnen zumute und desto mehr hassen sie sich selbst. Es ist wichtig, alle diese Gefühle und Haltungen als Teil der masochistischen Gestalt zu erkennen. Denn erst wenn man zum Kern eines Problems vorgedrungen ist, erst wenn man die Quelle identifiziert hat, aus der es sich speist, kann man wirklich beginnen, es zu überwinden. Erst dann kann man anfangen, sich von seiner bedrückenden Last zu befreien.

Masochistische Prozesse sind sowohl einfach als auch komplex; einfach insofern, als sie alle als Abwehrmaßnahmen gegen gefürchtete andere Wesen gesehen werden können, die als mächtig wahrgenommen werden; komplex insofern, als sie viele verschiedene Formen annehmen können. In diesem Buch habe ich die unzähligen Verkleidungen geschildert, in denen die Selbstschädigung auftreten kann. Jetzt stellt sich die Frage: Was können wir dagegen tun? Obwohl der Masochismus ein viel zu kompliziertes Problem ist, um ihm mit simplen Formeln beizukommen, soll dieses Buch einen Beitrag dazu leisten. Und Hilfe ist möglich, wenn Sie, gestützt auf die Empfehlungen, die ich Ihnen geben kann, eigene Anstrengungen unternehmen.

Achilles wurde getötet, als Paris ihn an der Ferse, seiner einzigen verwundbaren Stelle, traf. Jetzt ist es an der Zeit, daß Sie sich selbst prüfen und *Ihre* Achillesferse (oder -fersen) identifizieren, jene masochistischen Schwachpunkte, die Ihr Seelenleben und Ihre Gesundheit bedrohen, jene Aspekte Ihrer Persönlichkeit, die Sie anfällig für Selbstschädigung machen. Stellen Sie sich einige kritische Fragen. Was haben Sie über Ihre eigene soziokulturelle Konditionierung, Ihre frühen Lebenserfahrungen und Ihre Erziehung herausgefunden, was dazu beigetragen haben könnte, daß Sie masochistische Tendenzen entwickelten? Haben Sie Ihren eigenen Verhaltensstil unter den masochistischen Botschaften erkannt, die im vierten Kapitel angeführt werden? Sind Sie sich Ihrer eigenen Furchtsamkeit im Umgang mit anderen bewußt geworden? Sind Sie imstande, die geringe Selbstachtung zu erkennen, die dem zugrundeliegt? Eine Selbstdiagnose dieser Art zu versuchen mag nicht leicht sein, aber es wird sich sicher lohnen, wenn Sie daran interessiert sind, Ihren Masochismus zu überwinden.

Vielleicht haben Sie das Gefühl, zur Identifizierung Ihrer Achillesferse Hilfe zu benötigen. Wenn dem so ist, dann wird Ihnen vielleicht ein guter Freund, eine gute Freundin, jemand, dem Sie vertrauen, Beistand leisten können. Fragen Sie diese Person, ob ihr Aspekte Ihres Verhaltens aufgefallen sind, die problematisch sein könnten. Haben Sie furchtsam, indirekt, ausweichend, allzu nachgiebig etc. gewirkt? Die Antworten, die Sie erhalten, können Ihnen helfen, Ihre Problembereiche festzustellen.

Sobald Sie die Bereiche identifiziert haben, die Ihnen besondere Schwierigkeiten machen, ist da noch eine weitere Frage, die Sie sich stellen sollten: Wird Selbsthilfe ausreichen, um Ihre Probleme zu überwinden, oder sollten Sie sich um die Hilfe von Fachleuten bemühen? Versuchen Sie, den Grad an Entfremdung, den Sie empfinden, so ehrlich und zutreffend einzuschätzen, wie Sie können. Identifizieren Sie sich in irgendeiner Weise mit der Frau in Salzburg, die »die Mauer stützte«? Versuchen Sie zu beurteilen, wie groß Ihre Furcht vor den Menschen ist, die Sie als Autoritäten empfinden. Sind Sie wie Mabel Waring in der Geschichte von Virginia Woolf, von den Urteilen anderer besessen und durch diese vernichtet? Versuchen Sie, das Ausmaß abzuschätzen, in dem Ihre masochistischen Probleme Sie daran hindern, Ihr Leben so zu führen, wie Sie es möchten. Wenn Sie das Gefühl haben, daß Ihr Masochismus eine ernste Behinderung darstellt, dann sollten Sie daran denken, eine ausgebildete Fachkraft zu Rate zu ziehen, sei es ein männlicher oder weiblicher Psychiater wie ich selbst oder eine Fachkraft, die als Psychotherapeut(in) ausgebildet ist. Und vergewissern Sie sich, daß diese Fachkraft über die Probleme der Frauen und der weiblichen Psychologie Bescheid weiß.

Frauen stellen sich heute häufig die Frage, ob sie sich zu einem männlichen Therapeuten in Behandlung begeben sollen oder nicht. Generell würde ich sagen, daß bei der Wahl eines Therapeuten die Qualität der Ausbildung, die Sensibilität und das persönliche Können schwerer wiegen sollten als die Geschlechtszugehörigkeit, insbesondere, wenn die zu behandelnde Person ernsthaft gestört ist. Andererseits sind bestimmte geschlechtsspezifische Verhaltensnuancen vielleicht verständlicher, wenn man selbst mit diesen aufgewachsen ist. Und Männer und Frauen wachsen, wie ich festgestellt habe, in sehr verschiedenen Welten auf. Zwei Erfahrungen fallen mir im Zusammenhang mit dieser Frage ein.

Die erste betrifft eine Frau, die ihre Behandlung mitten in einer Scheidung begann, die durch die Affäre ihres Mannes mit einer Frau, die er zu heiraten gedachte, ausgelöst wurde. Sie war äußerst verstört, und ihr Mann erklärte sich bereit, ihre Therapie zu finanzieren. Sie empfand den Psychiater als hilfreich. Nach der Scheidung war ihr Lebensstandard jedoch erheblich niedriger, und sie machte sich Sorgen wegen des Honorars. Als sie mit einer Freundin darüber sprach, hörte sie zu ihrer Überraschung, daß das Honorar ihres Analytikers viel höher war als das anderer Therapeuten in dieser Gegend. Sie sagte ihrem Psychiater, daß sie die Behandlung fortsetzen wolle, aber das gegenwärtige Honorar nicht bezahlen könne, und fügte hinzu: »Ich hoffe, Sie können das Honorar herabsetzen, insbesondere, da ich gehört habe, daß es verglichen mit dem anderer Analytiker etwas hoch ist.« Wütend fuhr er sie an: »Was für eine aggressive Frau Sie sind!« Leider hatte er damit gegen eines der wichtigsten Prinzipien aller engagierten Ärzte verstoßen: *Primum non nocere* (vor allem verletze man nicht).

Die zweite Geschichte betrifft eine meiner Patientinnen, die, bevor sie zu mir kam, sieben Jahre bei einem männlichen Analytiker in Behandlung gewesen war, und deren Zustand sich zunehmend verschlechtert hatte. Zu Beginn unserer Arbeit sagte ich zu ihr, daß ich, als sie mir diese Jahre beschrieb, eine schöne Kathedrale vor mir gesehen hätte, deren gesamte Außenfläche einschließlich ihrer leuchtend bunten Fenster mit einer Schmutzschicht bedeckt sei, die Vögel, Luftverschmutzung und die Zeit dort hinterlassen hätten. Unsere Aufgabe werde es sein, sagte ich, sie davon zu säubern. In der nächsten Sitzung berichtete sie mir, daß sie von einem großen alten Haus mit vielen Zimmern geträumt habe, die alle leer waren. Sie stieg die Treppe hinauf, wandte sich oben angekommen nach links und stieß dort zu ihrer Überraschung auf einen weiteren Raum. Er war bezaubernd, erfüllt von Sonnenlicht, das durch die Fenster hereindrang, und es befand sich darin ein schöner alter Schreibtisch aus Eiche. Dieser Traum, ihre eigene Bestätigung, daß sie etwas Wertvolles in sich barg, war der Beginn einer schwierigen, aber produktiven Zusammenarbeit zwischen uns.

Frauen sind oft vor Probleme gestellt, die für männliche Analytiker schwer zu verstehen sind. In manchen Fällen mögen sie diese Probleme als trivial ansehen. Ein Therapeut muß besondere Antennen haben, ein Ohr, das geschärft für die subtilen Aggressionen ist, denen Frauen seit langem ausgesetzt sind. Diese Art von gut entwickeltem Radar wird man vielleicht eher bei einer Therapeutin finden, obwohl es auch Männer gibt, die es besitzen. Aber die Masochistin, die Probleme hat, sich speziell mit ihrer Weiblichkeit zu identifizieren, wäre warscheinlich bei einer gut ausgebildeten und hellsichtigen Therapeutin am besten aufgehoben.

Ob Sie sich entschließen, allein an Ihren Problemen zu arbeiten, oder sich einer therapeutischen Hilfe versichern, die Überwindung Ihrer masochistischen Tendenzen wird auf jeden Fall viel Mühe und Mut erfordern. Kein seelisches Verhaltensmuster ist mühelos und ohne Schmerzen veränderbar, und die tiefreichenden Wurzeln des Masochismus gehen bis in die ersten Lebenstage zurück. Veränderung braucht Zeit; es gibt keine Abkürzungen auf dem Weg zur Ausmerzung der hartnäckigen masochistischen Tendenzen, die inzwischen zu einem ureigenen Teil Ihrer Persönlichkeit, zu unverrückbaren Aspekten Ihres Charakters geworden zu sein scheinen. Als Thomas Edison gefragt wurde, wie sein erstaunlicher Erfindungsreichtum zu erklären sei, antwortete er: »Ein Prozent Inspiration, 99 Prozent Transpiration.« Die gleiche Formel könnte auch hier gelten.

Vielleicht haben Sie bemerkt, daß Sie dazu neigen, vom Thema abzuschweifen, ein Zeichen, daß Sie sich davor fürchten, zur Sache zu kommen. Sie nehmen Zuflucht zu Andeutungen, weil Sie wenig Vertrauen zu Ihren eigenen Urteilen und Wahrnehmungen haben. Sie fürchten, verlassen zu werden, deshalb fesseln Sie Ihre Zuhörer an sich, indem Sie einen endlos scheinenden Wortschwall loslassen. Es erfordert Mut, den Entschluß zu fassen, keine masochistischen Botschaften dieser Art mehr zu übermitteln. Es erfordert Mut, sich dazu aufzuraffen, etwas Neues zu versuchen. Mut bedeutet nicht, daß Sie ohne Furcht sind; er bedeutet, daß Sie bereit sind, trotz dieser zu handeln. Und Furcht, davon bin ich inzwischen überzeugt, kann oft durch Beharrlichkeit sowie durch Einsicht in ihre Entstehung überwunden werden (Beharrlichkeit *und* Einsicht sollte eine unschlagbare Kombination sein, wenn es darum geht, Ihre masochistischen Befürchtungen zu überwinden).

Ermahnen Sie sich, direkt und unzweideutig zu sprechen, auch wenn Sie sich vor der Reaktion fürchten. Nehmen Sie sich vor, lieber nichts zu sagen, wenn Sie sich des Wertes dessen, was Sie sagen wollen, nicht gewiß sind. Dies ist äußerst schwierig für die Masochistin, aber allmählich wird es Ihnen mit zunehmender Übung gelingen, ein altes destruktives Verhaltensmuster durch ein neues gesundes zu ersetzen, und die Aufgabe wird leichter für Sie werden.

Es steht außer Zweifel, daß es immer vorzuziehen ist zu schweigen, als freiwillig etwas auszuplaudern, was einem schaden könnte. Achten Sie auf aktiv-masochistische Äußerungen oder Handlungen, die Sie mit Sicherheit in Schwierigkeiten bringen. Ich denke an die ältere Frau, die ihre ziemlich herrische Mutter besuchte, mit der sie immer eine schwierige Beziehung gehabt hatte. Als sie daranging, für ihr eigenes Mittagessen Rühreier zu machen, bemerkte sie, daß die kleine Bratpfanne ihrer Mutter fehlte. Sofort hatte sie Angst, von ihr beschuldigt zu werden, sie verloren oder verlegt zu haben. Aber statt gar nichts zu sagen und ihre Rühreier in einer anderen Pfanne zu bereiten, erwähnte sie ihrer Mutter gegenüber, daß die Pfanne fehle. »Hm, ich weiß, daß sie da war«, sagte ihre Mutter, »also mußt du sie verlegt haben!« Auf diese vorhersehbare Beschuldigung reagierte die Tochter, indem sie sich aufgebracht zu verteidigen begann. Bald waren sie und ihre Mutter wieder in eines der destruktiven Angriff-und-Abwehr-Gefechte verstrickt, die sie sich seit Jahren lieferten. Hätte die Tochter nichts gesagt, dann wäre es zu keinem Zusammenstoß gekommen.

Masochistische Frauen müssen sich oft dazu erziehen, weniger prompt auf andere zu reagieren. Bloß weil Ihnen jemand eine Frage stellt, bedeutet das nicht, daß Sie verpflichtet sind, sofort zu antworten. Sie haben *das Recht*, Ihre Antwort sorgfältig zu überlegen. Grübeln Sie nicht darüber nach, was Ihr Gegenüber denken könnte. Konzentrieren Sie sich statt dessen darauf, was *Sie* sagen wollen, und warten Sie, bis Sie Ihre Äußerung klar im Kopf haben, bevor Sie sie aussprechen. Sprechen Sie dann so unmißverständlich wie möglich. Auf diese Weise schulen Sie sich faktisch in einem neuen Verhaltensstil.

Die Prämissen anderer Menschen zu akzeptieren ist, wie ich gesagt habe, eines der wesentlichen Kennzeichen der masochistischen Persönlichkeit. Diese Prämissen in Frage stellen zu lernen, sie durch Ihre eigenen zu ersetzen, ist eine der wichtigsten Veränderungen, die eintreten müssen, wenn Sie Ihren Masochismus überwinden wollen. Denken Sie an die Frau allein auf der Straße, die von einem fremden Mann um Feuer angesprochen wird und die anhält, um es ihm zu geben. Sie akzeptiert seine Prämisse, daß er Feuer will (der Himmel allein weiß, was er wirklich will) und daß es ihre Pflicht sei, es ihm zu geben – eine gefährliche Einstellung ihrerseits. Wie könnte sie diese Situation umkehren? Indem sie seine Annäherung mit ihrer eigenen Gegenprämisse kontert: Dies könnte eine gefährliche Situation sein; ich werde mein Leben nicht wegen eines Zündholzes oder irgend etwas anderem riskieren; ich bin nicht verpflichtet, stehenzubleiben und auf ihn einzugehen; ich werde statt dessen weitergehen – oder laufen.

Wenn Sie mit einer fremden Prämisse konfrontiert sind, fragen Sie sich, ob diese richtig ist. Wenn sie eine Beschuldigung enthält, fragen Sie sich, ob Sie sich etwas vorzuwerfen haben oder nicht. Sobald Sie von der automatischen Hinnahme fremder Prämissen abkommen, sobald Sie die Art und Weise, wie Ihnen die Dinge präsentiert werden, und deren Richtigkeit in Frage zu stellen beginnen, werden Sie auch anfangen, Ihren eigenen Standpunkt zu behaupten. Es wird Ihnen leichterfallen, nein zu sagen: Nein, ich stimme dem nicht zu; nein, das ist für mich nicht akzeptabel.

Eine junge Patientin von mir war ihr ganzes Leben lang die Zielscheibe kritischer Angriffe seitens ihrer Eltern gewesen. Nichts, was sie tat, gefiel ihnen; ständig hatten sie etwas an ihr auszusetzen. Es war nicht überraschend, daß ihr Verhalten ausgesprochen masochistisch war. Aber in der Behandlung bekam sie ihre Probleme in den Griff und hatte schließlich den Wunsch, ihre Erkenntnisse in die Tat umzusetzen. Sie studierte Gesang und machte mit einem neuen Lehrer große Fortschritte. Obwohl ihre Eltern bisher kritisch gegenüber ihrer Musik eingestellt gewesen waren, beschloß sie, sich die ständige Mäkelei nicht mehr schweigend gefallenzulassen und ihnen statt dessen zuvorzukommen (sie sollten gar keine Gelegenheit erhalten, ihre Prämissen auszusprechen). Auf einem Familientreffen, auf dem sie sang, wurde sie mit sehr herzlichem Beifall bedacht, und sobald sie geendet hatte, wandte sie sich an ihre Eltern mit der Frage: »Nun, taugt dieser Lehrer auch nichts?« Ihre Eltern waren sprachlos.

Eine andere junge Frau hatte ebenfalls die Beziehung zu ihrer Mutter lange Zeit eingehend untersucht, um den Anteil zu verstehen, den sie an deren destruktiver Beschaffenheit hatte. Auch sie war an die negativen Meinungen gewöhnt, die ihre Mutter über fast alles hatte, was sie tat, aber sie war entschlossen, ihre Reaktionen zu ändern. Da sie einen Mann liebte und heiraten wollte, von dem sie wußte, daß ihre Mutter ihn nicht billigen werde, heiratete sie ihn in einer anderen Stadt und erzählte ihrer Mutter nichts davon, bis die Hochzeit vorüber war. »Ich habe eine gute Nachricht für dich«, sagte sie ihr danach am Telefon. »Du hast einen neuen Schwiegersohn.« »Ich möchte nichts mit ihm zu tun haben«, antwortete ihre Mutter. »Das ist schade«, entgegnete die Tochter, »denn wir haben gehofft, daß du mit uns feiern würdest.« Im Laufe dieses Telefongesprächs begann ihre Mutter deutlich einzulenken, und sie feierte schließlich tatsächlich mit den Jungverheirateten. Dies war nicht zuletzt auf die positive Weise zurückzuführen, wie ihre Tochter ihr die Neuigkeit übermittelt hatte.

Kürzlich sah ich ein Interview im Fernsehen, und wie es so oft der Fall ist, nahm der Interviewer mit seinen wortreichen Fragen übermäßig viel Zeit in Anspruch und unterbrach den Gast häufig, um seine Antworten zu paraphrasieren und zu interpretieren. Nach einer Weile sagte der Interviewte ruhig: »Sie legen mir Worte in den Mund. Ich möchte das abschließen, was ich sagen wollte.« Mit diesen zwei kurzen Sätzen, freundlich ausgesprochen, gelang es dem Gast, jede einzelne Prämisse des Interviewers in Frage zu stellen – daß er die Absichten des Gastes äußern könne, daß seine Interpretation die richtige sei, daß er sich benehmen könne, wie er wolle. Das Verhalten des Gastes, seine ruhige Wahrung der eigenen Rechte zeigte seine unantastbare Autonomie.

Vielleicht haben Sie während Ihrer Selbsterforschung festgestellt, daß Sie dazu neigen, sich selbst körperlichen Schaden zuzufügen (gegen Dinge zu stoßen, sich mit Messern zu schneiden, die Finger zu verbrennen etc.) oder Gegenstände, die Ihnen gehören, zu zerbrechen oder zu verlieren. Dies sind schmerzhafte Manifestationen einer unterdrückten inneren Wut. Denken Sie nach, und versuchen Sie sich zu erinnern, worüber Sie verärgert gewesen sein könnten, als diese »Unfälle« passierten. Versuchen Sie, herauszufinden, warum Sie sich fürchteten, Ihren Ärger zu äußern oder in geeigneter Weise zu handeln, um ihn aus der Welt zu schaffen. Und wenn Sie das nächste Mal ärgerlich sind, dann versuchen Sie, sich das bewußtzumachen und wenigstens sich selbst gegenüber einzugestehen. Je deutlicher Sie sich der Dinge bewußt werden, die in Ihnen vorgehen, desto mehr Wahlmöglichkeiten haben Sie, wie Sie reagieren sollen.

Ambiguität fällt der Masochistin besonders schwer, wie ich bemerkt habe, und sie neigt dazu, eine unklare Situation in eine destruktive, schädliche zu verwandeln. Personen mit masochistischen Tendenzen, die sich bedroht fühlen, neigen eher vorschnell zu einer negativen Schlußfolgerung, als dazu, angsterfüllt auf ungewissem Terrain zu verharren. Wenigstens ist die Angelegenheit dann abgeschlossen, und sie brauchen nicht mehr mit ihren Phantasien über die schrecklichen Dinge zu leben, die geschehen könnten. Aber um den masochistischen Leiden zu entkommen, muß man unter anderem auch lernen, Ambiguität zu ertragen. Wenn etwas geschieht, was Sie als kränkend empfinden, dann hinterfragen Sie Ihre Interpretation des Vorfalls. Ist sie richtig? Könnte es eine andere Erklärung geben? Haben Sie sich beeilt, den Dingen eine negative Konstruktion überzustülpen, und dabei vielleicht etwas Positives übersehen? Müssen Sie sich durch diesen Vorfall bedroht fühlen? Sehr oft sind positive Aspekte im Leben der Masochistin vorhanden, aber sie ist unfähig, sie anzuerkennen, bzw. ihnen dasselbe Gewicht beizumessen, das sie negativen Vorfällen zuschreibt. Damit beschäftigt, sich gegen Verletzungen zur Wehr zu setzen und die Summe negativer Interaktionen zu erhöhen, ist sie außerstande, die positiven Elemente ihrer Begegnungen mit anderen Menschen zu sehen. Sie gehen durch die negativen Vorzeichen verloren.

Geraldine, eine stark masochistische Patientin, war mehrere Jahre im Ausland gewesen, suchte aber jetzt wieder hier Fuß zu fassen. Eine Freundin, die sie längere Zeit nicht gesehen hatte, lud sie ein, den Tag mit ihr zu verbringen, und hatte vor, sie mit dem Auto abzuholen. Als sie sich etwas verspätete, rief Geraldine eine Fluggesellschaft an, um eine Reise zu buchen, die sie vorhatte. Sie versuchte, sich von der Furcht abzulenken, daß ihre Freundin nicht kommen könnte, und von dem Gedanken, daß sie selbst ihr nicht genügend bedeutete, um pünktlich zu sein. Als die Freundin eintraf, ließ Geraldine sie eine Zeitlang warten, was die Freundin ärgerte.

Dies war ein sehr masochistischer Beginn des Treffens, und der Tag, den sie zusammen verbrachten, verlief auch etwas unbehaglich. Geraldine hatte gemischte Gefühle gegenüber ihrer Freundin und glaubte zu spüren, daß auch diese sie nicht sonderlich mochte. Die Freundin lud Geraldine jedoch ein, das bevorstehende verlängerte Wochenende mit ihr auf dem Lande zu verbringen. Obwohl sie keine bestimmten Pläne hatte, lehnte Geraldine mit der Begründung ab, daß sie an diesen Tagen schon etwas anderes vorhabe. Als sie mir davon erzählte, fügte sie hinzu, daß sie sich eines Triumphgefühls bewußt gewesen sei, als sie das Angebot ihrer Freundin ablehnte. Aber was für ein hohler und destruktiver Sieg dies war! Geraldines Beziehung zu ihrer Freundin sowie zu anderen Menschen in ihrem Leben war ein Machtkampf; sie brauchte das Gefühl, daß sie die Oberhand behalten, daß sie gewinnen könne. Dies ist manchmal die Kehrseite der Gefühle von Minderwertigkeit. Die masochistische Person kümmert sich zu wenig darum, *was* sie gewinnt; sie braucht bloß das Gefühl, daß sie triumphieren kann, daß sie besser sein kann als andere, daß sie die Zügel in der Hand hält, ungeachtet des Preises, den sie dafür zu bezahlen hat.

Bemerkenswert an der Interaktion zwischen diesen beiden Frauen ist auch das Faktum, daß Geraldine niemals das Gefühl hatte, irgend etwas tun zu können, um das, was zwischen ihnen geschah, positiv zu beeinflussen. Aufgrund ihres Gefühls der Hilflosigkeit und Passivität kam ihr nie der Gedanke, daß sie irgendwie dazu beitragen könnte, ihren Umgang miteinander angenehm zu machen oder die Distanz, die zwischen ihnen existierte, zu verringern. Als wir weiterredeten und sie ihre Gespräche beim Mittagessen beschrieb, begann sie zu erkennen, daß ihre Interpretation der Dinge vielleicht nicht ganz zutreffend war. Aus anerkennenden Bemerkungen ihrer Freundin erhielt ich den Eindruck, daß sie eine hohe Meinung von

Geraldine hatte und sie sehr mochte. Aber dies war bei Geraldine überhaupt nicht angekommen, bis wir es in einer späteren Sitzung aufdeckten. Sie war so in Anspruch genommen von ihrem masochistischen Bedürfnis, sich zu verteidigen und Oberwasser über ihre Freundin zu bekommen, daß ihr alle positiven Aspekte des Zusammenseins entgangen waren.

Ich habe Geraldines »Sieg« über ihre Freundin als hohl und selbstzerstörerisch bezeichnet. Als Gegensatz dazu erscheint mir das Gefühl des Sieges, das sich einstellt, wenn eine Frau anfängt, ihren Masochismus zu überwinden, wenn sie alte, defensive Reaktionen durch neue, autonome ersetzt. Dieser Sieg bringt das eigene Selbst voran und ist ihm förderlich. Und ebenso wie masochistisches Verhalten immer mehr Leiden hervorbringt und sich somit selbst verewigt, so zieht auch ein Erfolgserlebnis weitere nach sich. Sie werden bemerken, daß Ihre Toleranz für Mißbehagen abnimmt. Sie werden nicht mehr dazu neigen, sich wie früher alles gefallen zu lassen.

Eine meiner Patientinnen kaufte sich eines Tages unter Zeitdruck ein Paar Schuhe, und als sie nach Hause kam und sie anzog, stellte sie fest, daß sie eine Nummer zu klein waren. Da sie noch in ihrem Masochismus gefangen war, fürchtete sie die Auseinandersetzung mit dem Verkäufer und wagte nicht, die Schuhe zurückzubringen. Sie war überzeugt, er würde einwenden, daß die Schuhe bereits getragen seien, oder ihr zumindest vorwerfen, sie hätte wissen müssen, daß ihr die Schuhe zu klein seien, als sie sie kaufte. Deshalb kam sie zur Überzeugung, daß sie die Schuhe tragen müsse, obwohl sie sie drückten – eine klassische Form der masochistischen Selbstbestrafung. Hätte sich dieser gleiche Vorfall etwa ein Jahr später ereignet, als sie bereits angefangen hatte, ihre masochistischen Tendenzen zu überwinden, hätte sie sich ganz anders verhalten, dessen bin ich sicher. Zunächst hätte sie vielleicht versucht, die Schuhe umzutauschen. Wenn das Geschäft den Umtausch abgelehnt hätte, dann hätte sie möglicherweise versucht, das Problem aus der Welt zu schaffen, indem sie die Schuhe dehnen ließ. Wenn das nichts genützt hätte, dann wäre es ihr aufgrund ihrer gesteigerten Selbstachtung wahrscheinlich möglich gewesen, einzugestehen, daß sie einen Fehler gemacht hatte, und sie hätte die Schuhe dann einfach einer Freundin geschenkt.

Die Masochistin hat sich in eine enge Verhaltensschablone gezwängt, die ihr Schmerz und Pein verursacht, so wie zu enge Schuhe die Füße drücken. Im Gegensatz dazu fühlt sich die Frau, die ihren Masochismus abzulegen beginnt und selbstsicheres und autonomes Verhalten praktiziert, so wohl, wie wenn man Schuhe trägt, die wie angegossen sitzen.

Margaret traf kurz vor Beginn in einem Konzert ein. Es gab keine numerierten Sitze, aber sie bemerkte in der ersten Reihe des Balkons zwei leere Plätze nebeneinander, auf denen Mäntel lagen. »Ist dieser Platz frei?« fragte sie den Mann, der neben einem der Sitze saß. »Ja«, antwortete er, »aber der andere auch, und ich möchte meinen Mantel hier liegenlassen.« »Ich möchte mich nicht auf eine Debatte einlassen, wer seinen Mantel wegnimmt«, antwortete Margaret, »würden Sie also bitte Ihren entfernen, da dieser Platz näher ist.« Der Mann brauste auf, aber Margaret winkte ruhig ab, und dann begann das Konzert und machte dem Streit ein Ende. Obwohl der Vorfall unerfreulich war, empfand Margaret Genugtuung über ihr Verhalten. Früher, sagte sie, hätte sie beim ersten Anzeichen der Verärgerung des Mannes die Flucht ergriffen.

Margaret erzählte mir auch von einem weiteren Vorfall, der sich an der Lunch-Theke eines Restaurants ereignete. Sie war ziemlich in Eile und signalisierte der Kellnerin, als sie sich setzte, daß sie bereit sei zu bestellen. »Einen Moment«, murrte die Kellnerin und wandte sich einem Mann zu, der später gekommen war. Nachdem sie sich mit ihm unterhalten hatte, wollte sie weggehen, aber Margaret stoppte sie, indem sie mit Nachdruck sagte: »Kommen Sie jetzt bitte. Ist die Zeit dieses Mannes wertvoller als meine?« »Er wußte, was er wollte«, versuchte sich die Kellnerin zu rechtfertigen. »Das weiß ich auch«, erwiderte Margaret und gab ihre Bestellung auf. In beiden Fällen war Margaret besonders darüber erfreut, daß sie keine Schuldgefühle hatte, als sie sich durchsetzte.

Margaret hatte beide Situationen nicht selbst verschuldet, aber in der Vergangenheit hätte sie sich in passiver, masochistischer Weise diese Zurücksetzungen bieten lassen und sie als Kränkungen empfunden. Vielleicht halten Sie es für nutzlos, gegen jede Unhöflichkeit zu protestieren, der Sie ausgesetzt sind. Auf der anderen Seite vermindert jede Kränkung und jede Beleidigung, die Sie hinnehmen, Ihr Gefühl des Wohlbefindens und Ihre Selbstachtung.

Eine meiner Freundinnen hatte in der Lebensmittelabteilung von Bloomingdale's eine Nummer genommen und wartete, bis sie an die Reihe kam, trat aber näher an die Theke heran, um sich einen Überblick über die schöne Auswahl an Käsesorten zu verschaffen. »Sie müssen eine Nummer nehmen«, fauchte die neben ihr stehende Frau sie an. »Ich weiß, ich habe eine«, antwortete sie. »Nun, warum drängen Sie sich dann vor?« bemerkte die andere giftig. »Ich bin bloß vorgetreten, um zu schauen«, antwortete meine Freundin. »Ich warte schon, bis ich drankomme. Es hat nichts mit Ihnen zu tun.« Das Gekeife hörte aber nicht auf, deshalb zog sich meine Freundin zurück. Als sie schließlich an die Reihe kam, schnauzte auch der Verkäufer sie an, als ob die Haltung der anderen Frau ansteckend sei. Meine Freundin war jedoch nicht bereit, sich als passives, masochistisches Opfer dieser unerwarteten und durch nichts gerechtfertigten Unverschämtheit zur Verfügung zu stellen. Sie fragte den Verkäufer, ob er einen Grund für seine Unfreundlichkeit habe, und forderte ihn auf, höflicher zu sein. Sein Benehmen änderte sich, und sie tätigte ihre Einkäufe in einer weitaus angenehmeren Atmosphäre.

Ein weiteres Beispiel der Weigerung, sich zu einem passiven Opfer machen zu lassen, erlebte ich auf einer Busfahrt in der Third Avenue. Eine große, etwas mürrisch aussehende junge Frau saß mit ausgestreckten Beinen da. Als sich eine sichtlich weit über siebzigjährige Frau näherte, sah die junge Frau sie zwar kommen, zog ihre Beine jedoch nicht zurück. Die alte Frau stolperte darüber und wäre beinahe zu Boden gestürzt, wenn sie sich nicht im letzten Augenblick noch gefangen hätte.

Sie sah sich nach der jungen Frau um, die ihren Blick erwiderte und blöd grinsend »Entschuldigung« murmelte. Obwohl die Unaufrichtigkeit dieser »Entschuldigung« offensichtlich war, hätte ein masochistischer Mensch sie akzeptiert oder sich gar noch selbst entschuldigt. Diese ältere Frau dachte gar nicht daran. »Was soll das heißen, ›Entschuldigung‹?« fragte sie scharf. »Was fällt Ihnen ein, die Beine so von sich zu strecken? Sie haben gar nicht den Versuch gemacht, sie zurückzuziehen. Mit einer Entschuldigung ist es nicht getan!«

Ich empfehle Selbstbehauptung, nicht Trotz als eines der Mittel, um sich aus dem masochistischen Morast herauszuarbeiten. Masochistische Frauen haben oft eine Menge heimliche Wut und Trotz angestaut, und sie können von extremer Nachgiebigkeit auf extremen Trotz umschalten. Keines der beiden Extreme wird ihnen jedoch helfen, sich aus ihrer masochistischen Position zu befreien. Beides sind Anzeichen, daß die Betroffene noch in einen Machtkampf verstrickt ist. Ihr Verhalten an beiden Polen des Spektrums ist defensiv.

Mancher Vorfall ist trivial und lohnt die Energie nicht, die Sie aufwenden müßten, um ihn aus der Welt zu schaffen. In einem solchen Fall kommen Sie vielleicht zu dem Schluß, daß es Ihrer Selbstachtung nicht schaden wird, ihn zu übergehen. In anderen Fällen kann Selbstbehauptung unklug oder gar gefährlich sein. Eine meiner Freundinnen stieg in eine überfüllte U-Bahn, fand aber ein Abteil, in dem sich mehrere Leute breitgemacht hatten, und sie ersuchte sie alle, etwas zusammenzurükken, damit sie sich setzen könne. Eine massige Frau am Ende der Sitzreihe sagte: »Ich rücke nicht.« »Das ist nicht fair«, sagte meine Freundin. »Da ist noch Platz für eine Person, und ich möchte nicht stehen.« Die massige Frau reagierte mit einem Schwall von Beschimpfungen. »Hören Sie«, beharrte meine Freundin, »ich habe ein Recht zu sitzen, solange da Platz ist, schließlich habe ich mein Fahrgeld bezahlt. Bitte rücken Sie zusammen.« Obwohl sich die Leute immer noch wenig Mühe gaben, für sie Platz zu machen, zwängte sie sich zwischen zwei Personen, und allmählich rückten die anderen zur Seite. Als sie mir das erzählte, bemerkte sie, sie glaube, alles, was sie getan habe, sei angebracht gewesen, aber als sie sich in dem Waggon umsah und ihr aus keinem einzigen Gesicht Sympathie entgegenschlug, habe sie erkannt, daß ihr Auftreten vielleicht allzu forsch gewesen sei. Ich mußte ihr zustimmen.

Wenn wir bei der Einübung neuen, nicht-masochistischen Verhaltens ein Erfolgserlebnis haben, dann führt dies in einem Dominoeffekt zu einem zweiten und dritten. Ein neues Selbstwertgefühl hilft uns, das zählebige Fundament unseres vorwegnehmenden Abwehrsystems abzubauen. Alle masochistischen Abwehrmechanismen sind zwanghaft, das heißt, sie treten ständig in Aktion, um Angst vor erwarteten Angriffen und Verletzungen zu vermeiden. Und jeder Mensch, der in zwanghaftem Verhalten gefangen ist, leidet notwendigerweise unter Rigidität und Einschnürung. Aber wenn Sie es schaffen, da durchzubrechen, werden Sie durch ein erweitertes Lebensgefühl und ein neues Gefühl von Authentizität belohnt werden.

Wenn Sie Ihre Selbsterforschung durchführen, empfehle ich Ihnen, eine besondere Art von Tagebuch zu führen, in dem Sie sich darüber Rechenschaft geben, wie Sie Ihren Masochismus äußern. Und während Sie weiter an Ihrer Selbstbefreiung arbeiten, behalten Sie die Gewohnheit bei, sich Aufzeichnungen zu machen. Das erfordert nur wenige Minuten, und falls Sie tagsüber keine Zeit dazu haben, notieren Sie die Vorfälle am Abend. Vermerken Sie gerade die Ereignisse, die unangenehm oder kränkend waren. Schauen Sie nach Ablauf von etwa einer Woche Ihre Aufzeichnungen durch, und überprüfen Sie, ob Sie bestimmte masochistische Äußerungen oder Handlungsweisen feststellen können, die wiederholt vorkommen. Was enthüllen diese über Sie, woran Sie arbeiten müßten? Diese laufenden Aufzeichnungen zu machen, während Sie sich bemühen, neue Verhaltensmuster zu praktizieren, kann Ihnen helfen, sich auf die schwierigsten Bereiche zu konzentrieren sowie sich ein Bild von Ihren Fortschritten zu machen. Hilfreich ist es auch, über die Pluspunkte Ihrer Interaktionen Buch zu führen. Vermerken Sie Dinge, die Sie gesagt oder getan haben und mit denen Sie besonders zufrieden sind. Überlegen Sie, inwieweit sie Fortschritte spiegeln. Das wird Ihre Selbstachtung heben und Ihnen auch zeigen, in welcher Weise Sie sich verändert haben und wie Sie künftig weitermachen können.

Eine weitere Hilfe, die ich allen empfehlen würde, denen es schwerfällt, ihren Masochismus zu überwinden, ist die Selbsthypnose. Die Ursachen des Masochismus liegen weitgehend in den negativen hypnotischen Prägungen der frühen Kindheit. Selbsthypnose in Verbindung mit den anderen Maßnahmen, die ich erwähnt habe, kann dazu beitragen, die Auswirkungen dieser schädlichen Prägungen zu eliminieren. Der wesentliche Faktor bei der Selbsthypnose besteht darin, sich eine Art Signal zu schaffen, das einem hilft, ein bestimmtes Problem zu überwinden. Selbsthypnose wird in vielen Gruppen gelehrt; vielleicht wollen Sie von dieser Möglichkeit Gebrauch machen, oder Sie können sie sich durch die folgende Methode selbst beibringen, die im wesentlichen auf körperlicher Entspannung verbunden mit punktueller Konzentration basiert.

Der erste Schritt besteht darin, ein »Drehbuch« zu verfassen. Stellen Sie sich eine Szene vor, die nur positive Elemente enthält. Diese wird natürlich für jeden Menschen anders aussehen, aber nehmen wir beispielsweise an, daß Sie einen Spaziergang auf dem Lande machen. Sie spüren die Wärme der Sonne, Sie beobachten das Glitzern der Sonnenstrahlen auf der Oberfläche eines Teiches, Sie lassen das satte, saftige Grün der Bäume um Sie herum und die Farben der Wiesenblumen an Ihrem Wege auf sich wirken. Es ist ein wirklich herrlicher Tag, und Sie fühlen sich gut, einfach, weil Sie ein Teil davon sind. Dann, stellen wir uns vor, nähert sich Ihnen ein attraktiver Mann und sagt zu Ihnen: »Ist das nicht ein schöner Tag?« Versuchen Sie, sich vorzustellen, welche Antwort Sie ihm geben könnten, die Ihnen gestatten würde, sich weiterhin gut zu fühlen. Malen Sie sich aus, wie Sie reagieren würden, wenn Sie glücklich, entspannt und mit sich im reinen wären und einen schönen Tag genössen.

Sobald Sie Ihr Drehbuch fertig haben, üben Sie, entspannt in einem bequemen Sessel zu sitzen und, sooft Sie einen Finger heben und ihn anschauen, das Bild des schönen Tages und der angenehmen Begegnung heraufzubeschwören. Machen Sie dies einmal täglich, vorzugsweise am Abend. Gestatten Sie sich, die angenehmen Vorstellungen, die guten Gefühle, den Eindruck, daß niemand Sie kritisiert und alles in Ordnung ist, zu erleben. Allmählich und durch die Wiederholungen (und die sind wichtig, damit dies gut funktioniert) wird sich das angenehme Gefühl automatisch einstellen, sobald Sie sich bequem hinsetzen und den Finger heben. Sie suggerieren sich neue Vorstellungen – Vorstellung Ihres eigenen Wertes, Ihrer eigenen Liebenswürdigkeit, Ihrer eigenen Kompetenz und Ihrer Freude am Leben.

Wenden Sie sich jetzt Vorfällen zu, die Sie in Ihrem Tagebuch notiert haben. Wählen Sie ein bedrückendes Ereignis, einen Ausdruck Ihres Masochismus, der sich regelmäßig wiederholt. Führen Sie die Hypnose herbei, und stellen Sie sich in dieser positiven Verfassung vor, wie Sie sich in dieser Situation verhalten könnten. Die Reaktion, auf die Sie aus Ihren guten Gefühlen heraus verfallen, wird ganz anders sein als eine Reaktion, zu der Sie neigen, wenn Sie voller Angst, Selbsthaß und Schuldgefühle sind.

Eine andere Methode der Selbsthypnose besteht darin, sich bequem und entspannt hinzusetzen und sich vorzustellen, daß man zwei Bildschirme vor sich hat. Auf den einen projiziert man sich und sieht sich selbst so agieren, wie man das normalerweise aus Furcht tut; auf den anderen projizieren Sie, wie Sie sich verhalten würden, wenn Sie im Einklang mit sich selbst wären und sich nicht bedroht fühlten. Schalten Sie den Bildschirm ab, auf dem Sie furchtsam agieren, und konzentrieren Sie sich auf den anderen, der zeigt, wie Sie sich verhalten, wenn Sie mit sich selbst zufrieden sind.

Die Überwindung masochistischer Tendenzen ist ein schwieriger und mühsamer Prozeß, der Arbeit, Mut und Zeit erfordert. Sie werden sich wahrscheinlich gelegentlich entmutigt fühlen, insbesondere wenn Sie merken, wie eingefleischt diese Tendenzen sind. Aber wenn Sie nicht lockerlassen, dann werden Sie für Ihre Anstrengungen buchstäblich mit einem neuen Lebensgefühl belohnt werden.

Patricia Ball und Elizabeth Wyman schlugen in ihrem Werk über mißhandelte Frauen, *Victimology*, eine Liste berechtigter Ansprüche vor, die, wie ich glaube, als eine Art *Bill of Rights* für masochistische Frauen dienen kann, die darum ringen, sich von dem masochistischen Abwehrsystem zu befreien, das sie gefangenhält. Diese Rechte sind nachstehend angeführt; ich empfehle sie als Grundlage Ihrer Selbstbefreiung.

Erlauben Sie sich:

1. Ärger zu zeigen
2. sich gegen schlechte Behandlung zu wehren
3. Situationen zu ändern
4. frei von *Furcht* vor schlechter Behandlung zu sein
5. Hilfeleistungen von öffentlichen Einrichtungen zu *erwarten* (oder, würde ich hinzufügen, von einer therapeutischen Fachkraft, falls Sie das wünschen)
6. Ihre Gefühle mitzuteilen
7. bessere Kommunikation zu wünschen
8. eine schädliche Umgebung zu verlassen (jede Situation, wo Sie schlecht behandelt werden)
9. eine persönliche Rückzugsmöglichkeit
10. Ihre Gedanken und Gefühle zu äußern (oder, ebenso wichtig, diese für sich zu behalten)
11. Ihre Talente und Fähigkeiten zu entwickeln
12. unvollkommen zu sein
13. einen Lebenspartner, der Sie schlecht behandelt, gerichtlich zu belangen (bzw. sich gegen jeden, der Ihnen Schaden zufügt, in angemessener Weise zur Wehr zu setzen).

16

Masochismus in der Arbeitswelt

In dem Kapitel über Träume habe ich über eine junge Frau berichtet, die vor der Wahl stand, eine der besten Universitäten des Landes zu besuchen oder ein ausgezeichnetes, hochdotiertes Stellenangebot anzunehmen – beneidenswerte Optionen, die jedoch ihre masochistischen Tendenzen erst voll zutage treten ließen und sie in Verzweiflung stürzten. Die verschiedensten Befürchtungen quälten sie. Sie hatte geplant, im Herbst an die Universität zurückzukehren, bevor ihr das Stellenangebot gemacht wurde, und fürchtete sich davor, ihre Entscheidung umzustoßen. Gleichzeitig fürchtete sie, für diese Stelle nicht wirklich qualifiziert zu sein und die Aufgabe langweilig zu finden. Sie fürchtete, daß das Angebot zurückgezogen werden würde, sobald man sie einer näheren Prüfung für diese Aufgabe unterzog. Sie fürchtete, daß ihre Eltern die Entscheidung mißbilligen würden, wenn sie die Stelle annahm und die Fortsetzung ihres Studiums aufschob. Sie fürchtete, daß die Universitäten, bei denen sie sich beworben hatte, sie in Zukunft nicht nehmen würden, weil sie abgesagt hatte. In jeder Sitzung gingen wir diese Befürchtungen durch, während Tränen ihre Wangen überströmten.

Wenn sie nicht in meinem Sprechzimmer war, eilte sie von einer Freundin zur anderen und fragte sie, was sie an ihrer Stelle tun würden. Einmal rief sie auch ihren Vater an, der nie besonders gut auf sie zu sprechen gewesen war, und fragte ihn, was sie tun solle. Als er hörte, daß sie in dieser Position über 50000 Dollar verdienen werde, war seine erste Bemerkung: »Allerhand, das ist ja ein nettes Gehalt.« Aber er war auch nicht hilfreicher als alle übrigen. Als ich darauf hinwies, daß dieses Gehalt wahrscheinlich höher war als jedes, das er je erhalten hatte, und was für ein Schock es für ihn gewesen sein muß zu hören, daß seine hübsche, »alberne« kleine Tochter (das war sein Bild von ihr) einer so stattlichen Summe für würdig erachtet wurde, lachte sie und stimmte mir zu.

Wir arbeiteten hart daran, die Wurzeln ihrer Befürchtungen und ihres Gefühls der Unzulänglichkeit aufzudecken. Ihrer Überzeugung, daß andere Leute aus irgendeinem Grund bessere Lösungen für sie finden könnten als sie selbst (sie merkte auch, daß ihr wiederholtes Befragen anderer Leute eine Selbst-Fixierung enthüllte und daß sie den Leuten damit auf die Nerven ging). Wir stießen schließlich zu frühkindlichen Erlebnissen vor, die zumindest teilweise ihre extreme Gestörtheit erklärten.

Die Kritik ihrer Mutter an ihr war selten direkt gewesen und entsprechend schwer festzustellen. Ihre Methode hatte darin bestanden, Marjorie, meine Patientin, mit anderen zu vergleichen, und zwar immer zu Marjories Ungunsten. »Wenn Nancy in dieser Situation wäre«, pflegte ihre Mutter zu sagen, »würde sie so und so handeln.« »Peggy würde das nie tun.« »Mrs. Andrews sagte, *ihre* Tochter würde das und das tun.« Und so weiter. Gegen diese Art von subtilen Angriffen, bei denen Vergleiche dazu dienen, ein Kind abzuwerten, kann man sich oft schwerer zur Wehr setzen als gegen eine direkte Beschuldigung. Zum einen sind sie schwerer als Angriffe zu erkennen. Marjorie erkannte nicht, was ihr Schwierigkeiten machte. Sie hatte eher das Gefühl des Schattenboxens, als mit einem echten Gegner zu kämpfen.

Trotz dieser Erkenntnisse kam Marjorie mit der Lösung ihres Dilemmas nicht recht voran. Eines Tages begann sie, in meinem Sprechzimmer schluchzend und verzweifelt hin- und herzuschaukeln, wobei sie immer wieder murmelte: »Was wird mit mir geschehen? Was wird mit mir geschehen?« Dies erinnerte mich an ein eigenes Erlebnis, das ich ihr erzählte. Auf einer Reise nach Leningrad war ich allein in der St. Isaks-Kathedrale zurückgeblieben, die meine Reisegruppe bereits verlassen hatte. Ich wollte noch einen Augenblick den aus Lapislazuli und Malachit bestehenden Innenraum auf mich wirken lassen. Als ich schließlich den Bus bestieg, um in mein Hotel zurückzukehren, wurde mir plötzlich klar, daß ich mich an den Namen nicht mehr sicher erinnerte, nicht wußte, bei welcher Station ich aussteigen mußte, und zudem nicht Russisch sprach, so daß ich nicht fragen konnte. Immer aufgeregter werdend, rang ich die Hände und hörte mich laut sagen: »What will I do? What will I do?« (Was werde ich machen?) Fast alle um mich herum verstanden Englisch, wie sich herausstellte, und ein Soldat half mir bei der richtigen Haltestelle aus dem Bus und begleitete mich zu meinem Hotel.

Als Marjorie dies hörte, machte sie eine interessante und scharfsinnige Bemerkung. »Ich sagte, ›Was wird mit mir geschehen?‹«, bemerkte sie. »Das ist so passiv. Aber Sie sagten: ›Was werde ich *tun?*‹ Sie suchten nach einer Lösung – aber ich bin herumgesessen und habe mir Sorgen gemacht, was mit mir geschehen wird, ohne selbst etwas zu unternehmen.«

Diese Einsicht Marjories war ein Zeichen, daß sie angefangen hatte, ihre masochistischen Probleme zu überwinden. Aber ich führe ihre Geschichte als Beispiel dafür an, wie schädlich masochistische Tendenzen für das Berufsleben einer Frau sein können. Ihr Verhalten würde, wenn es unüberprüft und unkorrigiert bliebe, fast sicher die Leistungen unterminieren und vielleicht auslöschen, die ihre Begabung und ihre Intelligenz möglich machten.

Die Karrierefrau muß ihren Masochismus sowohl in ihrem persönlichen Leben als auch in der wettbewerbsorientierten Atmosphäre ihrer Berufswelt bekämpfen. In der letzteren, in der sich alles um die Macht dreht – wer sie hat und wer nicht –, sind die Einsätze besonders hoch. Welches Gehalt sie bekommt, wie weit und wie schnell sie aufsteigt, der Grad an Respekt, der ihr von Kollegen gezollt wird – all dies hängt davon ab, wie eine Frau auftritt. Was sie sagt und tut, nimmt besondere Bedeutung an. Die »Fehler«, die eine masochistische Frau in ihrem Berufsleben macht, d.h. die Momente, in denen sie nicht selbstsicher und autonom wirkt, werden weitreichende Konsequenzen haben. Masochistische Abwehrmechanismen und der masochistische Kommunikationsstil schaden uns, wo und wann auch immer sie sich zeigen. Aber wenn das berufliche Auftreten einer Karrierefrau davon geprägt ist, können die Ergebnisse verheerend sein.

»Wenn irgend etwas schiefgeht, glaube ich sofort, daß es etwas mit mir zu tun hat. Ich wende viel Energie dafür auf, Schwierigkeiten zu vermeiden, aber es nützt nichts, weil diese nicht vorhersagbar sind. Ich scheine nach Gelegenheiten zu suchen, um mir selbst Angst zu machen. Manchmal rege ich mich über Dinge auf, die dann gar nicht eintreten. Jede Veränderung empfinde ich als bedrohlich. Gestern ist etwas geschehen, was mich an meine Mutter erinnerte – vielmehr, wie ich mich in ihrer Gegenwart fühlte. Mein Chef war von einer Arbeit, die ich abgeschlossen hatte, nicht begeistert. Ich dachte sofort, ich würde meine Stelle verlieren. Dabei bin ich eben erst befördert worden und habe eine Gehaltszulage erhalten; ich wußte, daß er aus persönlichen Gründen verärgert war, und trotzdem reagierte ich, als sei es meine Schuld gewesen. Was immer ich auch tue, ich habe das Gefühl, es ist nicht genug.«

Es ist nicht schwierig zu erkennen, zu welchen Problemen die Einstellung dieser jungen Frau führen kann. Ihre passive Selbstüberschätzung – die sie zwang, sich selbst immer in den Mittelpunkt zu stellen – ist unverkennbar. Sie wendet eine Menge Energie für vorwegnehmende Abwehrmaßnahmen auf, obwohl sie erkennt, daß diese selten wirksam sind. Statt *eigene* Meinungen und Gefühle zu äußern, versucht sie, die Auffassungen von Autoritätsfiguren vorauszusehen, auf die sie die Bilder mächtiger Personen aus der Kindheit projiziert hat. Sie ist unflexibel und gnadenlos kritisch gegen sich selbst. Sie neigt zu voreiligen negativen Schlußfolgerungen, obwohl alle Indizien dagegen sprechen. Diese masochistischen Tendenzen müssen sich höchst nachteilig auf ihre Fähigkeit auswirken, sich im Berufsleben zu bewähren.

Um für einen Augenblick zu dem Tennisvergleich zurückzukehren: Ich würde sie nicht als sehr spielstark bezeichnen. Wahrscheinlich würde sie die Aufschläge nicht wirksam retournieren und weder über gute Reflexe am Netz noch über starke *groundstrokes* verfügen. Wahrscheinlicher ist, daß sie blind zuschlagen und den Ball ganz verfehlen würde, um sich dann wortreich für ihren Patzer zu entschuldigen. Und all dies, weil sie sich vor ihrem Gegner fürchtet und durch diese Furcht gehandicapt ist.

Nachdem sie einige Zeit in Therapie gewesen war, kam diese junge Frau schon viel besser zurecht, aber sie hatte ihren Masochismus noch immer nicht ganz besiegt. Sie machte mit Partnern ihre eigene Firma auf und wurde sich eines Tages in meiner Praxis bewußt, daß sie ihre Entscheidungen den Partnern ziemlich detailliert vorab erläuterte, um deren Meinungen darüber zu hören, während ihre Partner sie im nachhinein über ihre Maßnahmen informierten. Sie beschrieb mir ihren Ärger darüber, und plötzlich schlug sie sich mit der Hand vor die Stirn und sagte: »Jetzt begreife ich, was da vorgeht! Ich brauche gar nichts zu erklären, aber ich tue es, um sie zu entwaffnen. Ich sollte meine Entscheidungen treffen und danach handeln, genau wie sie. Aber ich wollte Kritik vermeiden, deshalb verhalte ich mich immer noch wie früher, nur auf einer höheren Ebene.« Es liegt auf der Hand, daß es sowohl Therapeutin als auch Patientin als befriedigend erleben, wenn sich unvermutet eine wichtige Erkenntnis wie diese einstellt.

Machtfragen sind in der Wirtschaft und im Berufsleben von höchster Bedeutung, und Macht ist die Sphäre, in der die masochistische Person am verletzbarsten ist: Sie neigt dazu, diese vorschnell anderen zuzuschreiben und sich selbst abzusprechen. Da dem so ist, sollte sich die Karrierefrau mit ausgeprägten masochistischen Tendenzen wirklich der zusätzlichen Unterstützung und erhöhten Wahrnehmungsfähigkeit vergewissern, die ihr ausgebildete Therapeuten bieten können.

Aber wenn Sie es allein schaffen wollen, dann besteht der erste Schritt zur Überwindung Ihrer Probleme darin, herauszufinden, wie sich Ihre allgemeinen masochistischen Tendenzen auf Ihr Geschäft oder Ihr Berufsleben auswirken. Welche Formen könnten Ihre Abwehrmechanismen im beruflichen Bereich annehmen? Erst wenn Sie diese identifiziert und begriffen haben, können Sie dazu übergehen, jene speziellen Fertigkeiten und Strategien zu entwickeln, die Sie benötigen werden, um als Angestellte oder Freiberuflerin vorwärtszukommen.

Erwarten Sie Respekt, auch wenn Ihnen dies nicht selbstverständlich erscheint. Treten Sie anderen nicht furchtsam gegenüber, sondern mit Vertrauen zu dem, was Sie zu sagen haben. Und gehen Sie nicht davon aus, daß Ihre Ausführungen weniger wichtig, zutreffend oder wahr sind als die Diskussionsbeiträge anderer.

Die Prämissen anderer in Frage zu stellen ist in Ihrem Beruf ebenso wichtig wie in Ihrem Privatleben. Die Prämisse des anderen muß nicht notwendigerweise falsch sein, aber es ist wichtig, daß Sie sie überprüfen und entscheiden, ob Sie ihr zustimmen oder nicht, bevor Sie reagieren. Sich eine sofortige Antwort zu verkneifen und sich die Zeit zu nehmen, etwas zu durchdenken, fällt der Masochistin überaus schwer. Da sie einen Angriff erwartet, neigt sie instinktiv zu einer sofortigen Reaktion, um ihn abzuwenden. Sie traut sich nicht, zu warten und in dieser Grauzone der Ambiguität zu verharren, in der ihr Schicksal unentschieden bleibt. Es gibt den Ausspruch, daß »die Gewißheit des Elends meist dem Elend der Ungewißheit vorgezogen wird«. Und dieser Aphorismus könnte gut als Credo der Masochistin dienen. Aber im Berufsleben muß man lernen, sich die nötige Zeit zu lassen, um eine angemessene Antwort zu formulieren. Und es liegt an Ihnen, alles Nötige zu tun, um sich diese Zeit zu sichern. Dazu ist es vielleicht auch einmal nötig, Ihrem Chef zu erklären: »Darüber möchte ich erst am Abend mit Ihnen sprechen, weil ich gerade an etwas anderem arbeite.« Selbst dem Chef kann man es zumuten, sich den Tatsachen anzupassen.

Einer von Janets Partnern, der in einer anderen Stadt wirkte, war zwar ein hervorragender Vertriebschef, verstand aber sehr wenig von der kreativen Seite des Geschäfts, die Janets Aufgabe war. Doch sooft etwas schiefging, rief er sie an und überschüttete sie mit Vorwürfen. »Was ist los mit dir?« fuhr er sie an. »Auf euch Frauen kann man sich einfach nicht verlassen. Ihr baut immer wieder Mist, und ich muß es dann ausbaden.« Janet reagierte anfangs, indem sie sich zu rechtfertigen suchte und auf seine Vorwürfe einging; dadurch akzeptierte sie indirekt seine Prämisse, daß es ihre Schuld sei. Ihre frühkindlichen Erfahrungen hatten sie konditioniert, Tadel zu erwarten, auch wenn sie sich nichts hatte zuschulden kommen lassen; sie war eine Expertin im Übernehmen von Schuld. Aber dann begann sie, sich darüber bewußtzuwerden, was sie dazu beitrug, daß sich ihre Interaktionen nach demselben Schema fortsetzten.

Als ihr schwieriger Partner das nächstemal in der Stadt war, ersuchte sie ihn, sie auf einen Drink zu treffen. »Ich glaube, daß du dir nicht wirklich bewußt bist«, sagte sie zu ihm, »wie hart ich arbeite, wieviel Zeit ich investiere und welche Anforderungen die kreative Seite des Geschäfts an einen stellt. Ich nehme meine Aufgabe so ernst wie nur möglich, wie ich auch sicher bin, daß dasselbe für dich in deinem Bereich gilt. Und deshalb möchte ich keine Anrufe erhalten, in denen auf Frauen eingedroschen wird, die nicht zuverlässig seien. Auf diese Weise arbeitest du unserem Ziel entgegen, das darin besteht, Waren herzustellen und zu verkaufen und das effizient zu tun. Wenn du mich heruntermachst, dann erschwerst du es mir, meine Aufgabe zu erfüllen, deshalb fände ich es besser, wenn du damit aufhörtest.« »Du hast völlig recht«, antwortete er. »Ich weiß, daß ich manchmal sehr schwierig bin, und ich werde versuchen, mir meine Worte künftig besser zu überlegen.«

Als sie endlich den Mund aufmachte und die Prämisse ihres Partners in Frage stellte, definierte Janet die Angelegenheit aus ihrer Sicht und rückte das in den Mittelpunkt, worauf es eigentlich ankam: Sein Verhalten schadete dem Geschäft. Als es ihr gelang, darauf hinzuweisen, daß das eigentliche Problem *seine* Tendenz war, anderen Schuld zuzuschieben, änderte sich die Situation.

Eine Frau, die eine eigene Firma hatte, nahm einen männlichen Partner auf, der sie dank ihrer masochistischen Kollusion bald behandelte, als ob sie seine Angestellte wäre. Sie unterstützte ihn darin durch Bemerkungen wie: »Ich gehe heute etwas früher, weil ich mich maniküren lassen muß.« Sobald sie ihm solche Informationen zukommen ließ, reagierte er mit Vorwürfen: »Ich bin überrascht, daß du überhaupt etwas geschafft kriegst«, pflegte er zu sagen. »Deine Fingernägel sind dir ja sichtlich wichtiger als das Geschäft.« Sie bot ihm die Angriffsfläche; er schlug zu. Allmählich wurde ihr jedoch bewußt, wie sie solche Reaktionen seinerseits provozierte, und sie begann ihr Verhalten zu ändern. Sie machte sich klar, daß sie ihm keine Rechenschaft schuldig war; sie war nicht verpflichtet, ihm zu sagen, wo sie hinging, wenn sie das Büro verließ. Es war schließlich ihre Firma. Das einzige, worauf es ankam, war, erreichbar zu sein, wenn etwas Wichtiges vorfiel. »Ich gehe jetzt«, sagte sie statt dessen. »Nach fünf Uhr bin ich notfalls unter dieser und dieser Nummer zu erreichen.«

Es geht nicht nur darum, in einer Auseinandersetzung die Prämisse des anderen in Frage zu stellen; eng damit verknüpft ist die Wahl des richtigen Zeitpunkts. Es ist wichtig zu wissen, daß Sie für ein schwieriges Gespräch die richtige Zeit und den richtigen Ort wählen können. Sie können entscheiden, wann Sie handeln und wann nicht.

Beva, eine Assistenzärztin, war erstaunt und verstört, als ein diensthabender Arzt sie angriff und ihr vorwarf, keine gute Assistentin zu sein. Es stimmte, daß an diesem Tag etwas schiefgegangen war, aber im allgemeinen war sie eine fähige und fleißige Ärztin. Sie erwiderte in diesem Augenblick nichts und zog sich statt dessen so bald wie möglich auf die Toilette zurück, um sich auszuweinen (das war insofern richtig, als es sich empfiehlt, nicht vor anderen zu weinen). Diese eine negative Bemerkung gab Beva das Gefühl, völlig verdammt worden zu sein. Sie wendete in der Therapie viel Zeit auf, um sich damit auseinanderzusetzen, und dachte auch allein viel darüber nach. Es wurde ihr klar, daß derselbe Arzt häufig chauvinistische Bemerkungen zu ihr machte, die an sexuelle Belästigung grenzten. Sie begann, sowohl seine Position als auch ihre eigene besser zu verstehen.

Einige Monate nach dem ursprünglichen Vorfall machte er eine ähnliche Bemerkung ihr gegenüber. »Herr Kollege«, antwortete sie dieses Mal, »wären Sie so freundlich, mir näher zu erläutern, was Sie zu der Bemerkung veranlaßt, daß ich keine gute Assistentin sei?« »Nun«, gab er zurück, »schauen Sie sich an, was heute geschah.« »Können Sie mir noch andere Beispiele nennen?« Sein Schweigen ließ erkennen, daß ihm keine anderen einfielen. »Hören Sie«, entgegnete sie, »ich bin jetzt seit 60 Stunden ununterbrochen im Dienst und nachts nicht zum Schlafen gekommen. Ich habe den Punkt erreicht, wo es mir schwerfällt, einen klaren Gedanken zu fassen. Vielleicht habe ich in diesem Fall nicht optimal reagiert, aber das hat nichts mit der Tatsache zu tun, daß ich eine Frau bin. Es hat etwas damit zu tun, daß ich ein Mensch bin und meine Belastbarkeit Grenzen hat. Zum Glück ist nichts Schlimmes geschehen. Ich wäre Ihnen verbunden, wenn Sie mich künftig mit Ihren unfreundlichen Bemerkungen verschonen würden. Damit ist niemandem gedient.« Der Arzt stimmte ihr zu Bevas Überraschung zu, und sie trennten sich in versöhnlicher Stimmung.

Es kann natürlich vorkommen, daß man überrumpelt und zu einer unerwarteten Konfrontation gezwungen wird. Bleiben Sie gelassen, und halten Sie sich vor Augen, daß Sie das Recht haben, sich Zeit zu lassen, um nachzudenken, bevor Sie antworten. Versuchen Sie zu entscheiden, ob etwas gesagt werden muß oder ob Ihnen mit Schweigen am besten gedient ist. Falls Sie sich zum Sprechen entschließen, stellen Sie Ihrem Gegenüber eine klärende Frage, die ihn oder sie in Zugzwang bringt und Sie vorübergehend entlastet. Falls Sie Humor ins Spiel bringen können, tun Sie es – nichts wirkt so entspannend. Worum es auch gehen mag, legen Sie Ihren Standpunkt dazu so klar und einfach wie möglich dar, und weichen Sie nicht davon ab.

Masochistische Frauen sollten sich davor hüten, automatisch ihr Geschlecht oder Alter ins Feld zu führen, wenn sie am Arbeitsplatz einer Kritik ausgesetzt sind. Beide Faktoren können einem Schwierigkeiten bereiten, aber es empfiehlt sich nicht, voreilig den Schluß zu ziehen, daß Geschlechts- oder Altersvorurteile die Ursache aller Ihrer Probleme sind. So ist es beispielsweise nicht hilfreich für eine Frau, eine neue Stelle in der Annahme anzutreten, daß alle Männer in der Firma gegen sie seien. Ein solcher Konfrontationskurs wird ihr schließlich mehr Probleme einbringen, als er löst. Eine Frau, die nicht dazu neigt, überall Benachteiligungen zu wittern, und die in der Beurteilung ihrer Kollegen großzügig sein kann, erhöht dagegen wahrscheinlich die Chancen, daß man sie fair behandeln wird. Wenn Schwierigkeiten auftreten, versuchen Sie bei der Frage zu bleiben, um die es geht, und diese nach sachlichen Gesichtspunkten zu behandeln.

Sie werden sich vielleicht erinnern, daß die Fernsehmoderatorin Christine Craft den Vorwurf erhob, von einem Sender in Kansas City gefeuert worden zu sein, weil sie »zu alt, zu unattraktiv und nicht ehrerbietig genug gegenüber den Männern« gewesen sei. Ein Schwurgericht sprach ihr Schadensersatz in Höhe von 500000 Dollar zu. Obwohl ein Richter dieses Urteil aufhob und einen neuen Prozeß anordnete, scheint es mir offenkundig, daß Craft *nicht* an weiblichem Verfolgungswahn litt und daß ihre Schwierigkeiten tatsächlich darauf zurückzuführen waren, daß sie eine Frau war, die sich weigerte, bestimmten männlichen Anforderungen an das Aussehen und Benehmen zu genügen – und die sich nicht mit 37 Jahren als alt abstempeln lassen wollte.

Im allgemeinen ist eine Frau gut beraten, Kontroversen zu vermeiden und größere Ziele im Auge zu behalten. Ein gutes Mittel, um einer Auseinandersetzung über irgend etwas Unwichtiges zu entgehen, ist, es zu überhören. Ignorieren Sie die provozierende Bemerkung, die ungerechte Andeutung, die unzutreffende Beurteilung. Werden Sie nicht zornig, und lassen Sie sich nicht zu Beleidigungen hinreißen. Das schafft niemals Konflikte aus der Welt; es gießt nur Öl ins Feuer. Konzentrieren Sie sich darauf, ein Problem zu lösen, statt sich den »Luxus« zu leisten, Dampf abzulassen, denn dies ist ein Luxus, der Sie teuer zu stehen kommen kann. Verwegenheit oder Trotz in einer Auseinandersetzung mit Mächtigeren ist kein Zeichen von Selbstsicherheit. Es ist selbstzerstörerisch.

Takt ist etwas, was masochistischen Menschen nicht angeboren ist. Ihre Energien sind in erster Linie auf die Funktionsfähigkeit ihres antizipierenden Abwehrsystems gerichtet. Ihre Egozentrik ist enorm. Die scharfe und intensive Konzentration auf ihren eigenen Schmerz und ihre eigenen Probleme macht sie oft unfähig, sich um die Gefühle und Empfindlichkeiten anderer Menschen zu kümmern. Aber im Berufsleben ist die Gabe der Diplomatie ein großes Kapital. Beobachten Sie jemand, der die Fähigkeit hat, mit Menschen diplomatisch umzugehen. Wenden Sie die Energie, die es Sie normalerweise kosten würde, sich über Ihre eigenen Fehler zu grämen, für die Beobachtung auf, wie Takt funktioniert. Das hilft Ihnen, das Schlaglicht von Ihnen und Ihren Schwächen weg- und auf die Vorzüge anderer Menschen hinzulenken.

Maria ist eine Forscherin, die mit einem prominenten Wissenschaftler zusammenarbeitet, der dazu neigt, sie mit lästigen Forderungen zu schikanieren; so ersucht er sie häufig, sich um irgendwelchen Kleinkram zu kümmern, während sie mitten in einem Experiment ist. Die affirmative Art und Weise, wie sie mit seinen Störungen umgehen gelernt hat, ist äußerst effektiv. »Selbstverständlich«, antwortet sie ihm, »ich mache es, sobald ich mit diesem Experiment fertig bin.« Durch diese Antwort erkennt sie seine Macht an, indem sie ihm zu verstehen gibt, daß seine Bitte berechtigt ist und daß sie bereit ist, sie zu erfüllen. Aber sie macht ihm auch klar, daß ihre Arbeit wichtig ist. Und was am wesentlichsten ist, sie erreicht beides in einer positiven Weise, die keine Konfrontation erzwingt.

Masochistische Abhängigkeit und die Unfähigkeit, seinen

eigenen Gefühlen und Urteilen zu vertrauen, kann das Treffen von Entscheidungen zu einer sich lange hinziehenden Qual machen. Masochisten beiderlei Geschlechts fürchten sich davor, selbständige Entscheidungen zu treffen, und sehen sich daher nach Unterstützung um, um sich stärker zu fühlen. Im Berufsleben, insbesondere in den höheren Rängen, ist es jedoch nötig, sich allein Urteile zu bilden und Probleme zu lösen. Sobald Sie über mehr Autonomie verfügen und Ihre masochistischen Abwehrmaßnahmen abbauen, sobald Sie lernen, Dinge allein zu durchdenken und Ihre eigenen Prämissen zu schaffen, werden Sie viel besser gerüstet sein, unabhängig zu *handeln*. Margaret Thatcher wird in der Falkland-Krise sicher ihre Minister konsultiert haben, aber sie allein konnte die Entscheidung treffen, die Inseln zu verteidigen, und das hat sie auch getan. Und sie ist nicht zurückgewichen, als ihr Kritik entgegenschlug.

Ihre masochistischen Probleme im Berufsleben erkennen und überwinden zu lernen ist schon der halbe Weg zum Erfolg. Die andere Hälfte besteht darin, bestimmte Fertigkeiten und Strategien zu entwickeln, die für den beruflichen Erfolg entscheidend sein können. Dazu möchte ich einige Vorschläge machen.

Versuchen Sie es mit der Wahrheit. Nehmen wir an, eine Masochistin steht vor diesem Dilemma: Sie neigt dazu, sich ins eigene Fleisch zu schneiden, wenn sie den Mund aufmacht, aber ihr berufliches Engagement erfordert, von sich aus bestimmte Informationen zu liefern. Reichlich Gelegenheiten zu aktivem Masochismus! Mein Rat in einem solchen Fall ist, es mit der Wahrheit zu versuchen. Masochistische Menschen lernen früh im Leben, diese zu umgehen – Ausflüchte, Halbwahrheiten, unvollständige Mitteilungen zählen zu ihrem Standardrepertoire. Sie sind oft gar nicht an ehrliche und direkte Mitteilungen gewöhnt. Die Wahrheit verursacht, wenn sie sachlich präsentiert wird, oft viel weniger Schwierigkeiten als die Ausflüchte, mit denen man glaubt, Ärger abwenden zu können.

Die Wirkung von Sprache. Sprache ist jahrhundertelang als subtile, aber tödliche Waffe gegen Frauen eingesetzt worden.

Sie wird oft benutzt, um sie zu verunglimpfen, zu verwirren, zu übertölpeln und sie dort zu halten, wo sie nach Ansicht der Männer hingehören. Berufstätige Frauen müssen lernen, diese Angriffe zu erkennen, in welcher Verkleidung sie auch daherkommen, um darauf reagieren zu können. Sie müssen lernen, unter die Oberfläche der sprachlichen Heuchelei zu dringen, die die Kommunikation zwischen Männern und Frauen oft kennzeichnet. Sie müssen lernen, Beleidigungen zu registrieren und sie nicht unbeantwortet zu lassen. Denn sooft eine Beleidigung ungeahndet bleibt, zieht sie weitere nach sich. Das Versäumnis, auf sprachliche Angriffe zu reagieren, stellt eine schweigende Billigung derselben dar.

Die simpelste Form des verbalen Angriffs besteht darin, Frauen mit trivialisierenden Namen anzureden. Zu den häufigsten derartigen Anreden zählen »meine Liebe« und »meine Beste«. Wer auch immer Sie in einer beruflichen Situation so anredet, will Sie herabwürdigen, dessen können Sie gewiß sein. Allein der Gebrauch dieser Worte stellt eine Leugnung Ihrer beruflichen Qualifikation dar, ob es nun jemandes Sekretärin ist, die sich das herausnimmt, ein telefonischer Auftragsdienst, ein Klient oder ein Kollege. Ich glaube, dies zeugt oft von der zunehmenden Feindseligkeit, die viele Männer gegenüber Frauen empfinden, seit diese selbstsicherer werden und größeren Erfolg haben. Statt einen solchen Affront hinzunehmen und sich dadurch gekränkt zu fühlen, reagieren Sie darauf – ohne Aggressionen, vielleicht sogar mit Humor. Die Richterin Shirley Levitan setzte sich überaus anmutig und elegant zur Wehr, als der den Fall verhandelnde Anwalt sie mit »meine Liebe« anredete. »Einspruch«, entgegnete die Richterin, »Euer Ehren, mein Lieber.« (Der Umstand, daß sie in diesem Fall die Macht hatte, erleichterte es ihr natürlich, witzig zu sein.)

Eine junge Ärztin berichtete mir, daß einer ihrer Kollegen an dem Krankenhaus, wo sie ihr Praktikum machte, sie häufig »Schätzchen« nannte. Schließlich brachte sie es fertig, ihn darauf anzusprechen: »Herr Dr. Soundso, ich glaube, mir wäre besser gedient, wenn Sie mich Frau Doktor nennen würden. Ich beginne in dieser Phase meines Berufslebens eben erst, mich daran zu gewöhnen.« Sie griff ihn nicht an, sondern warb statt dessen um seine Hilfe und Unterstützung.

In manchen Fällen kann es schwierig sein, auf einen verbalen Angriff angemessen zu reagieren. Vielleicht geht er von jemandem aus, der große Macht besitzt: Sie sind das neueste Mitglied einer Anwaltskanzlei, und er ist der Seniorpartner. Wenn die Situation so gelagert ist, daß es am klügsten erscheint, »meine Liebe« oder »junge Frau« kommentarlos hinzunehmen, dann sollten Sie sich zumindest klarmachen, daß Sie sich durch diese abschätzige Anrede nicht beleidigt zu fühlen brauchen und daß Sie nicht verpflichtet sind, sich vom Nächstbesten eine ähnliche Behandlung gefallen zu lassen.

Eine andere junge Ärztin, eine Chirurgin, kam auf ihrem Weg zum Dienst in der Notfallstation am Schauplatz eines Verkehrsunfalles vorüber. Sie hielt an, um zu helfen, und war eben dabei, einen Verletzten zu versorgen, als ein zweites Auto hielt und ein Mann herbeieilte und sie zur Seite schob. »Aus dem Weg, Frau«, sagte er, »ich verstehe was von Erster Hilfe.« Dies widerfuhr Dr. Jeanne Petrek, der ersten Frau, die einen vollen Lehrauftrag an der chirurgischen Abteilung des Universitätskrankenhauses der Emory Universität erhielt.

Eine andere Chirurgin, Christine Haycock, bis vor kurzem Präsidentin des Amerikanischen Ärztinnenverbandes, fuhr, von ihrem Mann begleitet, ein Auto mit ärztlicher Nummerntafel. Ein Verkehrspolizist, der Dr. Haycock wegen Geschwindigkeitsüberschreitung anhielt, sagte zu ihrem Mann: »Doktor, Sie sollten Ihre Frau nicht so schnell fahren lassen.« Die Konditionierung, die zur Folge hat, daß Männer in solchen Fällen gar nicht auf die Idee kommen, daß sie es mit einer Ärztin zu tun haben könnten, entspricht genau derjenigen, die Männer veranlaßt, Frauen herabzusetzen, selbst wenn sie Positionen von Macht und Ansehen erreichen.

Eine 1955 von Margaret Mead und Helen Wolfenstein durchgeführte Studie über Mikroverhalten kam zu dem Schluß, daß ein Individuum täglich zwischen 3000 und 5000

Transaktionen erlebt. Meiner Schätzung nach sind im Falle einer Frau wahrscheinlich 500 davon verbale Angriffe in Form von persönlicher Kommunikation, Zeitungen und Zeitschriften, Fernsehen etc. Welche Wirkungen müssen diese Angriffe, eingespeist in diesen fabelhaften Computer, das menschliche Gehirn, auf das weibliche Identitätsgefühl und die Selbstachtung einer Frau haben? Angriffe dieser Art auf eine andere Spezies würden Empörung auslösen. Wir würden ausrufen, daß man ihr keine solche Umweltverschmutzung, solche Anschläge auf ihren Lebensraum oder Tötung ihrer Jungen zumuten könne. Wir würden sie als gefährdete Art kennzeichnen. Aber wenn Frauen Zielscheibe solcher Angriffe sind, bemerken wir das kaum. Es erscheint uns ganz normal.

Vor einigen Jahren sollte ich auf der Jahrestagung der American Psychiatric Association eine Konferenz leiten; ein Teil meiner Aufgabe bestand darin, mir vorher alle Tagungspapiere, die präsentiert werden sollten, zu verschaffen und zu lesen. Die Konferenz war für Montag angesetzt, aber am vorhergehenden Samstag hatte ich von einem Kollegen immer noch keinen Beitrag erhalten. Am Samstagmittag rief er mich an. »Habe ich Sie aufgeweckt?« fragte er mich, eine Bemerkung, die er gegenüber einem männlichen Kollegen wahrscheinlich nicht gemacht hätte. »Hören Sie, Beste«, fuhr er fort, »ich habe das Papier einfach noch nicht fertig, aber ich bringe es zur Konferenz mit.« Ich stellte mir vor, welches Urteil er über eine Frau fällen würde, die ein Manuskript so spät ablieferte. Und ich vermerkte das »Beste«. »Mein lieber Dr. Soundso«, gab ich ihm bewußt im gleichen Ton leichter Herablassung zurück, »da Sie mich in meiner Praxis anrufen, ist kaum anzunehmen, daß ich noch geschlafen habe. Was das Papier betrifft, so ist es bedauerlich, daß es Ihnen nicht möglich war, die Regeln einzuhalten, denen alle anderen entsprochen haben. Das muß dann aber schon ein gutes Papier werden ... dessen bin ich sicher.« Diese letzte Bemerkung fügte ich hinzu, um den Ton meiner Ermahnung ihm gegenüber etwas abzuschwächen. Schließlich hatte ich nicht den Wunsch, mir einen

Feind zu schaffen. Mir ging es lediglich darum, sein herabsetzendes Verhalten mir gegenüber zurückzuweisen.

Hinter einem Kompliment kann sich oft ein verbaler Angriff verbergen. Auf einem der jährlichen APA-Kongresse hatte ich an einer Diskussion auf einer hauseigenen Fernsehanlage teilgenommen. Nachher kam ein Kollege auf mich zu und sagte: »Natalie, du hast fabelhaft ausgesehen, einfach fabelhaft.« »Was hast du von meinen Ausführungen gehalten?« fragte ich ihn, »es interessiert mich nicht, wie ich ausgesehen habe.« Er konnte sich offensichtlich nicht erinnern, was ich gesagt hatte, und war verblüfft, daß ich sein Kompliment nicht mit Liebenswürdigkeit quittierte. Was könnte sich eine Frau Besseres erhoffen, als zu hören, daß sie gut aussah? Die berufstätige Frau, das kann ich nicht nachdrücklich genug betonen, muß weitaus mehr als das verlangen. Sie muß darauf bestehen, daß im Umgang mit Kollegen der Akzent auf ihrer Arbeit, nicht auf ihrem Äußeren liegt.

Vor einigen Jahren begann ich, die Witze und Geschichten näher zu beachten, mit denen die Vortragenden in der Welt der Wissenschaft ihr Publikum »aufwärmen«, und ich war erstaunt, wie viele davon auf Kosten der Frauen gehen. Diese Angriffe sind nicht ohne weiteres als solche zu erkennen, verschleiert durch Klugheit und Humor, wie sie sind; es fällt Frauen genauso leicht wie Männern, darüber zu lachen.

Als Professor Martin Roth, ein aus England stammender Fachmann für Depression (er ist inzwischen in den Adelsstand erhoben worden), vor der New Yorker Academy of Medicine sprach, eröffnete er seinen Vortrag mit folgender Geschichte: Eine Gruppe in Oxford wollte ein Stück über das antike Griechenland aufführen, sah sich aber durch das erforderliche Bühnenbild, eine mykenische Hütte, vor Schwierigkeiten gestellt. Niemand wußte, wie eine solche aussah. Im Fachbereich Archäologie gab es zwei Professoren, einen Mann und eine Frau, und die Schauspielgruppe wandte sich zuerst an den männlichen Professor und fragte ihn um Rat. »Ich kann euch nicht sagen, wie eine mykenische Hütte ausgesehen hat«, meinte er,

»weil meines Wissens keine Aufzeichnungen darüber erhalten sind. Aber wendet euch an Frau Professor Wetherall – sie wird nicht zu *stoppen* sein!«

Die folgende Aufstellung erschien in einem Mitteilungsblatt namens *The Executive Woman*; sie vermittelt, wie ich finde, ein eindrucksvolles Bild von der unterschiedlichen sprachlichen Behandlung von Männern und Frauen.

Der kleine Unterschied zwischen einem Manager und einer Managerin

Ein Manager ist dynamisch; eine Managerin ist aggressiv.
Er ist gewissenhaft in bezug auf Details; sie ist pedantisch.
Er verliert die Beherrschung, weil ihm seine Arbeit so wichtig ist; sie keift.
Er ist deprimiert (oder verkatert), deshalb schleichen alle auf Zehenspitzen an seinem Büro vorüber; sie ist launenhaft, deshalb muß sie ihre Tage haben.
Er bleibt am Ball; sie weiß nicht, wann sie genug hat.
Er ist standhaft; sie ist stur.
Er fällt kluge Urteile; sie offenbart ihre Vorurteile.
Er ist ein Mann von Welt; sie ist herumgekommen.
Er scheut sich nicht, seine Meinung zu sagen; sie ist besserwisserisch.
Er übt Autorität aus; sie ist tyrannisch.
Er ist diskret; sie ist eine Geheimniskrämerin.
Er ist ein strenger Chef; sie ist eine unangenehme Chefin.

Sexuelle Belästigung. Diese ist verbreiteter, als allgemein angenommen wird. Sie reicht von dem Tauschhandel, den der Chef offen oder verschleiert anbietet – du läßt dich sexuell mit mir ein, und ich sorge für dich –, bis zur sexuellen Anzüglichkeit vieler männlich-chauvinistischer Bemerkungen. Jeder vorübergehende Vorteil, den sich eine masochistische Frau davon erhoffen mag, wenn sie mit ihrem Chef schläft oder über seine chauvinistischen Witze lacht, wird durch den Preis aufgehoben, den sie zu bezahlen hat: weiterer Verlust an Selbstachtung. Sexuelle Belästigung sollte als das gesehen werden, was sie ist: Ein Teil des Machtkampfes zwischen Männern und Frauen. Nichts dient einem in einem Machtkampf besser als der Besitz von Selbstachtung.

Viele Frauen schrecken davor zurück, auf sexuelle Anzüglichkeiten zu reagieren, weil sie fürchten, als »Emanzen« gebrandmarkt zu werden. Ich kann mir wirklich Schlimmeres vorstellen, als so bezeichnet zu werden. Ich bin im Gegenteil stolz darauf, als jemand bekannt zu sein, der für die Emanzipation der Frauen eintritt. Aber nehmen wir an, daß Ihnen ein Mann dieses Etikett aufklebt und Sie nicht mit allen seinen Aspekten einverstanden sind. Vielleicht sagt er: »Sie zählen doch nicht zu diesen Emanzen, oder?« »Warum fragen Sie?« könnten Sie ihm den Ball zurückgeben und ihn damit in Zugzwang setzen, ohne sich selbst festzulegen. Wenn er antwortet: »Das sind ja lauter Männerhasserinnen«, könnten Sie antworten: »Es wäre genauso töricht, alle Männer zu hassen, wie, alle Frauen abzulehnen, weil sie gleiche Rechte wollen. Die Wahrheit ist, daß ich Männer sehr gern habe. Aber es stimmt auch, da niemand vollkommen ist, daß Männer manchmal rücksichtslos und unfair zu mir waren.«

Und was ist, wenn Ihnen ein Arbeitgeber direkte sexuelle Avancen macht? »Hören Sie«, könnten Sie zu ihm sagen, »ich weiß, daß Sie genügend Frauen finden könnten, die Ihnen gern entgegenkämen und die sich nur einen schönen Abend wünschen, nicht einen Job. Aber mir geht es um den Job, und ich weiß, daß ich gute Arbeit für Sie leisten kann. Bitte belassen wir unsere Beziehung auf einer rein geschäftlichen Basis. Geben Sie mir eine Chance, Ihnen zu zeigen, was ich leisten kann.«

Ein Fall von sexueller Belästigung, der sich vor einigen Jahren in der italienischen Regierung ereignete, mag Karrierefrauen in aller Welt als Warnung dienen. Aprile de Puoti, eine Journalistin, sollte als erste Frau zur Sprecherin des Arbeitsministeriums ernannt werden, eine besonders befriedigende Auszeichnung für sie, da die oberen Ränge der italienischen Bürokratie fast ausschließlich von Männern besetzt sind. Die Wahl fiel letzten Endes jedoch nicht auf sie, und sie glaubte, daß man ihr die Stelle vorenthielt, weil sie die sexuellen Avancen des Arbeitsministers Vincenzo Scotti zurückgewiesen hatte. De Puoti wandte sich an eine höhere Autorität, Ministerpräsident Giulio Andreotti, in der Hoffnung, daß er die Entscheidung Scottis aufheben und dafür sorgen werde, daß sie die Stelle erhielt. Andreotti lehnte es jedoch ab zu intervenieren und machte alles noch viel schlimmer durch seine empörende Bemerkung, de Puoti sollte sich im klaren darüber sein, daß er nicht in der Lage sei, die hormonellen Bedürfnisse seines Kabinettsmitglieds zu steuern.

Dies war eine traditionell männliche Reaktion, die implizierte, daß das Problem bei de Puoti, nicht beim Arbeitsminister lag, und die darüber hinaus zu erkennen gab, daß ihm ihre sehr legitime Beschwerde gleichgültig war. (Dasselbe Prinzip liegt der Einhüllung arabischer Frauen zugrunde, nämlich die These, wenn Frauen nicht von Kopf bis Fuß verhüllt seien, dann errege das die Männer, und diese müßten in der Folge ihre Erregung ausagieren. Deshalb müssen *die Frauen* die Bürde und Unbequemlichkeit auf sich nehmen, die Versuchung der Männer auf ein Minimum zu beschränken.)

Bewerbung um eine Stelle. Hierbei kommen viele masochistische Tendenzen ins Spiel. Mein allgemeiner Rat lautet, sich an das Tennismatch zu erinnern: Nehmen Sie den Aufschlag an, und *retournieren* Sie ihn. Stellen Sie Fragen, und teilen Sie von sich aus so wenig wie möglich mit. Ihr potentieller Arbeitgeber ist bereits im Besitz Ihrer Unterlagen, daher weiß er, was Sie bisher gemacht haben. Ihr Ziel sollte es sein, von ihm ein Maximum an Informationen über die Arbeit zu erhalten. Wenn Sie eine Frage beantworten müssen, dann wählen Sie die sachlichste Form: »Ich *machte* das und das und *erreichte* dieses und jenes«, statt Ihre Antworten mit »ich glaube« oder »ich meine« einzuleiten. Halten Sie Ihre Antworten kurz, und fügen Sie keine weiteren Informationen hinzu – es sei denn, um irgendeine spezielle Leistung oder Auszeichnung anzuführen.

Frauen fällt es oft schwer, mit der Frage des Gehalts umzugehen, weil sie dazu neigen, ihren eigenen Wert zu unterschätzen. Zwingen Sie sich, die Summe, die Sie für akzeptabel halten, um einen zusätzlichen Betrag zu ergänzen.

Sobald Frauen eine Stelle haben, scheuen sie oft davor zurück, um eine Beförderung zu bitten, und wenn sie es tun, sind sie nicht darauf vorbereitet, die angestrebte Änderung durch triftige Gründe zu untermauern. Sie neigen dazu, einfach zu erklären, daß sie die neue Stelle wollen oder die Gehaltserhöhung brauchen, statt sachlich auf die Leistungen hinzuweisen, aufgrund derer sie glauben, für eine Beförderung oder Gehaltszulage qualifiziert zu sein. Ich möchte jedoch das Beispiel einer jungen Frau anführen, die die Frage der Beförderung in positiver Weise behandelte, obwohl sie den größten Teil ihres Lebens masochistisch gewesen war. Die kürzlich geschiedene Florence schaffte neben der Betreuung ihrer zwei kleinen Kinder einen Studienabschluß in Betriebswirtschaft und nahm bald darauf eine Stelle an, die nicht sehr gut bezahlt war, aber Aufstiegsmöglichkeiten zu bieten schien. Schon nach drei Monaten zeigte sich, daß sie auf ihrem Gebiet tüchtig war, und ihr unmittelbarer Chef war mit ihrer Arbeit sehr zufrieden. Aber da sie in dieser Stelle neu war, bekam sie sehr wenig bezahlt. Früher hätte Florence die Situation hingenommen, wie sie war, und sich gesagt, daß sie kein Recht habe, Ansprüche zu stellen, da sie eben erst in die Firma eingetreten war. Nunmehr sagte sie sich, daß ihr neues Leben neue Verhaltensweisen erfordere.

Sie machte ihrem Chef klar, daß sie, weil es ihr wichtig gewesen war, in die Firma einzutreten, eine Stelle mit unzureichender Bezahlung angenommen hatte, insbesondere angesichts der Tatsache, daß sie zwei Kinder zu erhalten hatte. Sie sei sich bewußt, daß sie erst drei Monate da sei, bemerkte Florence, aber die Qualität ihrer Arbeit lasse erkennen, daß sie auf ein viel höheres Gehalt Anspruch habe, als sie gegenwärtig bekomme. Ihr Chef räumte ohne weiteres ein, daß ihre Leistungen hervorragend seien und daß sie unterbezahlt sei. Er sei zwar gegenwärtig nicht in der Lage, ihr mehr zu bezahlen, sagte er; in wenigen Monaten werde die Firma jedoch reorganisiert, und er plane, eine neue Stelle für sie zu schaffen, die sowohl mit einem höheren Gehalt als auch mit einem neuen Titel ausgestattet sein werde.

Florence dachte gründlich darüber nach. War sie entschieden genug aufgetreten? Sollte sie akzeptieren, was ihr Chef sagte, und abwarten, was geschehen würde, wenn die Veränderungen eintraten? Angesichts seiner überwiegend positiven Reaktion fand sie, daß es wert sei, das Risiko einzugehen und abzuwarten. Sie war mit dieser Situation autonom umgegangen: Sie hatte ihrem Chef ihre Ansichten und ihre Bedürfnisse mitgeteilt, hatte seine Antwort angehört und darüber nachgedacht und dann beschlossen zu warten – eine kluge Entscheidung. Sie erhielt sowohl ihre Gehaltserhöhung als auch die neue Stelle, als die Reorganisation der Firma durchgeführt wurde.

Bemerkt werden. In meinem ersten Jahr als Assistenzärztin in der Psychiatrie hatte ich die Vorstellung, wenn ich nur mein Bestes tat und hart arbeitete, würde ich anerkannt und belohnt werden. Nichts könnte weiter von der Wahrheit entfernt sein, wie ich bald lernte. Eine Frau muß selbst auf ihre Arbeit aufmerksam machen, etwas, was Männer fast automatisch zu tun scheinen. Frauen, die durch masochistische Ängste gehemmt sind, wird dies schwerfallen, da es bedeutet, für sich selbst einzutreten. Aber seien Sie sicher, wenn Sie es nicht tun, dann wird es sehr wahrscheinlich auch niemand anderer tun. Wann immer es angebracht ist, seien Sie sich nicht zu schade dafür, Ihr eigenes Image zu fördern.

Themen, die im Beruf tabu sind. Frauen sind dazu konditioniert, zuviel zu reden – quasi als Bestandteil ihres Sozialverhaltens. Masochistische Frauen haben einen besonders starken Hang in diese Richtung. Ihre Redseligkeit verführt sie, wie ich bereits erwähnt habe, häufig dazu, Informationen auszuplaudern, die ihnen selbst schaden. Mein Rat lautet, alle persönlichen Angelegenheiten zu Hause zu lassen. Über die Dinge zu sprechen, die Sie in Ihrem Privatleben beschäftigen, kann Ihnen im Büro nichts nützen; es kann Ihnen schaden. Gespräche können mitgehört werden; man kann Sie leicht falsch zitieren. Wenn ich meine Praxis betrete und die Tür hinter mir schließe, hört der Rest meiner Welt für mich auf zu existieren, und ich konzentriere mich ausschließlich auf die Arbeit, für die ich da bin. Frauen, die erfolgreich sein wollen, müssen es lernen, während der Arbeitszeit bestimmte Türen zu schließen.

Der Aufbau eines Netzwerks. Es ist bereits viel über die Notwendigkeit geschrieben worden, mit anderen Frauen in Ihrem Beruf Kontakt aufzunehmen, und ich erwähne es hier nur, um dessen Bedeutung zu unterstreichen.

Suchen Sie sich eine(n) Mentor(in). Dies ist ebenfalls schon viel erörtert worden, verdient aber, erwähnt zu werden. Jemanden in Ihrem Beruf zu kennen, der Ihnen alle Tricks und Finten zeigt und Sie informiert hält, ist von unschätzbarem Vorteil. Jemand Wichtigen zu haben, der sich für uns interessiert, steigert unsere Selbstachtung. Man braucht nicht darauf zu warten, von jemandem gewählt zu werden: Nehmen Sie von sich aus zu jemandem Kontakt auf, von dem Sie gern lernen möchten, und bieten Sie ihr oder ihm Ihre Hilfe an.

Freie Zeit für sich selbst. Obwohl diese Kategorie nichts mit beruflichen Beziehungen als solchen zu tun hat, könnte es am wichtigsten von allem sein, insbesondere für die Frauen, die zwei oder drei Aufgaben gleichzeitig wahrnehmen: Beruf, Ehe, Mutterschaft. Wenn Sie sehr hart daran arbeiten, all diesen Aufgaben gerecht zu werden, kann es leicht geschehen, daß Sie zu beschäftigt sind, um Zeit für sich selbst zu reservieren. Diese Zeit ist wesentlich, selbst wenn es nicht mehr als eine oder zwei Stunden pro Woche sind. Sie müssen das Gefühl haben, daß Sie nicht nur den Menschen in Ihrer Umgebung, sondern auch sich selbst etwas geben können. Sie brauchen das Gefühl, nicht immer verfügbar zu sein, bereit, auf die Ansprüche anderer zu reagieren. Frauen haben sehr unterschiedliche Vorstellungen davon, wie sie eine solche Zeit verbringen wollen: einen Roman lesen, in einen Fitness-Club gehen, eine Freundin treffen, ein Konzert besuchen, allein in der Küche kochen, auf einer Parkbank sitzen und nachdenken. Was auch immer es ist, sehen Sie eine bestimmte Zeit dafür vor, und bestehen Sie darauf, diese Zeit für nichts anderes zu benutzen, als sich eine Freude zu machen.

Die Gefühle, die das masochistische System vorwegnehmender Abwehr antreiben, sind Angst, Ergebenheit und Hilflosigkeit. Sie wurzeln in der frühen Kindheit, in der die ersten Erfahrungen der Machtbeziehungen durch die Behandlung vergiftet wurden, die dem Kind durch seine Bezugspersonen zuteil wurden. Diese »wichtigen anderen« werden schnell zu mächtigen anderen, gefürchteten und gefährlichen Figuren, die sich dauerhaft in der masochistischen Psyche einzunisten scheinen und die von der Masochistin durch ihre zwanghafte Neigung am Leben erhalten werden, ihr Bild fast jedem überzustülpen, dem sie begegnet. Sie bevölkert ihre Welt mit mächtigen anderen, unter denen sie dann zu leiden hat. Ungesunde Machtbeziehungen – die Furcht vor der Macht und die Unfähigkeit, sie selbst auszuüben – bilden den Kern des Masochismus.

Die feministische Psychiaterin und Psychoanalytikerin Jean Baker Miller schreibt in einem Aufsatz mit dem Titel »Frauen und Macht« eloquent und scharfsichtig über die Probleme, die Frauen im Umgang mit Macht haben. Und sie führt einige aufschlußreiche Beispiele aus der Arbeitswelt an. Als sie an einem Kongreß von Verkaufspersonal teilnahm, fielen Dr. Miller die starken Unterschiede zwischen dem Benehmen männlicher und weiblicher Verkäufer auf. Frauen, die über ihre erfolgreiche Verkaufstätigkeit berichteten, sagten etwa: »Ich weiß wirklich nicht, wie das passierte. Wahrscheinlich habe ich eine Glückssträhne gehabt«, oder: »Das muß einfach ein guter Monat gewesen sein.« Männer beschrieben dagegen ihre Leistungen etwa folgendermaßen: »Zuerst habe ich einzelne Faktoren analysiert und die Kauftendenzen festgestellt. Dann habe ich Konsumentengruppen analysiert. Und ich habe sehr hart gearbeitet und in drei von vier Wochen Überstunden gemacht.«

Dr. Miller beschreibt auch eine Frau, die über ein Projekt berichtete, das sie ins Leben gerufen hatte. Sie schien sehr solide Arbeit geleistet zu haben, und das Projekt entwickelte sich gut. »Es scheint wirklich eine aussichtsreiche Sache zu sein«, bemerkte die Frau und fügte dann rasch hinzu, »aber das wissen Sie wahrscheinlich sowieso alle.« Dr. Miller weist darauf hin, daß die Arbeit der Frauen in diesen Fällen genau so effektiv war wie die der Männer, daß sie aber dazu neigten, sich trotzdem selbst herunterzusetzen. Im letztgenannten Beispiel merkt man, wie diese Frau darum ringt, autonom zu sein, ihre Leistungen anzuerkennen und sie auf ihr Konto zu verbuchen, aber dann kommt ihre Furcht dazwischen und veranlaßt sie, ihren Erfolg wieder zu bagatellisieren. Es ist, als hätte sie etwas mit klaren und kühnen Buchstaben auf eine Tafel geschrieben und dann einen Schwamm genommen und es wieder gelöscht.

Das Wörterbuch, bemerkt Dr. Miller, definiert Macht als »die Fähigkeit, etwas zu tun oder auszuführen; Kraft; Stärke; Energie; Möglichkeit; Einfluß, Herrschaft oder Befehlsgewalt über andere«. Ihre eigene Definition, die den schöpferischen Aspekt betont, lautet, »die Fähigkeit, eine Veränderung herbeizuführen, d.h. etwas von Punkt A nach Punkt B zu bewegen«. Im allgemeinen wurde in unserer Gesellschaft der Mythos aufrechterhalten, daß Frauen keine nennenswerte Macht haben sollten und sie auch im Grunde gar nicht brauchen. Da sie als Nährende betrachtet wurden, hat man es als natürlich und richtig angesehen, daß sie die ihnen zur Verfügung stehende Macht im Dienste anderer einsetzen, um das Wachstum anderer zu fördern oder, wie es Dr. Miller formuliert, daß sie »ihre Macht gebrauchen, um andere zu ermächtigen«. Aber auch Frauen haben ein *Recht*, sich zu entwickeln, und sie müssen lernen, Macht so zu benutzen, daß sie für sie selbst befriedigend ist.

Egoismus besteht nach meiner Ansicht darin, die eigenen Bedürfnisse stets an die erste Stelle zu setzen, etwas ganz anderes, als sich selbst an die erste Stelle zu setzen, wenn es wichtig ist und die Situation es erfordert. Aber wenn sich Frauen darauf konzentrieren, ihre eigenen Interessen zu entwickeln, werden sie regelmäßig als egoistisch bezeichnet, und das ist etwas, was sie sehr fürchten. Dr. Miller berichtet in ihren Ausführungen über die Begriffe Macht und Egoismus über eine medizinische Hilfskraft, die sich wegen einer starken Depression in Therapie begab. Ihre Depression entstand nicht, weil sie irgendwelche Schwierigkeiten hatte, sie entstand, als sie sich ihrer ungenutzten Möglichkeiten bewußt wurde. Sie begann zu begreifen, daß sie sich in kreativer Weise betätigen konnte, daß sie Veränderungen bewirken konnte, daß sie interessantere Arbeit tun und höhere Bezahlung erhalten konnte, daß sie »egoistischer« werden konnte. An diesem Punkt wurde sie von Furcht blockiert, und Selbstkritik und Selbstvorwürfe lösten ihre Depression aus. Die Superfrauen von heute, die berufstätigen Frauen, die sich genötigt fühlen, alles allein zu schaffen – Beruf, Ehemann, Haushalt, Kinder –, haben die allergrößte Angst, egoistisch genannt zu werden. Sie arbeiten hart, um zu beweisen, daß sie es nicht sind, und sie bezahlen einen hohen Preis dafür.

Wir sind uns alle der Etiketten bewußt, mit denen Männer jene Frauen belegt haben, die sich zu entwickeln suchten; die ihre Macht nicht dazu benutzen, andere zu ermächtigen, sondern selbst voranzukommen. Und viele dieser Etiketten (Abstempelungen wäre vielleicht richtiger) lassen »egoistisch« noch als milde erscheinen. Frauen ist die Botschaft vermittelt worden, daß der Gebrauch von Macht zerrüttend wirke. Das Gewicht von Jahrhunderten, gegenwärtige gesellschaftliche Kräfte und ihre eigenen Konditionierungen, all dies sagt ihnen dasselbe. Frauen befürchten inzwischen, daß der Gebrauch ihrer Fähigkeiten und Kräfte zu ihrem eigenen Nutzen *gefährlich* sei. Wenn sie nach Erfolg streben, werden sie als unwürdig abgelehnt, nicht geliebt und schließlich verlassen werden. Nicht bereit, ein solches Risiko einzugehen, fliehen sie die Macht, statt Anspruch darauf zu erheben.

An diesem Punkt der Geschichte wird der Machtkampf zwischen Frauen und Männern weithin erkannt; es ist ein sehr realer Kampf. Aber vielleicht noch entscheidender ist der weniger offenkundige, aber ausgesprochen schädliche Machtkampf zwischen den Frauen selbst. In der Vergangenheit haben Frauen ihre Macht dazu benutzt, die Entfaltung anderer zu fördern; sie waren die Macht hinter dem Thron. Wenn sie am Vorankommen ihrer Männer mitarbeiteten, heimsten sie bestimmte Vorteile in Form von gesellschaftlicher Position, Reichtum usw. ein. Manche Frauen fungieren heute weiterhin als Macht hinter dem Thron und wollen nicht aufgeben, was sie als die Vorzüge ihrer gegenwärtigen Position ansehen, um als unabhängige, autonome Menschen zu handeln. Sie befürchten, aus eigener Kraft nicht so viel erreichen zu können, wie wenn sie ihre Energien ihren Männern dienstbar machen und ihren Ehrgeiz durch diese befriedigen. Andere Frauen brennen dagegen darauf, die Ketten und Fesseln der alten Rollendefinitionen und Geschlechtsstereotypen zu sprengen und Macht für sich selbst zu erringen. Wir Frauen sind ein gespaltenes Lager. Und diese Tatsache wirkt mehr als jede andere der Ausmerzung des Masochismus bei Frauen entgegen. Denn solange sich die Frauen nicht auf die für sie nötigen Strategien einigen können, um Autonomie zu erreichen, wird Macht und ihr Gebrauch ein ernstes Problem bleiben. Ohne die Voraussetzungen für die Entfaltung ihrer eigenen Macht werden Frauen fortfahren, die Macht anderer zu fürchten, ihre Wut und ihren Groll gegen sich selbst zu richten und der Welt durch die Entwicklung masochistischer Abwehrmechanismen zu begegnen.

Wir sollten uns bemühen, eine ehrliche, loyale und hilfsbereite Haltung zueinander einzunehmen und den Standpunkt der anderen zu verstehen. Wenn eine solche Einigkeit zwischen den Frauen bestünde, dann könnten sich Autonomie und Authentizität ungehindert entwickeln und entfalten – und wir könnten das Leiden und die Selbstzerstörung des Masochismus überwinden.

17

Das Ziel: Autonomie

Als Freud ein Modell für die Probleme der kindlichen Entwicklung suchte, wandte er sich Sophokles' Drama von Ödipus zu und interpretierte die ödipale Lebensphase als eine Zeit, in der der Junge seinen Vater töten und seine Mutter heiraten möchte, wobei die Mutter die passive Beute darstellt, die dem Sieger zufällt. Diese Konzentration auf die männliche Figur, bei der die andere Hälfte der Menschheit praktisch ignoriert wird, war ein Ergebnis dessen, was sein Schüler Ernest Jones als Freuds unangemessen »phallozentrische« Sicht der Menschheit bezeichnet hat. Bei meiner Suche nach einem Modell für die autonome Frau entdeckte ich das Gesuchte ebenfalls in den thebanischen Stücken von Sophokles über Ödipus und seine Familie. Antigone, die Tochter des Ödipus und mein Vorbild, stimmt gar nicht mit Freuds Bild von Frauen überein. Sie war nicht abhängig, sondern selbständig, nicht passiv, sondern aktiv, eine junge Frau, die von hohen ethischen Zielen motiviert wurde und nicht von narzißtischer Nabelschau, eine junge Frau, bereit, selbst zu denken und Risiken einzugehen, statt sich blind der herrschenden Ordnung der Dinge zu fügen.

In »Antigone«, dem letzten der drei thebanischen Dramen, töten Eteokles und Polyneikes, die Söhne Ödipus', einander im Kampf. Kreon, der inzwischen König von Theben ist, verfügt, daß Polyneikes das Begräbnis zu verwehren ist, nachdem er gegen seine eigene Stadt gekämpft hat, und daß er auf dem

Schlachtfeld verrotten soll. »Er soll unbeweint und unbestattet bleiben – den Geiern zum Fraße«, bemerkt seine Schwester und fügt hinzu: »Und wer gegen dieses Gebot *verstößt*, dem wird keine geringe Strafe zuteil: Er stirbt durch Steinigung in den Stadtmauern.«

Antigone läßt die Schmach, daß die Leiche ihres Bruders unbestattet bleiben soll, die Schändung seines Andenkens und die Gefahr für sein Leben im Jenseits nicht ruhen. Sie beschließt, Polyneikes trotz Kreons Verfügung zu bestatten, ein Entschluß, der nicht impulsiv, sondern wohlüberlegt erfolgt; ein Entschluß, von dem sie weiß, daß er ernste Konsequenzen haben kann. Als sie sich an ihre Schwester Ismene um Hilfe wendet, nimmt diese als echt »Freudsche Frau« zu der Ausrede Zuflucht, die »traditionelle« Frauen jahrhundertelang gebraucht haben: »Wir dürfen nicht vergessen, daß wir Frauen sind und als solche nicht dafür geschaffen, gegen Männer zu kämpfen. Denn die Macht hat das Recht und zwingt uns, Dinge wie diese und noch schlimmere hinzunehmen ... Ich beuge mich vor der Autorität. Es ist nicht ratsam, sich da einzumischen.« »Noch schlimmere Dinge« läßt an Gewalt und sexuellen Mißbrauch denken, Schrecken, denen zu entgehen Frauen selten die Kraft hatten und die ihnen das Gefühl gaben, daß Unterordnung unter die Männer ihr einziger Schutz sei. Ismene erkennt ihr eigene Unterjochung an und akzeptiert sie.

Nicht so Antigone. Von ihr heißt es: »Unterwerfung ist etwas, was sie nie lernte.« Antigone findet sich *nicht* mit den Dingen ab, wie sie sind. Sie ist bereit, gegen die herrschende Ordnung aufzubegehren und es zu riskieren, eine Position einzunehmen, die auf ethischen Grundsätzen beruht. Mit ihrer Tat glaubt sie, die Gebote der Götter zu erfüllen; sie bezeichnet sich als »Begeherin einer heiligen Sünde«. Ihre Tat hat sowohl eine spirituelle als auch eine ethische Komponente, und sie ist lebensbejahend, obwohl sie ihren Tod zur Folge haben kann. »Ich gehe ihn begraben«, sagt sie. »Wie süß, für eine solche Tat zu sterben! Geliebt an der Seite desjenigen zu ruhen, den ich geliebt habe ... Ich werde ihn nicht verlassen.«

Antigones Verstoß gegen Kreons Befehl ist ein Akt der Autonomie und Unabhängigkeit, der eine reife Selbstverwirklichung darstellt. Sie trotzt Kreon nicht aus egozentrischem, mörderischem Haß wie Ödipus, als er seinen Vater tötete. Aus ihr spricht im Gegenteil Altruismus und Mangel an Selbstsucht. Ihr Trotz ist ein Akt der Liebe. »Es ist nicht meine Natur, mich dem Haß zuzugesellen, sondern der Liebe«, erklärt sie.

Elektra in der »Orestie« von Aischylos bildet einen interessanten Gegensatz zu Antigone. Die Figur der Elektra weist gewisse Kennzeichen des Masochismus auf. (Zum Glück wählte Freud sie nicht als universelles Beispiel für Weiblichkeit, obwohl man in der Elektra Elemente seiner Metapsychologie der Frauen entdecken kann.) Sie vergötterte ihren Vater und war ebenso wie Ismene unfähig, selbständig zu denken. Sie hätte es nicht gewagt, die existierende Ordnung herauszufordern oder allein eine schwierige Entscheidung zu treffen. Sie ist nicht fähig, autonom zu handeln. Angesichts des Begräbnisses ihres Vaters Agamemnon sagt sie: »Dienerinnen, ... gebt mir Euren Rat ... Welche Worte sind geeignet, meines Vaters Ohr zu erfreuen? ... Soll ich das übliche Gebet sprechen ... oder schweigend, ohne Zeremonie, [Öl] gießen? ... Ich bitte Euch, ratet mir ... Fürchtet Euch nicht, mir Eure Gedanken anzuvertrauen.« Agamemnon war das ein und alles ihrer Existenz, und dennoch weiß diese angeblich liebende Tochter nicht, wie sie ihm an seinem Grabe die letzte Ehre erweisen soll, und wendet sich an andere um Rat. Ihr Hang zur Heldenverehrung hat bewirkt, daß sie substanzlos und ohne Identität oder Selbsterkenntnis zurückbleibt. Sie ist passiv; sie ist nichts. Sie tut, was die verehrte Person sie tun heißt, und wenn diese nicht mehr vorhanden ist, wendet sie sich an Ersatzfiguren um Anweisungen.

Antigone ist dagegen eine Person aus eigenem Recht. Angesichts der Konflikte des Lebens braucht sie sich nicht hilflos nach jemandem umzusehen, der ihr die Richtung weist. Sie weiß, was ihre ethischen Maßstäbe sind, und handelt in Einklang mit diesen. Ist es masochistisch, daß sie eine Tat begeht, die zu ihrem Tod führen kann? Ich glaube nicht. Antigone handelt nicht aus Furcht und dem Bedürfnis, sich zu verteidigen. Sie wird von Liebe geleitet, und ihre Tat zeugt von Selbstbewußtsein, sie ist nicht defensiv.

Haemon, der Sohn Kreons und Verlobte Antigones, liebt und achtet sie gerade wegen der Eigenschaften, die sie zu ihrem schwierigen Entschluß bewegen. Seine Wertvorstellungen sind den ihren eng verwandt; seine Person stellt einen ebenso starken Gegensatz zu dem unbeherrschten jugendlichen Ödipus dar wie Antigone zu Elektra. Als sein Vater ihm droht, erklärt ihm Haemon seine Liebe: »Ihr wißt, mein Vater, wieviel mir Euer Glück bedeutet. Denn Söhne und Väter krönen die Ehre des anderen mit ihrem Ruhm.« Und er fährt fort, als Ebenbürtiger mit seinem Vater zu sprechen: »Verschanzt Euch also nicht in Eurer Meinung, als ob alle anderen unrecht hätten. Die Art von Mann, der immer glaubt, daß er recht hat, daß seine Meinungen und Aussprüche die endgültigen Worte sind, erweist sich schließlich als nichts. Aber ein weiser Mann hat viel zu lernen, ohne seine Würde zu verlieren.« Auch Haemon würde sich dem Lieben, nicht dem Hassen zugesellen.

Antigone ist keine Durchschnittsfrau. Aber sie ist das, was die Durchschnittsfrau werden könnte: ein autonomer Mensch von hohen Prinzipien, nicht narzißtisch um sich selbst kreisend, nicht defensiv leidend, sondern gewillt, Risiken einzugehen, um authentisch zu leben. Als Freud seine berühmte Frage stellte: »Was wollen die Frauen? Lieber Gott, was wollen die Frauen?« hätte er nicht weiter als zu Antigone blicken müssen, um seine Antwort zu finden.

Es ist natürlich kaum nötig, bis auf das antike Griechenland zurückzugreifen, um Beispiele von Frauen zu finden, die ihr Leben in Autonomie führen. Eleanor Roosevelt war eine solche Frau, eine Frau, die selbst, dessen bin ich gewiß, masochistische Probleme zu überwinden hatte, die jedoch lernte, auf die Herausforderungen des Lebens mit Autonomie zu reagieren. Zweifellos hatte sie in ihrem Leben viel Leid zu ertragen. Sie verlor ihre Mutter in jungen Jahren; ihr heißgeliebter Vater war ein

Alkoholiker. Als sie ihren gutaussehenden Cousin Franklin heiratete, lebten sie zunächst bei seiner Mutter, einer herrschsüchtigen, gebieterischen Frau, die Eleanors Gefühl, eine unansehnliche und unsichere junge Frau in einer eleganten und selbstsicheren Familie zu sein, nur verschärft haben kann. Als Franklin an Kinderlähmung erkrankte, trat Eleanors Rolle als Dienende und Bedürfnisbefriedigerin noch stärker in den Vordergrund. Als ihn seine politische Laufbahn oft von zu Hause wegführte, muß sie einsam gewesen sein. Und seine lange Affäre mit Lucy Mercer muß ihr furchtbar wehgetan haben.

Doch während ihr das Leben diese schmerzhaften Umstände aufzwang, bot es ihr auch die Rolle der Präsidentengattin, und sie nutzte diese Chance. Sie ließ sich nicht auf die Prämisse ein, daß eine First Lady bloß hübsch aussehen und bei offiziellen Anlässen als Gastgeberin dienen solle. Als ihre Rolle als Gattin und Mutter in den Hintergrund zu treten begann, benutzte sie die Rolle der First Lady, um für die Unterprivilegierten dieses Landes und anderer Länder einzutreten. Sie sah, daß diese zahlreich waren und eine Sprecherin brauchten; ihre Lebenserfahrung veranlaßte sie, sich mit ihnen zu identifizieren. In ihrem Bestreben, Menschen zu helfen, machte sie weite Reisen und scheute während des Krieges nicht die Gefahr.

Mrs. Roosevelt wurde von vielen Amerikanern wegen ihrer schrillen Stimme lächerlich gemacht. Sie konnte sich nicht unangefochten in der Welt bewegen und das sichere Bewußtsein genießen, eine attraktive Frau zu sein. Dennoch ging sie allein an die Öffentlichkeit und trat für diejenigen ein, die keine eigene Stimme hatten. In ihren späteren Jahren wandte sie sich in ihrer Eigenschaft als Vertreterin der Vereinigten Staaten bei der UNO weiterhin an die Öffentlichkeit. Trotz des Preises, den sie persönlich zu bezahlen hatte, tat sie, was sie für richtig hielt. Dies erforderte eine Menge Mut, und gerade indem sie diesen Mut aufbrachte, wurde Eleanor Roosevelt zu einem autonomen Menschen. Ihr Leben wies im Laufe der Jahre starke Parallelen zu dem Antigones auf. Es war gekennzeichnet durch Autonomie, hehre Grundsätze und Risiken. Und es war auffallend frei von narzißtischer Selbstbespiegelung und defensivem Leiden.

Manche mögen es überraschend finden, daß ich Jacqueline Kennedy Onassis als eine weitere First Lady ansehe, die sich durch selbständiges, autonomes Verhalten auszeichnete, als ihr Leben eine neue Wendung nahm. Sobald sie im Weißen Haus eingezogen war, sah sie, daß es in beklagenswertem Zustand war, und machte sich daran, es in geschmackvoller, eleganter und historisch korrekter Weise zu renovieren. Es war dies eine ganz andere Aufgabe als jene, die Eleanor Roosevelt sich erwählt hatte, aber sie zeugte von einer ebenso unabhängigen und authentischen Handlungsweise.

Eine ebenso bewundernswerte und entschieden autonome Wesensart verriet die Fürsorglichkeit, mit der Mrs. Onassis ihre Kinder aufzog. Es war unübersehbar, daß sie, was diese anging, klare Prioritäten hatte, nach denen sie sich richtete. Ich las einmal einen Artikel, in dem sie dafür getadelt wurde, sich vor einem Lunch gedrückt zu haben, weil sie einen Film sehen wollte, um zu wissen, ob er für ihre Kinder geeignet sei. Ich finde, sie hätte für diese Besorgtheit Lob verdient. Sie ist auch wegen ihrer Anstrengungen zu bewundern, ihre Kinder aus dem Rampenlicht fernzuhalten und sie vor der Ausbeutung durch die Medien zu beschützen. Die Kritik, der sie wegen ihres Interesses an Kleidern und Geld ausgesetzt war, war besonders bösartig, vielleicht aufgrund von Neid. Teilen schließlich nicht die meisten Frauen solche Interessen? Daß Mrs. Onassis Gelegenheit hatte, diesen Interessen mehr nachzugehen als die Durchschnittsfrau, ist eine Folge ihrer Lebensumstände, und ich finde es kleinlich, sie deswegen zu verurteilen. Sie erscheint mir als eine Frau, die ganz genau wußte, was ihr wichtig war, und die ihr Leben erfolgreich auf diesen Werten aufbaute.

Man braucht bloß eine bestimmte Geschichte über Dr. Rosalind Yalow, die mit dem Nobelpreis ausgezeichnete Wissenschaftlerin, zu lesen, um zu wissen, daß sie ohne Frage eine autonome Frau ist. In dieser Geschichte, die in der *New York*

Times erschien, erinnerte sich Dr. Yalow an die Schwierigkeiten, die ihr Mann hatte, als er das Rigorosum ablegte. Einer seiner Prüfer stellte Aaron Yalows Antwort in Frage und behauptete, er habe unrecht, und Yalow machte sich Sorgen, daß das stimmen könnte. »Ich legte mein Rigorosum im September ab«, berichtete Frau Dr. Yalow weiter, »und der Typ war dumm genug, dasselbe bei mir zu probieren. Meine Antwort lautete: ›Goldhaber und Hye haben es mich *so* gelehrt, und wenn das nicht stimmt, dann sollten Sie mit den beiden darüber reden.‹« (Die Nobelpreisträgerin von 1983 für Medizin, Dr. Barbara McClintock, klang ähnlich, als sie feststellte, daß ihre Forschungsarbeit eine Zeitlang als inakzeptabel gegolten hatte. »Das war in Ordnung«, meinte Dr. McClintock, »wenn man weiß, daß man recht hat, ist es einem egal.«) Dr. Yalows Antwort war kühn – selbstbewußt und furchtlos. In einer so einschüchternden Situation kann ich mir wenige Frauen *oder* Männer vorstellen, die es gewagt hätten, zu reagieren wie Dr. Yalow. Offensichtlich war sie sich ihrer Fähigkeiten auf ihrem Gebiet äußerst sicher, und aufgrund dessen hatte sie den Mut, auf ihren Kenntnissen zu beharren. Am Tag, nachdem diese Geschichte erschien, erwähnten sie mehrere meiner Patientinnen. Es beeindruckte und inspirierte sie ebenso wie mich, von einer Frau zu hören, die mit solcher Autorität auftrat. Sie waren sich auch im klaren darüber, daß es ihnen unmöglich gewesen wäre, sich so zu verhalten.

Dr. Yalows Reaktion erinnerte mich an den jungen Beethoven, als sich dieser zu Beginn seiner Laufbahn zu Haydn begab, um bei ihm zu lernen. Haydn war damals eine verehrte Figur, einer der führenden Komponisten seines Zeitalters. Als sich Haydn mit gewissen musiktheoretischen Überzeugungen Beethovens nicht anfreunden konnte, weigerte sich Beethoven, weiterhin bei ihm Unterricht zu nehmen.

Rosina Lhevinne, die berühmte Klavierpädagogin, mag als Beispiel eines Verzichts auf Autonomie und nicht als deren Verwirklichung erscheinen. Wenige Tage nach ihrer Heirat mit dem großen Pianisten Joseph Lhevinne gab sie ihre Karriere als

Konzertpianistin auf, die große Erfolge versprach. Jahre später erklärte sie: »Ich dachte immer, es würde eine gewisse Rivalität geben, was absurd wäre, weil ich mich nicht auf eine Ebene mit ihm stellte.« Mr. Lhevinne scheint ihren Entschluß nicht gebilligt zu haben. Wenn sie von ihren »kleinen Händen und kleinen Füßen« sprach, korrigierte er sie und sagte: »Nichts dergleichen – ganz normale Hände und Füße«. Sie blieb jedoch bei ihrem Entschluß und ordnete sich immer dem Talent ihres Mannes unter. Einmal wurden sie im Laufe ihrer Ehe eingeladen, zusammen ein Konzert zu spielen. Nachher sagte eine Freundin zu Frau Lhevinne, sie sei im Grunde die Bessere von beiden gewesen. »Nein!« rief diese aus und bestand darauf, nie wieder in der Öffentlichkeit zu spielen.

Aber innerhalb dieser selbst auferlegten Grenzen erzielte Frau Lhevinne in ihrer Laufbahn als Lehrerin und Mentorin einiger der besten Pianisten dieses Jahrhunderts durchaus eine Art von Autonomie. Sie entwickelte das Talent anderer, aber weil sie dies so hervorragend tat, schuf sie sich eine bedeutendere eigene Position als bloß die der Gattin Joseph Lhevinnes und gestaltete ein Leben für sich selbst, das von Befriedigungen verschiedenster Art erfüllt war.

Die amerikanische Feministin Gloria Steinem kann sicher als eine autonome Frau angesehen werden. Sie erkannte schon früh, wie entrechtet und unterdrückt Frauen waren und wie schwierig es für sie war, autonom zu handeln. Aber für sich selbst sprechend sagte sie: »Wenn eine Frau bereit ist, einen Preis dafür zu bezahlen, kann sie alles tun, was sie will. Und der Preis ist es wert.« Und Barbara Honegger handelte autonom, als sie ihren Posten im Justizministerium zur Verfügung stellte, nachdem sie die Bemühungen der Reagan-Administration, die Diskriminierung der Frauen abzuschaffen, als »Augenwischerei« bezeichnet hatte. Sie ist ohne Zweifel eine moderne Antigone. Sie war bereit, auf ihre Stelle zu verzichten, um sich zu einer Frage des Prinzips äußern und trotz der damit verbundenen Risiken alles in ihrer Kraft Stehende tun zu können, um Frauen zu helfen.

Die meisten Männer müssen nicht in derselben Weise wie Frauen darum ringen, ihre Autonomie zu erlangen. Diese ist eine mehr oder weniger automatische Begleiterscheinung des Mannseins. Und es gibt noch eine weitere Eigenschaft, die Männer häufig besitzen und die ich zu meinem Bedauern fast noch nie bei einer Frau erlebt habe. Es ist dies eine Art von Gelöstheit oder Milde, von der ich vermute, daß sie das Ergebnis eines erfolgreichen Lebens ist, das keinen Schranken und Hemmnissen unterworfen war. Eine Definition von Milde ist »dem Leben, Wachstum oder Wohlbefinden förderlich«. Männer wachsen oft unter Bedingungen auf, die so definiert werden könnten, Frauen selten, wie Virginia Woolf in »Ein Zimmer für sich allein« versicherte. Es gibt viele Männer, die das Gefühl haben, daß ihnen sozusagen die ganze Welt offensteht. Sehr wenige Frauen empfinden sich als so privilegiert. Die Welt hat es nicht eilig gehabt, Autonomie und Unabhängigkeit bei Frauen zu entwickeln, ihre Talente und Fähigkeiten zu unterstützen und zu fördern und Geld oder Zeit aufzuwenden, um Bedingungen zu schaffen, die ihre optimale und frohe Entfaltung begünstigen und diese Art von Gelöstheit bei ihnen entstehen lassen. Und das merkt man ihnen an.

Ich erinnere mich, daß Paul Robeson diese Gelöstheit besaß, als er die Weltbühne betrat. Obwohl er schwarz war, hatten ihm seine außergewöhnlichen Begabungen als Football-Champion, Sänger und Schauspieler allgemeine Anerkennung eingetragen, die er offensichtlich genoß. Robeson sonderte sich jedoch nie von anderen Schwarzen ab und bemühte sich, sein eigenes Glück seiner Rasse nutzbar zu machen, in der Überzeugung, daß Integration für *alle* Schwarzen möglich sei. Als er erkannte, daß das nicht zutraf, als die Kommunistenfresser ihn beschuldigten, ein Roter zu sein, begann er, seine wunderbare Gelöstheit zu verlieren.

Als Frau in die Welt hinauszutreten kann denselben Schrumpfeffekt haben. Mangel an Macht und Mangel an Unterstützung verschleißen die Großzügigkeit eines Menschen. Um diese Gelöstheit und Großzügigkeit zu besitzen, muß man folgende Vorzüge genossen haben: liebevolle, fürsorgliche Eltern, die vom Augenblick der Geburt an entzückt waren, einen zu haben (Männer sind hier sicher im Vorteil), ein Milieu, das unsere Entwicklung fördert, und eine Welt, die uns auf der Höhe unserer schöpferischen Fähigkeiten akzeptiert. Die Chance, daß eine Frau all diese Voraussetzungen hat, sind in der Tat gering.

Ich habe mir oft gedacht, daß Golda Meir in ihrem Leben nahezu diese idealen Voraussetzungen gehabt haben muß. Um die Frau zu werden, die sie war, muß sie von ihren Eltern willkommen geheißen, akzeptiert und geliebt worden sein. Sie besaß nie, was man fast als das Handicap körperlicher Schönheit bezeichnen könnte; ungeblendet, reagierten die Männer ausschließlich auf ihre Kompetenz. Ihr Erfolg mag überwiegend dadurch zustande gekommen sein, daß die Leute einfach ignorierten, daß sie eine Frau war. Zum Glück frei von jenem Narzißmus, den man bei so vielen der heutigen Politiker findet, und gleichgültig gegenüber den Attributen der Macht, hatte sie nur die eine oberste Priorität: Israel als unabhängigen Staat zu festigen und gedeihen zu sehen. In ihrer zielstrebigen Hingabe an dieses eine Ziel wuchs sie fast wie ein Mann heran, wurde faktisch wie ein Mann akzeptiert und wurde Premierministerin von Israel, als wäre sie ein Mann gewesen.

Autonomie kann ebenso wie Masochismus viele Formen annehmen. Aber ob sie sich nun bei einer Politikerin, einer Präsidentengattin oder im Alltag einer ganz gewöhnlichen Frau zeigt, ihr Hauptelement ist immer die Authentizität, die Treue zu sich selbst.

The Big Country, ein aufwendiger, temperamentvoller, großartiger Western, ist mir immer als eindringliche Illustration dieses Prinzips in Erinnerung. Gregory Peck, der den Helden spielt, ist ein Mann aus dem Osten, der sich in die Tochter eines Ranchers verliebt hat und sie heiraten will. Als er nach Westen geht, um ihre Familie kennenzulernen, heißt ihn ihr Vater freundlich willkommen, aber der Vorarbeiter der Ranch, der selbst ein Auge auf die Tochter geworfen hatte, wird sofort zu seinem Feind, der sich keine Gelegenheit entgehen läßt, Peck Knüppel zwischen die Beine zu werfen. Die Brüder, die eine benachbarte Ranch besitzen, stecken mit dem Vorarbeiter unter einer Decke, und eines Tages fesseln sie Peck mit dem Lasso und schleifen ihn durch das staubige Gelände der Ranch. Der Vater ist wütend und schwört, er werde Peck helfen, sich zu rächen. Aber als Peck zögert und meint, es lohne sich nicht, es deshalb zum Kampf kommen zu lassen, stempelt ihn der Vater zum Feigling ab, und es ist klar, daß die Tochter anfängt, dasselbe Urteil über ihn zu fällen.

Auf der Ranch gibt es ein störrisches Pferd, das noch keinen Reiter geduldet hat. Der Vorarbeiter fordert Peck heraus, dieses Pferd zu reiten. »Nein«, sagt Peck, da er weiß, worauf es der Vorarbeiter anlegt, »aber vielleicht ein anderes Mal, vielleicht nächste Woche.« Die Tochter findet Pecks Weigerung, sich wie ein Macho zu verhalten, immer verächtlicher. In dieser Woche verbringt Peck jede Nacht mit Versuchen, das Pferd zuzureiten, wird immer wieder abgeworfen und steigt aufs neue auf, bis es ihm gelingt, das Tier zu besänftigen und ihm schließlich zu zeigen, wer der Herr ist. In dieser Zeit entzieht er sich auch einmal einer Auseinandersetzung mit dem Vorarbeiter mit der Bemerkung, er glaube nicht an Schlägereien. Aber als ihn der Vorarbeiter das nächste Mal herausfordert, das Pferd zu reiten, tut er es, und er schafft es tatsächlich. Das Pferd verhält sich so sanft wie ein Lamm. Das Interesse der Tochter lebt dadurch natürlich wieder auf, aber er verschmäht sie, weil ihre Wertvorstellungen so verschieden sind.

Dieser Film behandelt sowohl die Strategien der Autonomie als auch deren Essenz. Er führt uns vor Augen, daß wir die Zeit, den Ort und die Umstände jeder Konfrontation selbst wählen können. Man braucht nicht nach dem Köder zu schnappen, bloß, weil er da ist. Man braucht sich nicht dazu zwingen zu lassen, sich unter Bedingungen, die andere gewählt haben, zu »beweisen«. Man kann seine eigene Definition davon haben, was ein Mann oder eine Frau ist. Und diese Definition ist von den Eigenschaften in uns abhängig, die authentisch sind, und von den Prinzipien, die wir für wesentlich halten.

Die Bemerkung von Aristoteles über den Dissens scheint hier angebracht: »Jeder kann ärgerlich werden – das ist leicht; aber gegenüber der richtigen Person ärgerlich zu sein und im richtigen Maß, zur richtigen Zeit, zum richtigen Zweck und auf die richtige Art – das liegt nicht in jedermanns Macht und ist nicht leicht.«

Autonomie ist von der Entschlossenheit geprägt, selbständig zu denken. Sie ist die Freiheit von äußerer oder innerer Tyrannei; Freiheit von der Tyrannei der Furcht vor Ausgeschlossensein oder schlechter Behandlung; Freiheit von Zwang. Die autonome Frau ist nicht bestimmt durch die ergebenen, servilen, innerlich haßerfüllten, aber äußerlich angepaßten Verhaltensmuster, die den herrschenden gesellschaftlichen Vorstellungen davon, was eine Frau sein sollte, entspringen. Sie ist weder von Trotz erfüllt noch die Gefangene ihrer Abwehrmaßnahmen gegen eine allgegenwärtige Angst oder der Aggressionen, der Rachsucht, der Selbstverachtung und des Selbsthasses, die erzwungene Unterwerfung so oft hervorbringt. Die autonome Frau behauptet sich, weil sie das *muß*, ohne Furcht vor männlicher Macht und ohne sich von dem Urteil der Männer bestimmen zu lassen. Ihr Bild davon, wer sie ist und wie sie leben muß, hat sie verinnerlicht; sie trägt es sicher in sich, geschützt vor äußeren Angriffen.

Zu Beginn dieses Jahrhunderts entwarf der Dichter Rainer Maria Rilke in seinen »Briefen an einen jungen Dichter« ein großartiges Bild der künftigen Frau, das jenen Frauen als Leitstern dienen kann, die heute auf dem Weg zu ihrer Autonomie sind:

»Das Mädchen und die Frau, in ihrer eigenen, neuen Entfaltung, werden nur vorübergehend Nachahmer männlicher Unart und Art und Wiederholer männlicher Berufe sein ... Dieses in Schmerzen und Erniedrigungen ausgetragene Menschentum der Frau wird dann, wenn sie die Konventionen der Nur-Weiblichkeit in den Verwandlungen ihres äußeren Standes abgestreift haben wird, zutage treten, und die Männer, die es heute noch nicht kommen fühlen, werden davon überrascht und geschlagen werden. Eines Tages … wird das Mädchen da sein und die Frau, deren Name nicht mehr nur einen Gegensatz zum Männlichen bedeuten wird, sondern etwas für sich, etwas, wobei man an keine Ergänzung und Grenze denkt, nur an Leben und Dasein –: der weibliche Mensch.«

Danksagungen

Dieses Buch ist zweien meiner Lehrer gewidmet, hervorragenden Psychiatern und Psychoanalytikern, die meinen Weg und meine Ziele nachhaltig beeinflußt haben. Obwohl ich mir ihres Vermächtnisses nicht unmittelbar bewußt wurde, erkannte ich mit der Zeit ihren großen Wert und ihr Können.

Frieda Fromm-Reichmann beeindruckte mich mit ihrer unnachgiebigen Suche nach Wahrheit, wo immer diese zu finden sein mochte. Bekannt für ihre Arbeit mit Schizophrenen, verstand sie auch viel von Familiendynamik und den Nuancen der Interaktion zwischen Ehepartnern. Ihre Sensibilität war außerordentlich.

Harry Stack Sullivan zeichnete sich durch ein besonderes Gespür für Heuchelei auf der sozialen Ebene aus. Er hatte feine Antennen für Äußerungen von Angst in der Kommunikation und glaubte im Gegensatz zur üblichen psychoanalytischen Einstellung, daß sie nicht durch »Deutungen«, sondern durch eine entsprechende Reaktion eines anderen Menschen, gegebenenfalls eines Therapeuten, beantwortet werden sollten. Ich möchte auch den Beitrag meiner Analytikerin Clara Thompson anerkennen, deren Weigerung, Freuds Metapsychologie der Frauen uneingeschränkt zu akzeptieren, mir geholfen hat, ihrem Vorbild folgend den Einfluß der Kultur auf die Lebensgestaltung der Frauen zu erforschen.

Eine zweite Clara war ohne Zweifel wichtig für mich –

meine Mutter. Als Künstlerin, die sich selbst ausgebildet hatte und über ein umfassendes Verständnis für soziale Fragen verfügte, verkörperte sie für mich die Tradition von Henri Matisse, der erklärt hatte: »Der Künstler muß darauf achten, sich seine radikale Freiheit der Wahrnehmung zu erhalten, die in Widerspruch zu Sitte und Konvention steht.« Ihre Bilder bereichern sowohl in meiner Praxis als auch zu Hause mein Leben.

Schließlich bin ich auch meinen Patientinnen zu Dank verpflichtet, die mir geholfen haben, durch die Erfahrung unserer Interaktionen sowohl beruflich als auch persönlich zu wachsen.